经典名著整本书阅读

骆驼祥子

原著 老舍 / 评注 陈澍

苏州大学出版社

图书在版编目(CIP)数据

骆驼祥子 / 老舍原著；陈澍评注. — 苏州：苏州大学出版社，2020.1(2023.12重印)
(经典名著整本书阅读)
ISBN 978-7-5672-3112-2

Ⅰ.①骆… Ⅱ.①老… ②陈… Ⅲ.①阅读课—初中—教学参考资料 Ⅳ.①G634.333

中国版本图书馆 CIP 数据核字(2020)第 009514 号

骆驼祥子
Luotuo Xiangzi

原著 老舍 评注 陈澍
责任编辑 刘 舟

苏州大学出版社出版发行
(地址：苏州市十梓街1号 邮编：215006)
南通华星彩印有限公司印装
地址：海安市城东镇日新路6号(泰宁村1组) 邮编：226600

开本 787 mm×1 092 mm 1/16 印张 13.5 字数 243 千
2020 年 1 月第 1 版 2023 年 12 月第 4 次印刷
ISBN 978-7-5672-3112-2 定价：35.80 元

若有印装错误，本社负责调换
苏州大学出版社营销部 电话：0512-67481020
苏州大学出版社网址 http://www.sudapress.com
苏州大学出版社邮箱 sdcbs@suda.edu.cn

目录

1	导读
3	一
10	二
16	三
24	四
30	五
37	六
45	七
52	八
59	九
65	十
72	十一
79	十二
86	十三

93	十四
100	十五
108	十六
116	十七
124	十八
131	十九
139	二十
146	二十一
153	二十二
160	二十三
166	二十四

考试手册(另附)

导读

[作者介绍]

老舍(1899—1966),现代作家。本名舒庆春,字舍予,另有笔名絜青、鸿来、非我等。满族,北京人,出身于一个贫民家庭。1918年北京师范学校毕业后曾任小学校长和中学教员。1924年赴英国任伦敦大学东方学院中文讲师,阅读了大量英文作品,并开始小说创作。1926年加入文学研究会。1930年回国后任济南齐鲁大学、青岛山东大学教授。抗日战争爆发后,南下赴汉口和重庆。1938年中华全国文艺界抗敌协会成立,他被选为理事兼总务部主任,主持文协日常工作。在创作上,他以抗战救国为主题,写了各种形式的文艺作品。1946年应邀赴美国讲学一年,期满后旅居美国从事文学创作。中华人民共和国成立后不久便应召回国,曾任中国文联副主席、中国作家协会副主席、中国民间文艺研究会副主席等职。参加政治、社会、文化和对外友好交流等活动,注重对青年文学工作者的培养和辅导,曾因创作优秀话剧《龙须沟》而被授予"人民艺术家"的称号。

老舍一生写了约八百万字的作品。主要著作有:长篇小说《老张的哲学》《赵子曰》《二马》《猫城记》《离婚》《牛天赐传》《文博士》《骆驼祥子》《火葬》《四世同堂》《鼓书艺人》《正红旗下》(未完),中篇小说《月牙儿》《我这一辈子》,短篇小说集《赶集》《樱海集》《蛤藻集》《火车集》《贫血集》,剧本《龙须沟》《茶馆》。另有《老舍剧作全集》《老舍散文集》《老舍诗选》《老舍文艺评论集》《老舍文集》等。老舍以长篇小说和剧作著称于世。他的作品大都取材于市民生活,为中国现代文学开拓了重要的题材领域。他所描写的自然风光、世态人情、习俗时尚,运用的群众口语都呈现出浓郁的"京味"。其优秀长篇小说《骆驼祥子》《四世同堂》便是描写北京市民生活的代表作。他的短篇小说构思精致,取材较为宽广,其中《柳家大院》《上任》《断魂枪》等篇各具特色,耐人咀嚼。他的作品还被译成二十余种文字出版,以其独特的幽默风格和浓郁的民族色彩,以及从内容到形式的雅俗共赏赢得了广大读者的喜爱。

[思想内容]

《骆驼祥子》是老舍先生的代表作,1936年在青岛写成。老舍从开始创作起,一直是以教书为正职,以写作为副业。到了1936年夏,他辞去山东大学的教职,专心从事写作,用他自己的话说:"《骆驼祥子》是我作职业写家的第一炮。"但作品的创作诱因却是很偶然的,那是山东大学的一位朋友来老舍家聊天,随便谈起他在北京时曾用过的一个车夫,那车夫自己买了车又卖掉,如此三起三落,最终还是受穷。老舍当时就敏感地意识到,"这颇可以写一篇小说"。那个朋友紧接着又说了另一个车夫的故事,他被军队抓走,又伺机逃出,还偷偷牵回了三匹骆驼。这简单的叙述引起了老舍极大的兴趣,于是接下来从春到夏,老舍入迷地搜集资料,构思情节。老舍虽身在齐鲁,但自幼所见的旧北京下层社会的生活画面依旧活跃在他脑海中,给了他创作的背景和灵感。就这样,一部以人力车夫祥子为中心的、交织着北京穷苦社会世俗风情的作品便很自然地构思完成了。

《骆驼祥子》是以北平(今北京)一个人力车夫祥子的行踪为线索,以20世纪20年代末期的北平市民生活为背景,以人力车夫祥子坎坷、悲惨的生活遭遇为主要情节,深刻揭露了旧中国的黑暗,控诉了统治阶级对劳动者的剥削、压迫,表达了作者对劳动人民的深切同情,同时也向人们展示了军阀混战、黑暗统治下的北平底层贫苦市民生活于痛苦深渊中的图景。通过祥子力图依靠个人奋斗摆脱悲惨生活,最后失败以至于堕落的故事告诫人们,城市贫民要翻身做主人,单靠个人奋斗是不行的。《骆驼祥子》问世后,被译成十几国文字,产生了较大的影响。

祥子来自农村,日益凋敝衰败的乡间使他无法生存下去,他来到城市,渴望以自己的诚实劳动创造新的生活。他尝试过各种工作,最后选中了拉洋车这一职业。他习惯于个体劳动,同时又渴望有一辆像土地那样靠得住的车。买车,做个独立的劳动者,"这是他的志愿,希望,甚至是宗教"。城市似乎给了祥子实现愿望的机遇,经过三年奋斗,他买上了车,但不到半年,车就被军阀抢去。此时祥子仍然不肯放弃拥有一辆自己的车的梦想,尽管他对自己的追求不无怀疑,几度动摇,但仍然不断振作起来,再度奋斗。应该说,祥子以坚忍的性格和执拗的态度与生活展开搏斗,构成了小说的主要情节内容。而搏斗的结局,是以祥子的失败而告终的,他最终未能实现拥有一辆自己的车的梦。这部小说的现实主义深刻性在于,它不仅描写了严酷的生活环境对祥子的物质剥夺,而且还刻画了祥子在生活理想被毁坏后的精神堕落。"他没了心,他的心被人家摘去",一个勤劳善良的农村青年,就这样被毁灭成为一个行尸走肉般的无业游民。

[艺术特色]

悲剧色彩是《骆驼祥子》的一大特色。小说中不仅是祥子,就是专横跋扈的刘四爷、骄奢泼辣的虎妞、善良坚强的小福子、孤苦无依的老马祖孙等,都在逐渐走向绝望的境地。这一个个人物的悲剧,构成了一个社会性的大悲剧。

《骆驼祥子》的语言独具特色。作者运用经过加工和提炼的北京方言,传神地刻画出北平下层社会劳动人民的言谈举止。作者还用朴实自然的笔触描写了北平的自然风貌和京腔京韵的古都风情,使作品具有浓郁的地域文化色彩和市井气息。

作品的另一突出特色是对人物心理细腻深入的刻画。祥子沉默寡言,作者用了大量的心理描写来展示他的性格特点和思想变化过程。作者凭着对北平下层社会的了解和对小人物的熟悉,运用质朴的语言,把祥子的心理刻画得生动形象,十分逼真。

中国现代文坛自"五四"以来就倡导平民的文学,但直到《骆驼祥子》问世,劳动人民才真正成为主人公,得以被小说艺术地表现和描写。老舍也因为《骆驼祥子》的问世而确立了"都市平民文学第一家"的地位。

一

我们所要介绍的是祥子,不是骆驼,因为"骆驼"只是个外号;那么,我们就先说祥子,随手儿把骆驼与祥子那点关系说过去,也就算了。

北平的洋车夫有许多派:[1] 年轻力壮,腿脚灵利的,讲究赁漂亮的车,拉"整天儿",爱什么时候出车与收车都有自由;拉出车来,在固定的"车口"①或宅门一放,专等坐快车的主儿;弄好了,也许一下子弄个一块两块的;碰巧了,也许白耗一天,连"车份儿"也没着落,但也不在乎。这一派哥儿们的希望大概有两个:或是拉包车;或是自己买上辆车,有了自己的车,再去拉包月或散座就没大关系了,反正车是自己的。

比这一派岁数稍大的,或因身体的关系而跑得稍差点劲的,或因家庭的关系而不敢白耗一天的,大概就多数的拉八成新的车;人与车都有相当的漂亮,所以在要价儿的时候也还能保持住相当的尊严。这派的车夫,也许拉"整天儿",也许拉"半天儿"。在后者的情形下,因为还有相当的精气神,所以无论冬天夏天总是"拉晚儿"②。夜间,当然比白天需要更多的留神与本事;钱自然也多挣一些。

年纪在四十以上,二十以下的,恐怕就不易在前两派里有个地位了。他们的车破,又不敢"拉晚儿",所以只能早早的出车,希望能从清晨转到午后三四点钟,拉出"车份儿"和自己的嚼谷③。他们的车破,跑得慢,所以得多走路,少要钱。到瓜市,果市,菜市,去拉货物,都是他们;钱少,可是无须快跑呢。

在这里,二十岁以下的——有的从十一二岁就干这行儿——很少能到二十岁以后改变成漂亮的车夫的,因为在幼年受了伤,很难健壮起来。他们也许拉一辈子洋车,而一辈子连拉车也没出过风头。那四十以上的人,有的是已拉了十年八年的车,筋肉的衰损使他们甘居人后,他们渐渐知道早晚是一个跟头会死在马路上。[2]

---

① 车口:停车的地方。
② 拉晚儿:指从下午四点后出车,拉到天亮以前。
③ 嚼谷:吃用。

[1] 开篇详细介绍洋车夫这一行业,是为了引出对祥子的正确定位。

[2] 四十以上的车夫已经看到自己未来凄凉的结局。

他们的拉车姿势,讲价时的随机应变,走路的抄近绕远,都足以使他们想起过去的光荣,而用鼻翅儿扇着那些后起之辈。[3]可是这点光荣丝毫不能减少将来的黑暗,他们自己也因此在擦着汗的时节常常微叹。不过,以他们比较另一些四十上下岁的车夫,他们还似乎没有苦到了家。这一些是以前决没想到自己能与洋车发生关系,而到了生和死的界限已经不甚分明,才抄起车把来的。被撤差的巡警或校役,把本钱吃光的小贩,或是失业的工匠,到了卖无可卖,当无可当的时候,咬着牙,含着泪,上了这条到死亡之路。[4]这些人,生命最鲜壮的时期已经卖掉,现在再把窝窝头变成的血汗滴在马路上。没有力气,没有经验,没有朋友,就是在同行的当中也得不到好气儿。他们拉最破的车,皮带不定一天泄多少次气;一边拉着人还得一边儿央求人家原谅,虽然十五个大铜子儿已经算是甜买卖。

此外,因环境与知识的特异,又使一部分车夫另成派别。生于西苑海甸的自然以走西山,燕京,清华,比较方便;同样,在安定门外的走清河,北苑;在永定门外的走南苑……这是跑长趟的,不愿拉零座;因为拉一趟便是一趟,不屑于三五个铜子的穷凑了。可是他们还不如东交民巷的车夫的气儿长,这些专拉洋买卖①的讲究一气儿由东交民巷拉到玉泉山,颐和园或西山。气儿长也还算小事,一般车夫万不能争这项生意的原因,大半还是因为这些吃洋饭的有点与众不同的知识,他们会说外国话。英国兵,法国兵,所说的万寿山,雍和宫,"八大胡同",他们都晓得。他们自己有一套外国话,不传授给别人。他们的跑法也特别,四六步儿不快不慢,低着头,目不旁视的,贴着马路边儿走,带出与世无争,而自有专长的神气。因为拉着洋人,他们可以不穿号坎,而一律的是长袖小白褂,白的或黑的裤子,裤筒特别肥,脚腕上系着细带;脚上是双宽脸千层底青布鞋;干净,利落,神气。一见这样的服装,别的车夫不会再过来争座与赛车,他们似乎是属于另一行业的。

有了这点简单的分析,我们再说祥子的地位,就像说——我们希望——一盘机器上的某种钉子那么准确了。祥子,在与"骆驼"这个外号发生关系以前,是个比较有自由的洋车夫,这就是说,他是属于年轻力壮,而且自己有车的那一类:自己的车,自己的生活,都在自己手里,高等车夫。[5]

---

① 专拉洋买卖:指专门在从前外国驻华使馆集中地东交民巷,给外国人拉车。

[3] "用鼻翅儿扇",这一生动的细节描写表现了那些老拉车者对往昔光荣的自骄自赏和对后起之辈的不屑。

[4] "死亡之路",仅四个字,却充溢着血和泪。

[5] 在黑暗夹缝中谋生的祥子被赐予不错的开始,却是为他几起几落的沧桑人生做着悲悯的铺垫。

这可绝不是件容易的事。一年,二年,至少有三四年;一滴汗,两滴汗,不知道多少万滴汗,才挣出那辆车。从风里雨里的咬牙,从饭里茶里的自苦,才赚出那辆车。那辆车是他的一切挣扎与困苦的总结果与报酬,像身经百战的武士的一颗徽章。在他赁人家的车的时候,他从早到晚,由东到西,由南到北,像被人家抽着转的陀螺;他没有自己。可是在这种旋转之中,他的眼并没有花,心并没有乱,他老想着远远的一辆车,可以使他自由,独立,像自己的手脚的那么一辆车。有了自己的车,他可以不再受拴车的人们的气,也无须敷衍别人,有自己的力气与洋车,睁开眼就可以有饭吃。[6]

他不怕吃苦,也没有一般洋车夫的可以原谅而不便效法的恶习,他的聪明和努力都足以使他的志愿成为事实。假若他的环境好一些,或多受着点教育,他一定不会落在"胶皮团"①里,而且无论是干什么,他总不会辜负了他的机会。不幸,他必须拉洋车;好在这个营生里他也证明出他的能力与聪明。他仿佛就是在地狱里也能作个好鬼似的。[7]生长在乡间,失去了父母与几亩薄田,十八岁的时候便跑到城里来。带着乡间小伙子的足壮与诚实,凡是以卖力气就能吃饭的事他几乎全作过了。可是,不久他就看出来,拉车是件更容易挣钱的事;作别的苦工,收入是有限的;拉车多着一些变化与机会,不知道在什么时候与地点就会遇到一些多于所希望的报酬。自然,他也晓得这样的机遇不完全出于偶然,而必须人与车都得漂亮精神,有货可卖才能遇到识货的人。想了一想,他相信自己有那个资格:他有力气,年纪正轻;所差的是他还没有跑过,与不敢一上手就拉漂亮的车。但这不是不能胜过的困难,有他的身体与力气作基础,他只要试验个十天半月的,就一定能跑得有个样子,然后去赁辆新车,说不定很快的就能拉上包车,然后省吃俭用的一年二年,即使是三四年,他必能自己打上一辆车,顶漂亮的车!看着自己的青年的肌肉,他以为这只是时间的问题,这是必能达到的一个志愿与目的,绝不是梦想![8]

他的身量与筋肉都发展到年岁前边去;二十来的岁,他已经很大很高,虽然肢体还没被年月铸成一定的格局,可是已经像个成人了——一个脸上身上都带出天真淘气的样子的大人。看着那高等的车夫,他计划着怎样杀进他的腰②去,好更显出他的铁扇面似的

---

① 胶皮团:指拉车这一行。
② 杀进腰:把腰部勒得细一些。

[6] 这一职业的选择表明祥子尽管离开了土地,但其思维方式仍然是农民式的。他习惯于个体劳动,同时又渴望有一辆像土地那样靠得住的车。

[7] 这是对祥子美好心灵的最真实形象的写照。"地狱"贴切地表现了当时祥子生活环境的恶劣;"好鬼"则准确地说明了祥子的"善良",想充当"好人"这一社会角色。

[8] 祥子的坚信,为下文因梦想的一再破灭导致他越来越堕落埋下了伏笔。

胸,与直硬的背;扭头看看自己的肩,多么宽,多么威严!杀好了腰,再穿上肥腿的白裤,裤脚用鸡肠子带儿系住,露出那对"出号"的大脚!是的,他无疑的可以成为最出色的车夫;傻子似的他自己笑了。

  他没有什么模样,使他可爱的是脸上的精神。头不很大,圆眼,肉鼻子,两条眉很短很粗,头上永远剃得发亮。腮上没有多余的肉,脖子可是几乎与头一边儿①粗;脸上永远红扑扑的,特别亮的是颧骨与右耳之间一块不小的疤——小时候在树下睡觉,被驴啃了一口。[9]他不甚注意他的模样,他爱自己的脸正如同他爱自己的身体,都那么结实硬棒;他把脸仿佛算在四肢之内,只要硬棒就好。是的,到城里以后,他还能头朝下,倒着立半天。这样立着,他觉得,他就很像一棵树,上下没有一个地方不挺脱的。[10]

  他确乎有点像一棵树,坚壮,沉默,而又有生气。[11]他有自己的打算,有些心眼,但不好向别人讲论。在洋车夫里,个人的委屈与困难是公众的话料,"车口儿"上,小茶馆中,大杂院里,每人报告着形容着或吵嚷着自己的事,而后这些事成为大家的财产,像民歌似的由一处传到一处。祥子是乡下人,口齿没有城里人那么灵便;设若口齿灵利是出于天才,他天生来的不愿多说话,所以也不愿学着城里人的贫嘴恶舌。他的事他知道,不喜欢和别人讨论。因为嘴常闲着,所以他有工夫去思想,他的眼仿佛是老看着自己的心。只要他的主意打定,他便随着心中所开开的那条路儿走;假若走不通的话,他能一两天不出一声,咬着牙,好似咬着自己的心!

  他决定去拉车,就拉车去了。赁了辆破车,他先练练腿。[12]第一天没拉着什么钱。第二天的生意不错,可是躺了两天,他的脚脖子肿得像两条瓠子似的,再也抬不起来。他忍受着,不管是怎样的疼痛。他知道这是不可避免的事,这是拉车必须经过的一关。非过了这一关,他不能放胆的去跑。

  脚好了之后,他敢跑了。这使他非常的痛快,因为别的没有什么可怕的了:地名他很熟习,即使有时候绕点远也没大关系,好在自己有的是力气。拉车的方法,以他干过的那些推,拉,扛,挑的经验来领会,也不算十分难。况且他有他的主意:多留神,少争胜,大概总不会出了毛病。[13]至于讲价争座,他的嘴慢气盛,弄不过那些老油子们。[14]知道这个短处,他干脆不大到"车口儿"上去;哪里没

---

① 一边儿:同样的。

[9] 对祥子的外貌有着细致的描写,脸部的每一个特征都描写得很到位,准确地诠释了祥子"脸上的精神"。

[10] 第一次把祥子比作"树",这是从外形上着眼,是形似。

[11] 第二次把祥子比作"树",这是从内在特性上着眼,是神似。

[12] 祥子做事很有计划,一步一步,循序渐进。

[13] 这是祥子的生意经。

[14] "嘴慢气盛"写出了祥子的性格,优劣分明。

车,他放在哪里。在这僻静的地点,他可以从容的讲价,而且有时候不肯要价,只说声:"坐上吧,瞧着给!"[15]他的样子是那么诚实,脸上是那么简单可爱,人们好像只好信任他,不敢想这个傻大个子是会敲人的。即使人们疑心,也只能怀疑他是新到城里来的乡下老儿,大概不认识路,所以讲不出价钱来。以至人们问道,"认识呀?"他就又像装傻,又像耍俏的那么一笑,使人们不知怎样才好。

　　两三个星期的工夫,他把腿溜出来了。他晓得自己的跑法很好看。跑法是车夫的能力与资格的证据。那撇着脚,像一对蒲扇在地上扇乎的,无疑的是刚由乡间上来的新手。那头低得很深,双脚蹭地,跑和走的速度差不多,而颇有跑的表示的,是那些五十岁以上的老者们。那经验十足而没什么力气的却另有一种方法:胸向内含,度数很深;腿抬得很高;一走一探头;这样,他们就带出跑得很用力的样子,而在事实上一点也不比别人快;他们仗着"作派"去维持自己的尊严。[16]祥子当然决不采取这几种姿态。他的腿长步大,腰里非常的稳,跑起来没有多少响声,步步都有些伸缩,车把不动,使座儿觉到安全,舒服。说站住,不论在跑得多么快的时候,大脚在地上轻蹭两蹭,就站住了;他的力气似乎能达到车的各部分。脊背微俯,双手松松拢住车把,他活动,利落,准确;看不出急促而跑得很快,快而没有危险。[17]就是在拉包车的里面,这也得算很名贵的。

　　他换了新车。从一换车那天,他就打听明白了,像他赁的那辆——弓子软,铜活地道,雨布大帘,双灯,细脖大铜喇叭——值一百出头;若是漆工与铜活含糊一点呢,一百元便可以打住。大概的说吧,他只要有一百块钱,就能弄一辆车。猛然一想,一天要是能剩一角的话,一百元就是一千天,一千天!把一千天堆到一块,他几乎算不过来这该有多么远。但是,他下了决心,一千天也好,一万天也好,他得买车!第一步他应当,他想好了,去拉包车。遇上交际多,饭局①多的主儿②,平均一月有上十来个饭局,他就可以白落两三块的车饭钱。加上他每月再省出个块儿八角的,也许是三头五块的,一年就能剩起五六十块!这样,他的希望就近便多多了。他不吃烟,不喝酒,不赌钱,没有任何嗜好,没有家庭的累赘,只要他自己肯咬牙,事儿就没有个不成。他对自己起下了誓,一年

---

①饭局:宴会。
②主儿:人。这里是指包车的主人。

[15] 语言简洁,憨态可掬。

[16] 细致地描写车夫的不同跑法,烘托祥子跑法的特别、"名贵"。

[17] 关于祥子拉车的刻画,写得很有诗意,使读者深受感染,禁不住祈望他一生好运。

[18] 在那个黑暗的年代，勤奋和精明的祥子是不可能顺利实现自己的美梦的。

[19] 此处的心理描写，反映出祥子的急于求成。

[20] 独立成段的感叹句，突出强调了祥子凑足钱的艰辛，获得成功的不易。

[21] 钱不是"拿"出而是"拍"出，表现了祥子在铺主面前能够拿得出车钱的自豪和买下这辆新车的坚定决心，而且明示绝不会再加钱。

半的工夫，他——祥子——非打成自己的车不可！[18] 是现打的，不要旧车见过新的。

他真拉上了包月。可是，事实并不完全帮助希望。不错，他确是咬了牙，但是到了一年半他并没还上那个誓愿。包车确是拉上了，而且谨慎小心的看着事情；不幸，世上的事并不是一面儿的。他自管小心他的，东家并不因此就不辞他；不定是三两个月，还是十天八天，吹了①，他得另去找事。自然，他得一边儿找事，还得一边儿拉散座；骑马找马，他不能闲起来。在这种时节，他常常闹错儿。他还强打着精神，不专为混一天的嚼谷，而且要继续着积储买车的钱。可是强打精神永远不是件妥当的事：拉起车来，他不能专心一志的跑，好像老想着些什么，越想便越害怕，越气不平。假若老这么下去，几时才能买上车呢？为什么这样呢？难道自己还算个不要强的？[19] 在这么乱想的时候，他忘了素日的谨慎。皮轮子上了碎铜烂磁片，放了炮，只好收车。更严重一些的，有时候碰了行人，甚至有一次因急于挤过去而把车轴盖碰丢了。设若他是拉着包车，这些错儿绝不能发生；一搁下了事，他心中不痛快，便有点愣头磕脑的。碰坏了车，自然要赔钱；这更使他焦躁，火上加了油；为怕惹出更大的祸，他有时候懊睡一整天。及至睁开眼，一天的工夫已白白过去，他又后悔，自恨。还有呢，在这种时期，他越着急便越自苦，吃喝越没规则；他以为自己是铁作的，可是敢情他也会病。病了，他舍不得钱去买药，自己硬挺着；结果，病越来越重，不但得买药，而且得一气儿休息好几天。这些个困难，使他更咬牙努力，可是买车的钱数一点不因此而加快的凑足。

整整的三年，他凑足了一百块钱。[20]

他不能再等了。原来的计划是买辆最完全最新式最可心的车，现在只好按着一百块钱说了。不能再等；万一出点什么事再丢失几块呢！恰巧有辆刚打好的车（定作而没钱取货的）跟他所期望的车差不甚多；本来值一百多，可是因为定钱放弃了，车铺愿意少要一点。祥子的脸通红，手哆嗦着，拍出九十六块钱来："我要这辆车！"[21] 铺主打算挤到个整数，说了不知多少话，把他的车拉出去又拉进来，支开棚子，又放下，按按喇叭，每一个动作都伴着一大串最好的形容词；最后还在钢轮条上踢了两脚，"听听声儿吧，铃铛似的！拉去吧，你就是把车拉碎了，要是钢条软了一根，你拿回来，把

---

① 吹了：散了、完了的意思。

它摔在我脸上！一百块，少一分咱们吹！"祥子把钱又数了一遍："我要这辆车，九十六！"铺主知道是遇见了一个心眼的人，看看钱，看看祥子，叹了口气："交个朋友，车算你的了；保六个月：除非你把大厢碰碎，我都白给修理；保单，拿着！"

  祥子的手哆嗦得更厉害了，揣起保单，拉起车，几乎要哭出来。[22]拉到个僻静地方，细细端详自己的车，在漆板上试着照照自己的脸！越看越可爱，就是那不尽合自己的理想的地方也都可以原谅了，因为已经是自己的车了。把车看得似乎暂时可以休息会儿了，他坐在了水簸箕的新脚垫儿上，看着车把上的发亮的黄铜喇叭。他忽然想起来，今年是二十二岁。因为父母死得早，他忘了生日是在哪一天。自从到城里来，他没过一次生日。好吧，今天买上了新车，就算是生日吧，人的也是车的，好记，而且车既是自己的心血，简直没什么不可以把人与车算在一块的地方。[23]

  怎样过这个"双寿"呢？祥子有主意：头一个买卖必须拉个穿得体面的人，绝对不能是个女的。最好是拉到前门，其次是东安市场。拉到了，他应当在最好的饭摊上吃顿饭，如热烧饼夹爆羊肉之类的东西。吃完，有好买卖呢就再拉一两个；没有呢，就收车；这是生日！

  自从有了这辆车，他的生活过得越来越起劲了。拉包月也好，拉散座也好，他天天用不着为"车份儿"着急，拉多少钱全是自己的。心里舒服，对人就更和气，买卖也就更顺心。拉了半年，他的希望更大了：照这样下去，干上二年，至多二年，他就又可以买辆车，一辆，两辆……他也可以开车厂子了！

  可是，希望多半落空，祥子的也非例外。[24]

[22]"哆嗦""揣""几乎要哭出来"反映了祥子希望拥有自己车子的愿望之强烈以及拥有自己车子后内心的激动。简洁的语言自然而传神地表现了主人公的内心世界，真实而感人。

[23]把买车的日子定作了自己的生日，这说明从内心深处，祥子觉得这是自己重生的日子。

[24]过渡句，为下文祥子失去车子进行了铺垫。

1. 来自乡间的祥子为什么跑到北平赚钱谋生？
2. 祥子达成自己买车的心愿只是一个时间问题吗？
3. 自从有了自己的车，祥子的生活过得越来越起劲，开始有了幻想，他幻想了什么？

二

因为高兴,胆子也就大起来;自从买了车,祥子跑得更快了。[1]自己的车,当然格外小心,可是他看看自己,再看看自己的车,就觉得有些不是味儿,假若不快跑的话。

他自己,自从到城里来,又长高了一寸多。他自己觉出来,仿佛还得往高里长呢。不错,他的皮肤与模样都更硬棒与固定了一些,而且上唇上已有了小小的胡子;可是他以为还应当再长高一些。当他走到个小屋门或街门而必须大低头才能进去的时候,他虽不说什么,可是心中暗自喜欢,因为他已经是这么高大,而觉得还正在发长,他似乎既是个成人,又是个孩子,非常有趣。[2]

这么大的人,拉上那么美的车,他自己的车,弓子软得颤悠颤悠的,连车把都微微的动弹;车厢是那么亮,垫子是那么白,喇叭是那么响;跑得不快怎能对得起自己呢,怎能对得起那辆车呢?这一点不是虚荣心,而似乎是一种责任,非快跑,飞跑,不足以充分发挥自己的力量与车的优美。那辆车也真是可爱,拉过了半年来的,仿佛处处都有了知觉与感情,祥子的一扭腰,一蹲腿,或一直脊背,它都就马上应和着,给祥子以最顺心的帮助,他与它之间没有一点隔膜别扭的地方。[3]赶到遇上地平人少的地方,祥子可以用一只手拢着把,微微轻响的皮轮像阵利飕的小风似的催着他跑,飞快而平稳。拉到了地点,祥子的衣裤都拧得出汗来,哗哗的,像刚从水盆里捞出来的。他感到疲乏,可是很痛快的,值得骄傲的,一种疲乏,如同骑着名马跑了几十里那样。[4]

假若胆壮不就是大意,祥子在放胆跑的时候可并不大意。不快跑若是对不起人,快跑而碰伤了车便对不起自己。车是他的命,他知道怎样的小心。小心与大胆放在一处,他便越来越能自信,他深信自己与车都是铁作的。

因此,他不但敢放胆的跑,对于什么时候出车也不大去考虑。他觉得用力拉车去挣口饭吃,是天下最有骨气的事;他愿意出去,没人可以拦住他。外面的谣言他不大往心里听,什么西苑又来了兵,什么长辛店又打上了仗,什么西直门外又在拉伕,什么齐化门

[1] 梦想的实现让祥子对生活更有信心,拉车更起劲了。

[2] 心理描写,写出了祥子的单纯可爱,表现了他对未来的憧憬。

[3] 拟人手法,表现了祥子与车子亲密无间的合作,突出了他对车子的无比喜爱。

[4] 比喻手法,属于自己的车子,给了祥子卖力工作的动力和满足感。

二

已经关了半天,他都不大注意。[5] 自然,街上铺户已都上了门,而马路上站满了武装警察与保安队,他也不便故意去找不自在,也和别人一样急忙收了车。可是,谣言,他不信。他知道怎样谨慎,特别因为车是自己的,但是他究竟是乡下人,不像城里人那样听见风便是雨。再说,他的身体使他相信,即使不幸赶到"点儿"上,他必定有办法,不至于吃很大的亏;他不是容易欺侮的,那么大的个子,那么宽的肩膀!

战争的消息与谣言几乎每年随着春麦一块儿往起长,麦穗与刺刀可以算作北方人的希望与忧惧的象征。[6] 祥子的新车刚交半岁的时候,正是麦子需要春雨的时节。春雨不一定顺着人民的盼望而降落,可是战争不管有没有人盼望总会来到。谣言吧,真事儿吧,祥子似乎忘了他曾经作过庄稼活;他不大关心战争怎样的毁坏田地,也不大注意春雨的有无。他只关心他的车,他的车能产生烙饼与一切吃食,它是块万能的田地,很驯顺的随着他走,一块活地,宝地。因为缺雨,因为战争的消息,粮食都涨了价钱;这个,祥子知道。可是他和城里人一样的只会抱怨粮食贵,而一点主意没有;粮食贵,贵吧,谁有法儿教它贱呢?这种态度使他只顾自己的生活,把一切祸患灾难都放在脑后。

设若城里的人对于一切都没有办法,他们可会造谣言——有时完全无中生有,有时把一分真事说成十分——以便显出他们并不愚傻与不作事。他们像些小鱼,闲着的时候把嘴放在水皮上,吐出几个完全没用的水泡儿也怪得意。[7] 在谣言里,最有意思是关于战争的。别种谣言往往始终是谣言,好像谈鬼说狐那样,不会说着说着就真见了鬼。关于战争的,正是因为根本没有正确消息,谣言反倒能立竿见影。在小节目上也许与真事有很大的出入,可是对于战争本身的有无,十之八九是正确的。"要打仗了!"这句话一经出口,早晚准会打仗;至于谁和谁打,与怎么打,那就一个人一个说法了。祥子并不是不知道这个。不过,干苦工的人们——拉车的也在内——虽然不会欢迎战争,可是碰到了它也不一定就准倒霉。每逢战争一来,最着慌的是阔人们。他们一听见风声不好,赶快就想逃命;钱使他们来得快,也跑得快。他们自己可是不会跑,因为腿脚被钱赘的太沉重。[8] 他们得雇许多人作他们的腿,箱子得有人抬,老幼男女得有车拉。在这个时候,专卖手脚的哥儿们的手与脚

[5] 这一系列的排比,具体写出战事的即将来临,更为对时事不敏感的祥子车被抢走做了铺垫。

[6] 作者把祥子的命运放在军阀混战的社会动荡的大背景中进行演绎,充分诠释了人物悲剧命运的社会根源。

[7] 比喻句,把造谣的人比作闲着的小鱼,把谣言比作水泡,生动形象地写出了这些人无所事事、无中生有的得意之态。

[8] 阔人自己无须跑,因为有钱让人代劳。妙笔传神的讽刺,表现了作者对寄生阶级的蔑视。

就一律贵起来:"前门,东车站!""哪儿?""东——车——站!""呕,干脆就给一块四毛钱!不用驳回,兵荒马乱的!"

就是在这个情形下,祥子把车拉出城去。谣言已经有十来天了,东西已都涨了价,可是战事似乎还在老远,一时半会儿不会打到北平来。祥子还照常拉车,并不因为谣言而偷点懒。有一天,拉到了西城,他看出点棱缝来。在护国寺街西口和新街口没有一个招呼"西苑哪?清华呀?"的。在新街口附近他转悠了一会儿。听说车已经都不敢出城,西直门外正在抓车,大车小车骡车洋车一齐抓。他想喝碗茶就往南放车;车口的冷静露出真的危险,他有相当的胆子,但是不便故意的走死路。正在这个节骨眼儿,从南来了两辆车,车上坐着的好像是学生。拉车的一边走,一边儿喊:"有上清华的没有?嗨,清华!"

车口上的几辆车没有人搭茬儿,大家有的看着那两辆车淡而不厌的微笑,有的叼着小烟袋坐着,连头也不抬。[9]那两辆车还继续的喊:"都哑巴了?清华!"

"两块钱吧,我去!"一个年轻光头的矮子看别人不出声,开玩笑似的答应了这么一句。

"拉过来!再找一辆!"那两辆车停住了。

年轻光头的愣了一会儿,似乎不知怎样好了。别人还都不动。祥子看出来,出城一定有危险,要不然两块钱清华——平常只是二三毛钱的事儿——为什么会没人抢呢?[10]他也不想去。可是那个光头的小伙子似乎打定了主意,要是有人陪他跑一趟的话,他就豁出去了;他一眼看中了祥子:"大个子,你怎样?"

"大个子"三个字把祥子招笑了,这是一种赞美。他心中打开了转儿:凭这样的赞美,似乎也应当捧那身矮胆大的光头一场;再说呢,两块钱是两块钱,这不是天天能遇到的事。[11]危险?难道就那样巧?况且,前两天还有人说天坛住满了兵;他亲眼看见的,那里连个兵毛儿也没有。这么一想,他把车拉过去了。

拉到了西直门,城洞里几乎没有什么行人。祥子的心凉了一些。光头也看出不妙,可是还笑着说:"招呼吧①,伙计!是福不是

[9]神态描写和动作描写,车夫们的表现侧面说明了当时形势的危险。

[10]对于危险信息的直觉感知,使祥子有所担心。

[11]映照出一个好面子、讲实惠的人力车夫面临危机时的逞强与鲁莽,如此行事怎能不遭遇劫难呢?

---

① 招呼吧:干吧,闯吧。

祸①,今儿个就是今儿个②啦!"祥子知道事情要坏,可是在街面上混了这几年了,不能说了不算,不能耍老娘们脾气![12]

出了西直门,真是连一辆车也没遇上;祥子低下头去,不敢再看马路的左右。他的心好像直顶他的肋条。到了高亮桥,他向四围打了一眼,并没有一个兵,他又放了点心。两块钱到底是两块钱,他盘算着,没点胆子哪能找到这俏的事。他平常很不喜欢说话,可是这阵儿他愿意跟光头的矮子说几句,街上清静得真可怕。"抄土道走吧?马路上——"

"那还用说,"矮子猜到他的意思,"只要一上了便道,咱们就算有点底儿了!"

还没拉到便道上,祥子和光头的矮子连车带人都被十来个兵捉了去!

虽然已到妙峰山开庙进香的时节,夜里的寒气可还不是一件单衫所能挡得住的。祥子的身上没有任何累赘,除了一件灰色单军服上身,和一条蓝布军裤,都被汗沤得奇臭——自从还没到他身上的时候已经如此。由这身破军衣,他想起自己原来穿着的白布小褂与那套阴丹士林蓝的夹裤褂;那是多么干净体面![13]是的,世界上还有许多比阴丹士林蓝更体面的东西,可是祥子知道自己混到那么干净利落已经是怎样的不容易。闻着现在身上的臭汗味,他把以前的挣扎与成功看得分外光荣,比原来的光荣放大了十倍。他越想着过去便越恨那些兵们。他的衣服鞋帽,洋车,甚至于系腰的布带,都被他们抢了去;只留给他青一块紫一块的一身伤,和满脚的疱!不过,衣服,算不了什么;身上的伤,不久就会好的。他的车,几年的血汗挣出来的那辆车,没了!自从一拉到营盘里就不见了!以前的一切辛苦困难都可一眨眼忘掉,可是他忘不了这辆车![14]

吃苦,他不怕;可是再弄上一辆车不是随便一说就行的事;至少还得几年的工夫!过去的成功全算白饶,他得重打鼓另开张打头儿来!祥子落了泪!他不但恨那些兵,而且恨世上的一切了。凭什么把人欺侮到这个地步呢?凭什么?"凭什么?"他喊了

---

① 是福不是祸:俗语,下句为是祸躲不过。这里说话人未说下句,却意在下句。
② 今儿个就是今儿个:到了严重关头,成败都在今天。

[12] 祥子把职业信用看得高于自身的安危,这一描写散发出生命蓬勃向上的动人光辉。

[13] 祥子被抓前后的衣着对比,一方面表现了兵痞们的残暴,另一方面体现出战乱对底层人民造成的灾难。

[14] 生存的恶劣带来的肉体上的痛苦远比不上失去车子的精神上的痛苦。

[15]祥子第一次喊出来"凭什么",他痛恨这黑暗的世道,这声呐喊体现了当时底层人民的悲苦。

[16]祥子由于极度的悲观、懊丧,导致心里根本不愿去想失车被俘这件事情,甚至宁愿死去。

[17]详尽地交代准备逃跑的路线;一方面表现了祥子的职业特点,他得拉车跑路,道路对他来说像水和空气一样重要;另一方面整个北平城就变得可知、可感,显示出了色彩浓郁的地域特征。

出来。[15]

这一喊——虽然痛快了些——马上使他想起危险来。别的先不去管吧,逃命要紧!

他在哪里呢?他自己也不能正确的回答出。这些日子了,他随着兵们跑,汗从头上一直流到脚后跟。走,得扛着拉着或推着兵们的东西;站住,他得去挑水烧火喂牲口。他一天到晚只知道怎样把最后的力气放在手上脚上,心中成了块空白。到了夜晚,头一挨地他便像死了过去,而永远不再睁眼也并非一定是件坏事。[16]

最初,他似乎记得兵们是往妙峰山一带退却。及至到了后山,他只顾得爬山了,而时时想到不定哪时他会一跤跌到山涧里,把骨肉被野鹰们啄尽,不顾得别的。在山中绕了许多天,忽然有一天山路越来越少,当太阳在他背后的时候,他远远的看见了平地。晚饭的号声把出营的兵丁唤回,有几个扛着枪的牵来几匹骆驼。

骆驼!祥子的心一动,忽然的他会思想了,好像迷了路的人忽然找到一个熟识的标记,把一切都极快的想了起来。骆驼不会过山,他一定是来到了平地。在他的知识里,他晓得京西一带,像八里庄,黄村,北辛安,磨石口,五里屯,三家店,都有养骆驼的。难道绕来绕去,绕到磨石口来了吗?这是什么战略——假使这群只会跑路与抢劫的兵们也会有战略——他不晓得。可是他却知道,假如这真是磨石口的话,兵们必是绕不出山去,而想到山下来找个活路。磨石口是个好地方,往东北可以回到西山;往南可以奔长辛店,或丰台;一直出口子往西也是条出路。他为兵们这么盘算,心中也就为自己画出一条道儿来:这到了他逃走的时候了。万一兵们再退回乱山里去,他就是逃出兵的手掌,也还有饿死的危险。要逃,就得乘这个机会。由这里一跑,他相信,一步就能跑回海甸!虽然中间隔着那么多地方,可是他都知道呀;一闭眼,他就有了个地图:这里是磨石口——老天爷,这必须是磨石口!——他往东北拐,过金顶山,礼王坟,就是八大处;从四平台往东奔杏子口,就到了南辛庄。为是有些遮隐,他顶好还顺着山走,从北辛庄,往北,过魏家村;往北,过南河滩;再往北,到红山头,杰王府;静宜园了!找到静宜园,闭着眼他也可以摸到海甸去![17]他的心要跳出来!这些日子,他的血似乎全流到四肢上去;这一刻,仿佛全归到心上来;心中发热,四肢反倒冷起来;热望使他浑身发颤!

★ 二 ★

　　一直到半夜,他还合不上眼。希望使他快活,恐惧使他惊惶,他想睡,但睡不着,四肢像散了似的在一些干草上放着。[18]什么响动也没有,只有天上的星伴着自己的心跳。骆驼忽然哀叫了两声,离他不远。他喜欢这个声音,像夜间忽然听到鸡鸣那样使人悲哀,又觉得有些安慰。

　　远处有了炮声,很远,但清清楚楚的是炮声。他不敢动,可是马上营里乱起来。他闭住了气,机会到了!他准知道,兵们又得退却,而且一定是往山中去。这些日子的经验使他知道,这些兵的打仗方法和困在屋中的蜜蜂一样,只会到处乱撞。有了炮声,兵们一定得跑;那么,他自己也该精神着点了。他慢慢的,闭着气,在地上爬,目的是在找到那几匹骆驼。他明知道骆驼不会帮助他什么,但他和它们既同是俘虏,好像必须有些同情。[19]军营里更乱了,他找到了骆驼——几块土岗似的在黑暗中趴伏着,除了粗大的呼吸,一点动静也没有,似乎天下都很太平。这个,教他壮起点胆子来。他伏在骆驼旁边,像兵丁藏在沙口袋后面那样。极快的他想出个道理来:炮声是由南边来的,即使不是真心作战,至少也是个"此路不通"的警告。那么,这些兵还得逃回山中去。真要是上山,他们不能带着骆驼。这样,骆驼的命运也就是他的命运。他们要是不放弃这几个牲口呢,他也跟着完事;他们忘记了骆驼,他就可以逃走。把耳朵贴在地上,他听着有没有脚步声儿来,心跳得极快。

　　不知等了多久,始终没人来拉骆驼。他大着胆子坐起来,从骆驼的双峰间望过去,什么也看不见,四外极黑。逃吧!不管是吉是凶,逃![20]

[18]看到希望的兴奋和万一逃跑不成功的恐惧合二为一。作者把祥子的复杂心理表现得淋漓尽致。

[19]同情"同是俘虏"的几匹骆驼,显现出祥子善良的本性。

[20]章末在关键时刻打住,留下且听下回分解的话本悬念。

1. 祥子飞跑拉车后,为什么既感到"疲乏"又感到"痛快"?
2. 导致祥子第一次丢车悲剧发生的因素有哪些?
3. 详细交代祥子盘算的逃离兵营的路线有何作用?

三

祥子已经跑出二三十步去,可又不肯跑了,他舍不得那几匹骆驼。他在世界上的财产,现在,只剩下了自己的一条命。就是地上的一根麻绳,他也乐意拾起来,即使没用,还能稍微安慰他一下,至少他手中有条麻绳,不完全是空的。[1]逃命是要紧的,可是赤裸裸的一条命有什么用呢?他得带走这几匹牲口,虽然还没想起骆驼能有什么用处,可是总得算是几件东西,而且是块儿不小的东西。

他把骆驼拉了起来。对待骆驼的方法,他不大晓得,可是他不怕它们,因为来自乡间,他敢挨近牲口们。骆驼们很慢很慢的立起来,他顾不得仔细调查它们是不是都在一块儿拴着,觉到可以拉着走了,他便迈开了步,不管是拉起来一个,还是全"把儿"。

一迈步,他后悔了。骆驼——在口内负重惯了的——是走不快的。不但是得慢走,还须极小心的慢走,骆驼怕滑;一汪儿水,一片儿泥,都可以教它们劈了腿,或折扭了膝。骆驼的价值全在四条腿上;腿一完,全完! 而祥子是想逃命呀!

可是,他不肯再放下它们。一切都交给天了,白得来的骆驼是不能放手的!

因拉惯了车,祥子很有些辨别方向的能力。虽然如此,他现在心中可有点乱。当他找到骆驼们的时候,他的心似乎全放在它们身上了;及至把它们拉起来,他弄不清哪儿是哪儿了,天是那么黑,心中是那么急,即使他会看看星,调一调方向,他也不敢从容的去这么办;星星们——在他眼中——好似比他还着急,你碰我,我碰你的在黑空中乱动。[2]祥子不敢再看天上。他低着头,心里急而脚步不敢放快的往前走。他想起了这个:既是拉着骆驼,便须顺着大道走,不能再沿着山坡儿。由磨石口——假如这是磨石口——到黄村,是条直路。这既是走骆驼的大路,而且一点不绕远儿。"不绕远儿"在一个洋车夫心里有很大的价值。不过,这条路上没有遮掩!万一再遇上兵呢?即使遇不上大兵,他自己那身破军衣,脸上的泥,与那一脑袋的长头发,能使人相信他是个拉骆驼的吗?不像,绝不像个拉骆驼的! 倒很像个逃兵! 逃兵,被官中拿去还倒是

[1]失去了车的祥子就像一个空壳,他需要一些东西填充他那失去灵魂的躯体,哪怕是一点小小的安慰。

[2]祥子想通过看星星来辨一辨方向,因为内心惊恐异常、仓皇失措,因此产生了星星在相互碰撞的错觉。

小事;教村中的人们捉住,至少是活埋![3]想到这儿,他哆嗦起来,背后骆驼蹄子噗噗轻响猛然吓了他一跳。他要打算逃命,还是得放弃这几个累赘。可是到底不肯撒手骆驼鼻子上的那条绳子。走吧,走,走到哪里算哪里,遇见什么说什么;活了呢,赚几条牲口,死了呢,认命!

可是,他把军衣脱下来:一把,将领子扯掉;那对还肯负责任的铜钮也被揪下来,掷在黑暗中,连个响声也没发。然后,他把这件无领无钮的单衣斜搭在身上,把两条袖子在胸前结成个结子,像背包袱那样。这个,他以为可以减少些败兵的嫌疑;裤子也挽高起来一块。他知道这还不十分像拉骆驼的,可是至少也不完全像个逃兵了。加上他脸上的泥,身上的汗,大概也够个"煤黑子"的谱儿①了。[4]他的思想很慢,可是想得很周到,而且想起来马上就去执行。夜黑天里,没人看见他;他本来无须乎立刻这样办;可是他等不得。他不知道时间,也许忽然就会天亮。既没顺着山路走,他白天没有可以隐藏起来的机会;要打算白天也照样赶路的话,他必须使人相信他是个"煤黑子"。想到了这个,也马上这么办了,他心中痛快了些,好似危险已过,而眼前就是北平了。他必须稳稳当当的快到城里,因为他身上没有一个钱,没有一点干粮,不能再多耗时间。想到这里,他想骑上骆驼,省些力气可以多挨一会儿饥饿。可是不敢去骑,即使很稳当,也得先教骆驼跪下,他才能上去;时间是值钱的,不能再麻烦。况且,他要是上了那么高,便更不容易看清脚底下,骆驼若是摔倒,他也得陪着。不,就这样走吧。

大概的他觉出是顺着大路走呢;方向,地点,都有些茫然。夜深了,多日的疲乏,与逃走的惊惧,使他身心全不舒服。及至走出来一些路,脚步是那么平匀,缓慢,他渐渐的仿佛困倦起来。夜还很黑,空中有些湿冷的雾气,心中更觉得渺茫。用力看看地,地上老像有一岗一岗的,及至放下脚去,却是平坦的。这种小心与受骗教他更不安静,几乎有些烦躁。爽性不去管地上了,眼往平里看,脚擦着地走。四外什么也看不见,就好像全世界的黑暗都在等着他似的,由黑暗中迈步,再走入黑暗中;身后跟着那不声不响的骆驼。[5]

---

① 谱儿:样子,有近似的意思。

★ 三 ★

[3]从百姓对逃兵的深恶痛绝中,可以想见平日里军队是如何残酷地踩蹋人民的。

[4]为了躲避危险,祥子整改了自己的服饰,为下文村民对他的惊奇和怀疑做了铺垫。

[5]双关之语,既是祥子深夜行走的真实感受,也隐喻了祥子的宿命;祥子"由黑暗中迈步",但这种挣扎与反抗注定是没有结果的,最终还是回归于"无",也就是"再走入黑暗中"。

外面的黑暗渐渐习惯了,心中似乎停止了活动,他的眼不由的闭上了。不知道是往前走呢,还是已经站住了,心中只觉得一浪一浪的波动,似一片波动的黑海,黑暗与心接成一气,都渺茫,都起落,都恍惚。忽然心中一动,像想起一些什么,又似乎是听见了一些声响,说不清;可是又睁开了眼。他确是还往前走呢,忘了刚才是想起什么来,四外也并没有什么动静。心跳了一阵,渐渐又平静下来。他嘱咐自己不要再闭上眼,也不要再乱想;快快的到城里是第一件要紧的事。可是心中不想事,眼睛就很容易再闭上,他必须想念着点儿什么,必须醒着。他知道一旦倒下,他可以一气睡三天。[6]想什么呢?他的头有些发晕,身上潮漉漉的难过,头发里发痒,两脚发酸,口中又干又涩。他想不起别的,只想可怜自己。可是,连自己的事也不大能详细的想了,他的头是那么虚空昏胀,仿佛刚想起自己,就又把自己忘记了,像将要灭的蜡烛,连自己也不能照明白了似的。再加上四围的黑暗,使他觉得像在一团黑气里浮荡,虽然知道自己还存在着,还往前迈步,可是没有别的东西来证明他准是在哪里走,就很像独自在荒海里浮着那样不敢相信自己。他永远没尝受过这种惊疑不定的难过,与绝对的寂闷。[7]平日,他虽不大喜欢交朋友,可是一个人在日光下,有太阳照着他的四肢,有各样东西呈现在目前,他不至于害怕。现在他还不害怕,只是不能确定一切,使他受不了。设若骆驼们要是像骡马那样不老实,也许倒能教他打起精神去注意它们,而骆驼偏偏是这么驯顺,驯顺得使他不耐烦;在心神最恍惚的时候,他忽然怀疑骆驼是否还在他的背后,教他吓一跳;他似乎很相信这几个大牲口会轻轻的钻入黑暗的岔路中去,而他一点也不晓得,像拉着块冰那样能渐渐的化尽。

不知道在什么时候,他坐下了。若是他就是这么死去,就是死后有知,他也不会记得自己是怎么坐下的,和为什么坐下的。坐了五分钟,也许是一点钟,他不晓得。他也不知道他是先坐下而后睡着,还是先睡着了而后坐下的。大概他是先睡着而后坐下的,因为他的疲乏已经能使他立着睡去的。

他忽然醒了。不是那种自自然然的由睡而醒,而是猛的一吓,像由一个世界跳到另一个世界,都在一睁眼的工夫里。看见的还是黑暗,可是很清楚的听见一声鸡鸣,是那么清楚,好像有个坚硬

---

[6]惊惧与劳累使祥子困乏到极点,但是为了生存,他强迫自己保持清醒的状态。

[7]黑暗的浓重,身体的困乏,心灵的虚空,使得祥子恐惧、痛苦、寂寞、无奈,最终变得更加恍惚起来。

的东西在他脑中划了一下。他完全清醒过来。骆驼呢?他顾不得想别的。绳子还在他手中,骆驼也还在他旁边。他心中安静了。懒得起来。身上酸懒,他不想起来;可也不敢再睡。他得想,细细的想,好主意。就是在这个时候,他想起他的车,而喊出"凭什么?"[8]

"凭什么?"但是空喊是一点用处没有的。他去摸摸骆驼,他始终还不知自己拉来几匹。摸清楚了,一共三匹。他不觉得这是太多,还是太少;他把思想集中到这三匹身上,虽然还没想妥一定怎么办,可是他渺茫的想到,他的将来全仗着这三个牲口。

"为什么不去卖了它们,再买上一辆车呢?"他几乎要跳起来了!可是他没动,好像因为先前没想到这样最自然最省事的办法而觉得应当惭愧似的。喜悦胜过了惭愧,他打定了主意:刚才不是听到鸡鸣么?即使鸡有时候在夜间一两点钟就打鸣,反正离天亮也不甚远了。有鸡鸣就必有村庄,说不定也许是北辛安吧?那里有养骆驼的,他得赶快的走,能在天亮的时候赶到,把骆驼出了手,他可以一进城就买上一辆车。兵荒马乱的期间,车必定便宜一些;他只顾了想买车,好似卖骆驼是件毫无困难的事。

想到骆驼与洋车的关系,他的精神壮了起来,身上好似一向没有什么不舒服的地方。[9]假若他想到拿这三匹骆驼能买到一百亩地,或是可以换几颗珍珠,他也不会这样高兴。他极快的立起来,扯起骆驼就走。他不晓得现在骆驼有什么行市,只听说过在老年间,没有火车的时候,一条骆驼要值一个大宝①,因为骆驼力气大,而吃得比骡马还省。他不希望得三个大宝,只盼望换个百儿八十的,恰好够买一辆车的。

越走天越亮了;不错,亮处是在前面,他确是朝东走呢。即使他走错了路,方向可是不差;山在西,城在东,他晓得这个。四外由一致的漆黑,渐渐能分出深浅,虽然还辨不出颜色,可是田亩远树已都在普遍的灰暗中有了形状。星星渐稀,天上罩着一层似云又似雾的灰气,暗淡,可是比以前高起许多去。祥子仿佛敢抬起头来了。他也开始闻见路旁的草味,也听见几声鸟鸣;因为看见了渺茫的物形,他的耳目口鼻好似都恢复了应有的作用。他也能看到自

---

① 大宝:旧指重50两的银元宝。

[8]祥子第二次喊出"凭什么",这是对世道的又一次质问,其中充满了太多的怨恨。

[9]虽然祥子失去了他的第一辆车,但他的理想依然没有破灭,他还幻想用骆驼和自己的勤劳重塑自己的生活。

己身上的一切,虽然是那么破烂狼狈,可是能以相信自己确是还活着呢;好像噩梦初醒时那样觉得生命是何等的可爱。看完了他自己,他回头看了看骆驼——和他一样的难看,也一样的可爱。正是牲口脱毛的时候,骆驼身上已经都露出那灰红的皮,只有东一缕西一块的挂着些零散的,没力量的,随时可以脱掉的长毛,像些兽中的庞大的乞丐。顶可怜的是那长而无毛的脖子,那么长,那么秃,弯弯的,愚笨的,伸出老远,像条失意的瘦龙。[10]可是祥子不憎嫌它们,不管它们是怎样的不体面,到底是些活东西。他承认自己是世上最有运气的人,上天送给他三条足以换一辆洋车的活宝贝;这不是天天能遇到的事。他忍不住的笑了出来。

　　灰天上透出些红色,地与远树显着更黑了;红色渐渐的与灰色融调起来,有的地方成为灰紫的,有的地方特别的红,而大部分的天色是葡萄灰的。又待了一会儿,红中透出明亮的金黄来,各种颜色都露出些光;忽然,一切东西都非常的清楚了。跟着,东方的早霞变成一片深红,头上的天显出蓝色。红霞碎开,金光一道一道的射出,横的是霞,直的是光,在天的东南角织成一部极伟大光华的蛛网;绿的田,树,野草,都由暗绿变为发光的翡翠。老松的干上染上了金红,飞鸟的翅儿闪起金光,一切的东西都带出笑意。[11]祥子对着那片红光要大喊几声,自从一被大兵拉去,他似乎没看见过太阳,心中老在咒骂,头老低着,忘了还有日月,忘了老天。现在,他自由的走着路,越走越光明,太阳给草叶的露珠一点儿金光,也照亮了祥子的眉发,照暖了他的心。他忘了一切困苦,一切危险,一切疼痛;不管身上是怎样褴褛污浊,太阳的光明与热力并没将他除外,他是生活在一个有光有热力的宇宙里;他高兴,他想欢呼!

　　看看身上的破衣,再看看身后的三匹脱毛的骆驼,他笑了笑。就凭四条这么不体面的人与牲口,他想,居然能逃出危险,能又朝着太阳走路,真透着奇怪! 不必再想谁是谁非了,一切都是天意,他以为。他放了心,缓缓的走着,只要老天保佑他,什么也不必怕。走到什么地方了? 不想问了,虽然田间已有男女来作工。走吧,就是一时卖不出骆驼去,似乎也没大关系了;先到城里再说,他渴想再看见城市,虽然那里没有父母亲戚,没有任何财产,可是那到底是他的家,全个的城都是他的家,一到那里他就有办法。远处有个村子,不小的一个村子,村外的柳树像一排高而绿的护兵,低头看

[10]骆驼可是喻指祥子? 是的,那狼狈、失意正合了祥子当时及以后的命运。

[11]紧紧抓住颜色的变化来写日出,以红色为基调,在红色的辉映下,景物呈现出奇特的景观,就像作画时各种颜料经过搭配生成新的颜色。

着那些矮矮的房屋,屋上浮着些炊烟。远远的听到村犬的吠声,非常的好听。[12]他一直奔了村子去,不想能遇到什么俏事,仿佛只是表示他什么也不怕,他是好人,当然不怕村里的良民;现在人人都是在光明和平的阳光下。假若可能的话,他想要一点水喝,就是要不到水也没关系;他既没死在山中,多渴一会儿算得了什么呢?!

村犬向他叫,他没大注意;妇女和小孩儿们的注视,使他不大自在了。他必定是个很奇怪的拉骆驼的,他想;要不然,人家为什么这样呆呆的看着他呢?他觉得非常的难堪:兵们不拿他当个人,现在来到村子里,大家又看他像个怪物!他不晓得怎样好了。他的身量,力气,一向使他自尊自傲,可是在过去的这些日子,无缘无故的他受尽了委屈与困苦。他从一家的屋脊上看过去,又看见了那光明的太阳,可是太阳似乎不像刚才那样可爱了![13]

村中的唯一的一条大道上,猪尿马尿与污水汇成好些个发臭的小湖,祥子唯恐把骆驼滑倒,很想休息一下。道儿北有个比较阔气的人家,后边是瓦房,大门可是只拦着个木栅,没有木门,没有门楼。祥子心中一动;瓦房——财主;木栅而没门楼——养骆驼的主儿!好吧,他就在这儿休息会儿吧,万一有个好机会把骆驼打发出去呢!

"色!色!色!"祥子叫骆驼们跪下;对于调动骆驼的口号,他只晓得"色,色,"是表示跪下;他很得意的应用出来,特意叫村人们明白他并非是外行。骆驼们真跪下了,他自己也大大方方的坐在一株小柳树下。大家看他,他也看大家;他知道只有这样才足以减少村人的怀疑。

坐了一会儿,院中出来个老者,蓝布小褂敞着怀,脸上很亮,一看便知道是乡下的财主。祥子打定了主意:

"老者,水现成吧?喝碗!"

"啊!"老者的手在胸前搓着泥卷,打量了祥子一眼,细细看了看三匹骆驼。[14]"有水!哪儿来的?"

"西边!"祥子不敢说地名,因为不准知道。

"西边有兵呀?"老者的眼盯住祥子的军裤。

"教大兵裹了去,刚逃出来。"

"啊!骆驼出西口没什么险啦吧?"

"兵都入了山,路上很平安。"

[12]村子、炊烟、犬吠,一切都是那么祥和,使祥子感到"光明和平"。

[13]正是强烈的自尊和自傲,让本来内心充满光明的祥子觉得大家都在嘲笑自己,他觉得世界又变得有些阴暗起来。

[14]老者"一看"骆驼,"细细"体现了老人对三匹陌生骆驼品相的观察,同时表现出对祥子的怀疑,老人是想通过仔细观察骆驼来判断祥子的身份。

[15] 老者"二看"骆驼,"呆呆"表现出老人回想起三十年前,自己曾拥有过三把儿骆驼时的失落,同时感伤由于战乱横生而导致无处放养骆驼的现状。

[16] 从老者的角度,再次揭示了社会的不公、战争的伤害。

[17] 老者"三看"骆驼,"回头"表现出老人对祥子的三匹骆驼的喜爱,以及自己到底要不要买骆驼的犹豫。

"嗯!"老者慢慢点着头。"你等等,我给你拿水去。"

祥子跟了进去。到了院中,他看见了四匹骆驼。

"老者,留下我的三匹,凑一把儿吧?"

"哼!一把儿?倒退三十年的话,我有过三把儿!年头儿变了,谁还喂得起骆驼?!"老头儿立住,呆呆的看着那四匹牲口,[15]待了半天:"前几天本想和街坊搭伙,把它们送到口外去放青①。东也闹兵,西也闹兵,谁敢走啊!在家里拉夏吧,看着就焦心,看着就焦心,瞧这些苍蝇!赶明儿天大热起来,再加上蚊子,眼看着好好的牲口活活受罪,真!"老者连连的点头,似乎有无限的感慨与牢骚。

"老者,留下我的三匹,凑成一把儿到口外去放青。欢蹦乱跳的牲口,一夏天在这儿,准教苍蝇蚊子给拿个半死!"祥子几乎是央求了。

"可是,谁有钱买呢?这年头不是养骆驼的年头了!"[16]

"留下吧,给多少是多少;我把它们出了手,好到城里去谋生!"

老者又细细看了祥子一番,觉得他绝不是个匪类。然后回头看了看门外的牲口,心中似乎是真喜欢那三匹骆驼——明知买到手中并没好处,可是爱书的人见书就想买,养马的见了马就舍不得,有过三把儿骆驼的也是如此。[17]况且祥子说可以贱卖呢;懂行的人得到个便宜,就容易忘掉东西买到手中有没有好处。

"小伙子,我要是钱富裕的话,真想留下!"老者说了实话。

"干脆就留下吧,瞧着办得了!"祥子是那么诚恳,弄得老头子有点不好意思了。

"说真的,小伙子;倒退三十年,这值三个大宝;现在的年头,又搭上兵荒马乱,我——你还是到别处吆喝吆喝去吧!"

"给多少是多少!"祥子想不出别的话。他明白老者的话很实在,可是不愿意满世界去卖骆驼——卖不出去,也许还出了别的毛病。

"你看,你看,二三十块钱真不好说出口来,可是还真不容易往外拿呢;这个年头,没法子!"

祥子心中也凉了些,二三十块?离买车还差得远呢!可是,第

---

① 放青:指放牧,让牲口去吃青草。

一他愿尽快办完,第二他不相信能这么巧再遇上个买主儿。"老者,给多少是多少!"

"你是干什么的,小伙子;看得出,你不是干这一行的!"

祥子说了实话。

"呕,你是拿命换出来的这些牲口!"[18] 老者很同情祥子,而且放了心,这不是偷出来的;虽然和偷也差不远,可是究竟中间还隔着层大兵。兵灾之后,什么事儿都不能按着常理儿说。

"这么着吧,伙计,我给三十五块钱吧;我要说这不是个便宜,我是小狗子;我要是能再多拿一块,也是个小狗子!我六十多了;哼,还教我说什么好呢!"

祥子没了主意。对于钱,他向来是不肯放松一个的。可是,在军队里这些日子,忽然听到老者这番诚恳而带有感情的话,他不好意思再争论了。况且,可以拿到手的三十五块现洋似乎比希望中的一万块更可靠,虽然一条命只换来三十五块钱的确是少一些![19] 就单说三条大活骆驼,也不能,绝不能,只值三十五块大洋!可是,有什么法儿呢!

"骆驼算你的了,老者!我就再求一件事,给我找件小褂,和一点吃的!"

"那行!"

祥子喝了一气凉水,然后拿着三十五块很亮的现洋,两个棒子面饼子,穿着将护到胸际的一件破白小褂,要一步迈到城里去![20]

[18] 村子里的老者与祥子的对话,表现了他真挚和宽厚的性格特征,这与上文兵痞的蛮横和残暴形成了巨大的反差。

[19] 社会动荡,希望容易破灭,只有把现洋拿到手里,心里才会觉得安稳、踏实。

[20] 以这句话来作为本章的结尾,是为了体现祥子对重塑生活的自信,同时为下文祥子为了再买一辆车而拼命拉车进行了铺垫。

1. 在逃亡过程中,祥子的心理发生了怎样的变化?
2. 祥子为什么要在进城前把骆驼卖给老者?
3. 祥子为什么认为可以拿到手的三十五块现洋比希望中的一万块更可靠?

四

　　祥子在海甸的一家小店里躺了三天，身上忽冷忽热，心中迷迷糊糊，牙床上起了一溜紫泡，只想喝水，不想吃什么。饿了三天，火气降下去，身上软得像皮糖似的。恐怕就是在这三天里，他与三匹骆驼的关系由梦话或胡话中被人家听了去。一清醒过来，他已经是"骆驼祥子"了。[1]

　　自从一到城里来，他就是"祥子"，仿佛根本没有个姓；如今，"骆驼"摆在"祥子"之上，就更没有人关心他到底姓什么了。有姓无姓，他自己也并不在乎。不过，三条牲口才换了那么几块钱，而自己倒落了个外号，他觉得有点不大上算。

　　刚能挣扎着立起来，他想出去看看。没想到自己的腿能会这样的不吃力，走到小店门口他一软就坐在了地上，昏昏沉沉的坐了好大半天，头上见了凉汗。又忍了一会儿，他睁开了眼，肚中响了一阵，觉出点饿来，极慢的立起来。找到了个馄饨挑儿。要了碗馄饨，他仍然坐在地上。呷了口汤，觉得恶心，在口中含了半天，勉强的咽下去；不想再喝。可是，待了一会儿，热汤像股线似的一直通到腹部，打了两个响嗝。他知道自己又有了命。[2]

　　肚中有了点食，他顾得看看自己了。身上瘦了许多，那条破裤已经脏得不能再脏。他懒得动，可是要马上恢复他的干净利落，他不肯就这么神头鬼脸的进城去。不过，要干净利落就得花钱，剃剃头，换换衣服，买鞋袜，都要钱。手中的三十五元钱应当一个不动，连一个不动还离买车的数儿很远呢！可是，他可怜了自己。虽然被兵们拉去不多的日子，到现在一想，一切都像个噩梦。这个噩梦使他老了许多，好像他忽然的一气增多了好几岁。看着自己的大手大脚，明明是自己的，可是又像忽然由什么地方找到的。他非常的难过。他不敢想过去的那些委屈与危险，虽然不去想，可依然的存在，就好像连阴天的时候，不去看天也知道天是黑的。他觉得自己的身体是特别的可爱，不应当再太自苦了。他立起来，明知道身上还很软，可是刻不容缓的想去打扮打扮，仿佛只要剃剃头，换换衣服，他就能立刻强壮起来似的。[3]

　　打扮好了，一共才花了两块二毛钱。近似搪布的一身本色粗

---

[1] 照应小说的题目与开头内容。这里既说明"骆驼祥子"这个外号的辛酸来历，也使小说内容环环相扣、浑然一体。

[2] 写祥子由"昏昏沉沉"，到"觉出点饿来"，再到"热汤像股线似的一直通到腹部"有了生命存在的心理体验。祥子的身体渐渐好转，读者也跟着松了一口气。

[3] 没有文化的车夫祥子逃出兵营，劫后余生，找回自我，想的就是这么简单、具体而物质，无须经过什么痛苦、复杂的思索过程。

布裤褂一元,青布鞋八毛,线披儿织成的袜子一毛五,还有顶二毛五的草帽。脱下来的破东西换了两包火柴。

　　拿着两包火柴,顺着大道他往西直门走。没走出多远,他就觉出软弱疲乏来了。可是他咬上了牙。他不能坐车,从哪方面看也不能坐车:一个乡下人拿十里八里还能当作道儿吗,况且自己是拉车的。这且不提,以自己的身量力气而被这小小的一点病拿住,笑话;除非一跤栽倒,再也爬不起来,他满地滚也得滚进城去,决不服软!今天要是走不进城去,他想,祥子便算完了;他只相信自己的身体,不管有什么病!

　　晃晃悠悠的他放开了步。走出海甸不远,他眼前起了金星。扶着棵柳树,他定了半天神,天旋地转的闹慌了会儿,他始终没肯坐下。天地的旋转慢慢的平静起来,他的心好似由老远的又落到自己的心口中,擦擦头上的汗,他又迈开了步。已经剃了头,已经换上新衣新鞋,他以为这就十分对得起自己了;那么,腿得尽它的责任,走!一气他走到了关厢。看见了人马的忙乱,听见了复杂刺耳的声音,闻见了干臭的味道,踏上了细软污浊的灰土,祥子想趴下去吻一吻那个灰臭的地,可爱的地,生长洋钱的地![4]没有父母兄弟,没有本家亲戚,他唯一的朋友是这座古城。[5]这座城给了他一切,就是在这里饿着也比乡下可爱,这里有的看,有的听,到处是光色,到处是声音;自己只要卖力气,这里还有数不清的钱,吃不尽穿不完的万样好东西。在这里,要饭也能要到荤汤腊水的,乡下只有棒子面。才到高亮桥西边,他坐在河岸上,落了几点热泪!

　　太阳平西了,河上的老柳歪歪着,梢头挂着点金光。河里没有多少水,可是长着不少的绿藻,像一条油腻的长绿的带子,窄长,深绿,发出些微腥的潮味。河岸北的麦子已吐出了芒,矮小枯干,叶上落了一层灰土。河南的荷塘的绿叶细小无力的浮在水面上,叶子左右时时冒起些细碎的小水泡。东边的桥上,来往的人与车过来过去,在斜阳中特别显着匆忙,仿佛都感到暮色将近的一种不安。这些,在祥子的眼中耳中都非常的有趣与可爱。只有这样的小河仿佛才能算是河;这样的树,麦子,荷叶,桥梁,才能算是树,麦子,荷叶,与桥梁。[6]因为它们都属于北平。

　　坐在那里,他不忙了。眼前的一切都是熟习的,可爱的,就是坐着死去,他仿佛也很乐意。歇了老大半天,他到桥头吃了碗老豆腐:醋,酱油,花椒油,韭菜末,被热的雪白的豆腐一烫,发出点顶香美的味儿,香得使祥子要闭住气;捧着碗,看着那深绿的韭菜末儿,

[4] 诉诸视觉、听觉、嗅觉、触觉等多种感觉,多角度地描写场景,井然有序地介绍北平"忙乱"的环境。

[5] 祥子把这座古城看作自己的"唯一的朋友",说明他生活信心的恢复,也体现了他心灵深处的孤独无援。

[6] 在遭受了那么多的磨难、身心都疲惫不堪的情况下,祥子又看到了熟悉的一切,就像在外饱受欺凌的游子又回到了温暖的家一样。

骆驼祥子

[7]只用一个"烫"字，便写出祥子身体和心理都极其畅快的感觉。

[8]写出了祥子进城时心情的迫切和如鱼得水的感觉，与上一章他在逃亡路上的惊疑不定、谨小慎微形成了鲜明的对比。

[9]交代刘四爷土混混的出身，为其后与虎妞争执而一怒之下赶虎妞出门进行铺垫。

他的手不住的哆嗦。吃了一口，豆腐把身里烫开一条路；他自己下手又加了两小勺辣椒油。[7]一碗吃完，他的汗已湿透了裤腰。半闭着眼，把碗递出去："再来一碗！"

站起来，他觉出他又像个人了。太阳还在西边的最低处，河水被晚霞照得有些微红，他痛快得要喊叫出来。摸了摸脸上那块平滑的疤，摸了摸袋中的钱，又看了一眼角楼上的阳光，他硬把病忘了，把一切都忘了，好似有点什么心愿，他决定走进城去。

城门洞里挤着各样的车，各样的人，谁也不敢快走，谁可都想快快过去，鞭声，喊声，骂声，喇叭声，铃声，笑声，都被门洞儿——像一架扩音机似的——嗡嗡的连成一片，仿佛人人都发着点声音，都嗡嗡的响。祥子的大脚东插一步，西跨一步，两手左右的拨落，像条瘦长的大鱼，随浪欢跃那样，挤进了城。[8]一眼便看到新街口，道路是那么宽，那么直，他的眼发了光，和东边的屋顶上的反光一样亮。他点了点头。

他的铺盖还在西安门大街人和车厂呢，自然他想奔那里去。因为没有家小，他一向是住在车厂里，虽然并不永远拉厂子里的车。人和的老板刘四爷是已快七十岁的人了；人老，心可不老实。年轻的时候他当过库兵，设过赌场，买卖过人口，放过阎王账。干这些营生所应有的资格与本领——力气，心路，手段，交际，字号等等——刘四爷都有。在前清的时候，打过群架，抢过良家妇女，跪过铁索。跪上铁索，刘四并没皱一皱眉，没说一个饶命。官司教他硬挺了过来，这叫作"字号"。出了狱，恰巧入了民国，巡警的势力越来越大，刘四爷看出地面上的英雄已成了过去的事儿，即使黄天霸再世也不会有多少机会了。他开了个洋车厂子。土混混出身，他晓得怎样对付穷人，什么时候该紧一把儿，哪里该松一步儿，他有善于调动的天才。[9]车夫们没有敢跟他耍骨头①的。他一瞪眼，和他哈哈一笑，能把人弄得迷迷糊糊的，仿佛一脚蹬在天堂，一脚蹬在地狱，只好听他摆弄。到现在，他有六十多辆车，至坏的也是七八成新的，他不存破车。车租，他的比别家的大，可是到三节他比别家多放着两天的份儿。人和厂有地方住，拉他的车的光棍儿，都可以白住——可是得交上车份儿，交不上账而和他苦腻的，他扣下铺盖，把人当个破水壶似的扔出门外。大家若是有个急事急病，只须告诉他一声，他不含糊，水里火里他都热心的帮忙，这叫作"字号"。

---

① 耍骨头：调皮，捣乱。

刘四爷是虎相。快七十了,腰板不弯,拿起腿还走个十里二十里的。两只大圆眼,大鼻头,方嘴,一对大虎牙,一张口就像个老虎。个子几乎与祥子一边儿高,头剃得很亮,没留胡子。[10]他自居老虎,可惜没有儿子,只有个三十七八岁的虎女——知道刘四爷的就必也知道虎妞。她也长得虎头虎脑,因此吓住了男人,帮助父亲办事是把好手,可是没人敢娶她作太太。她什么都和男人一样,连骂人也有男人的爽快,有时候更多一些花样。[11]刘四爷打外,虎妞打内,父女把人和车厂治理得铁筒一般。人和厂成了洋车界的权威,刘家父女的办法常常在车夫与车主的口上,如读书人的引经据典。

在买上自己的车以前,祥子拉过人和厂的车。他的积蓄就交给刘四爷给存着。把钱凑够了数,他要过来,买上了那辆新车。

"刘四爷,看看我的车!"祥子把新车拉到人和厂去。

老头子看了车一眼,点了点头:"不离!"

"我可还得在这儿住,多咱我拉上包月,才去住宅门!"祥子颇自傲的说。

"行!"刘四爷又点了点头。[12]

于是,祥子找到了包月,就去住宅门;掉了事而又去拉散座,便住在人和厂。

不拉刘四爷的车,而能住在人和厂,据别的车夫看,是件少有的事。因此,甚至有人猜测,祥子必和刘老头子是亲戚;更有人说,刘老头子大概是看上了祥子,而想给虎妞弄个招门纳婿的"小人"。这种猜想里虽然怀着点妒羡,可是万一要真是这么回事呢,将来刘四爷一死,人和厂就一定归了祥子。这个,教他们只敢胡猜,而不敢在祥子面前说什么不受听的。其实呢,刘老头子的优待祥子是另有笔账儿。祥子是这样的一个人:在新的环境里还能保持着旧的习惯。假若他去当了兵,他决不会一穿上那套虎皮,马上就不傻装傻的去欺侮人。在车厂子里,他不闲着,把汗一落下去,他就找点事儿作。他去擦车,打气,晒雨布,抹油……用不着谁支使,他自己愿意干,干得高高兴兴,仿佛是一种极好的娱乐。[13]厂子里靠常总住着二十来个车夫;收了车,大家不是坐着闲谈,便是蒙头大睡;祥子,只有祥子的手不闲着。初上来,大家以为他是向刘四爷献殷勤,狗事巴结人;过了几天,他们看出来他一点没有卖好讨俏的意思,他是那么真诚自然,也就无话可说了。刘老头子没有夸奖过他一句,没有格外多看过他一眼;老头子心里有数儿。他晓得祥子是

[10] 对刘四爷的肖像描写的作用:结构上,承上启下,承接上一段对刘四爷的概括叙述,引出虎妞这一人物形象;内容上,突出刘四爷的"虎气"性格,使这一形象更加鲜明生动。

[11] 虎妞出场,突出了她"什么都和男人一样"的特点。

[12] 刘四爷对祥子如此"优待",其实另有原因,且看下文分解。

[13] 突出了祥子勤劳、质朴的品质,他用这样的品质赢得了刘四爷和虎妞的赞赏。

把好手，即使不拉他的车，他也还愿意祥子在厂子里。有祥子在这儿，先不提别的院子与门口永远扫得干干净净。虎妞更喜欢这个傻大个儿，她说什么，祥子老用心听着，不和她争辩；别的车夫，因为受尽苦楚，说话总是横着来；她一点不怕他们，可是也不愿多搭理他们；她的话，所以，都留给祥子听。当祥子去拉包月的时候，刘家父女都仿佛失去一个朋友。赶到他一回来，连老头子骂人也似乎更痛快而慈善一些。

祥子拿着两包火柴，进了人和厂。天还没黑，刘家父女正在吃晚饭。看见他进来，虎妞把筷子放下了：

"祥子！你让狼叼了去，还是上非洲挖金矿去了？"[14]

"哼！"祥子没说出什么来。[15]

刘四爷的大圆眼在祥子身上绕了绕，什么也没说。

祥子戴着新草帽，坐在他们对面。

"你要是还没吃了的话，一块儿吧！"虎妞仿佛是招待个好朋友。

祥子没动，心中忽然感觉到一点说不出来的亲热。一向他拿人和厂当作家：拉包月，主人常换；拉散座，座儿一会儿一改；只有这里老让他住，老有人跟他说些闲话儿。现在刚逃出命来，又回到熟人这里来，还让他吃饭，他几乎要怀疑他们是否要欺弄他，可是也几乎落下泪来。

"刚吃了两碗老豆腐！"他表示出一点礼让。

"你干什么去了？"刘四爷的大圆眼还盯着祥子。"车呢！"[16]

"车？"祥子咂了口唾沫。

"过来先吃碗饭！毒不死你！两碗老豆腐管什么事？！"虎妞一把将他扯过去，好像老嫂子疼爱小叔那样。[17]

祥子没去端碗，先把钱掏了出来："四爷，先给我拿着，三十块。"把点零钱又放在衣袋里。

刘四爷用眉毛梢儿问了句，"哪儿来的？"

祥子一边吃，一边把被兵拉去的事说了一遍。

"哼，你这个傻小子！"刘四爷听完，摇了摇头。"拉进城来，卖给汤锅，也值十几多块一头；要是冬天驼毛齐全的时候，三匹得卖六十块！"

祥子早就有点后悔，一听这个，更难过了。可是，继而一想，把三只活活的牲口卖给汤锅去挨刀，有点缺德；他和骆驼都是逃出来的，就都该活着。[18]什么也没说，他心中平静了下去。

[14]这句话既显示了虎妞平时的泼辣，又表露了她对祥子的关心和长时间没有祥子音讯的不满。

[15]祥子天生笨嘴拙舌，一个"哼"字，道尽了他心中的不平、委屈、辛酸和怨恨。

[16]刘四爷终于开口，一问就问到了点子上，显示了他的精明。

[17]虎妞的话虽然是严厉的命令，可确实是疼爱祥子的。

[18]在利益与良心的冲突中，祥子的良心仍占上风。

虎姑娘把家伙撤下去,刘四爷仰着头似乎是想起点来什么。忽然一笑,露出两个越老越结实的虎牙:"傻子,你说病在了海甸?为什么不由黄村大道一直回来?"[19]

"还是绕西山回来的,怕走大道教人追上,万一村子里的人想过味儿来,还拿我当逃兵呢!"

刘四爷笑了笑,眼珠往心里转了两转。他怕祥子的话有鬼病,万一那三十块钱是抢了来的呢,他不便代人存着赃物。他自己年轻的时候,什么不法的事儿也干过;现在,他自居是改邪归正,不能不小心,而且知道怎样的小心。[20]祥子的叙述只有这么个缝子,可是祥子一点没发毛咕的解释开,老头子放了心。

"怎么办呢?"老头子指着那些钱说。

"听你的!"

"再买辆车?"老头子又露出虎牙,似乎是说:"自己买上车,还白住我的地方?!"

"不够!买就得买新的!"祥子没看刘四爷的牙,只顾得看自己的心。[21]

"借给你?一分利,别人借是二分五!"

祥子摇了摇头。

"跟车铺打印子,还不如给我一分利呢!"

"我也不打印子,"祥子出着神说:"我慢慢的省,够了数,现钱买现货!"[22]

老头子看着祥子,好像是看着个什么奇怪的字似的,可恶,而没法儿生气。待了会儿,他把钱拿起来:"三十?别打马虎眼!"

"没错!"祥子立起来:"睡觉去。送给你老人家一包洋火!"他放在桌子上一包火柴,又愣了愣:"不用对别人说,骆驼的事!"

[19] 活画出刘四爷的疑心重和老奸巨猾。

[20] 这是典型的以小人之心度君子之腹。刘四爷自己做过不法的事,便免不了从这方面考虑。

[21] 活画出祥子对于买新车的渴望之情与坚定之心。

[22] 祥子在自己攒钱买车这件事上确实有着超乎寻常的固执劲儿。

1. 北平城那些平常而琐碎的景物,在祥子眼中和心里为何是那样的亲切和可爱?
2. 刘四爷和虎妞分别是怎样的人?
3. 祥子为什么不让刘四爷把骆驼的事告诉别人?

五

  刘老头子的确没替祥子宣传,可是骆驼的故事很快的由海甸传进城里来。以前,大家虽找不出祥子的毛病,但是以他那股子干倔的劲儿,他们多少以为他不大合群,别扭。自从"骆驼祥子"传开了以后,祥子虽然还是闷着头儿干,不大和气,大家对他却有点另眼看待了。有人说他拾了个金表,有人说他白弄了三百块大洋,那自信知道得最详确的才点着头说,他从西山拉回三十匹骆驼!说法虽然不同,结论是一样的——祥子发了邪财!对于发邪财的人,不管这家伙是怎样的"不得哥儿们"①,大家照例是要敬重的。[1] 卖力气挣钱既是那么不容易,人人盼望发点邪财;邪财既是那么千载难遇,所以有些财气的必定是与众不同,福大命大。因此,祥子的沉默与不合群,一变变成了贵人语迟;他应当这样,而他们理该赶着他去拉拢。"得了,祥子! 说说,说说你怎么发的财?"这样的话,祥子天天听到。他一声不响。直到逼急了,他的那块疤有点发红了,才说,"发财,妈的我的车哪儿去了?"[2]

  是呀,这是真的,他的车哪里去了? 大家开始思索。但是替别人忧虑总不如替人家喜欢,大家于是忘记了祥子的车,而去想着他的好运气。[3] 过了些日子,大伙儿看祥子仍然拉车,并没改了行当,或买了房子置了地,也就对他冷淡了一些,而提到骆驼祥子的时候,也不再追问为什么他偏偏是"骆驼",仿佛他根本就应当叫作这个似的。

  祥子自己可并没轻描淡写的随便忘了这件事。他恨不得马上就能再买上辆新车,越着急便越想着原来那辆。一天到晚他任劳任怨的去干,可是干着干着,他便想起那回事。一想起来,他心中就觉得发堵,不由的想到,要强又怎样呢,这个世界并不因为自己要强而公道一些,凭着什么把他的车白白抢去呢? 即使马上再弄来一辆,焉知不再遇上那样的事呢? 他觉得过去的事像个噩梦,使

---

[1] 敬重发邪财的人,这是什么规矩? 可见当时民众的愚昧程度。

[2] 祥子在受到打击和委屈后也学会了骂人,暗示社会环境会重塑一个善良人的性格。

[3] 这是人们的普遍心理:往往盯着别人的好处羡慕,而不去想这好处得来所付出的代价与艰辛。

---

① 不得哥儿们:在同伙里大家不怎么喜欢他,没有人缘。

他几乎不敢再希望将来。有时候他看别人喝酒吃烟跑土窑子,几乎感到一点羡慕。要强既是没用,何不乐乐眼前呢?[4]他们是对的。他,即使先不跑土窑子,也该喝两盅酒,自在自在。烟,酒,现在仿佛对他有种特别的诱力,他觉得这两样东西是花钱不多,而必定足以安慰他;使他依然能往前苦奔,而同时能忘了过去的苦痛。

可是,他还是不敢去动它们。他必须能多剩一个就去多剩一个,非这样不能早早买上自己的车。即使今天买上,明天就失了,他也得去买。这是他的志愿,希望,甚至是宗教。不拉着自己的车,他简直像是白活。他想不到作官,发财,置买产业;他的能力只能拉车,他的最可靠的希望是买车;非买上车不能对得起自己。他一天到晚思索这回事,计算他的钱;设若一旦忘了这件事,他便忘了自己,而觉得自己只是个会跑路的畜生,没有一点起色与人味。[5]无论是多么好的车,只要是赁来的,他拉着总不起劲,好像背着块石头那么不自然。就是赁来的车,他也不偷懒,永远给人家收拾得干干净净,永远不去胡碰乱撞;可是这只是一些小心谨慎,不是一种快乐。是的,收拾自己的车,就如同数着自己的钱,才是真快乐。他还是得不吃烟不喝酒,爽性连包好茶叶也不便于喝。在茶馆里,像他那么体面的车夫,在飞跑过一气以后,讲究喝十个子儿一包的茶叶,加上两包白糖,为是补气散火。当他跑得顺"耳唇"往下滴汗,胸口觉得有点发辣,他真想也这么办;这绝对不是习气,作派,而是真需要这么两碗茶压一压。只是想到了,他还是喝那一个子儿一包的碎末。有时候他真想责骂自己,为什么这样自苦;可是,一个车夫而想月间剩下俩钱,不这么办怎成呢?他狠了心。买上车再说,买上车再说!有了车就足以抵得一切!

对花钱是这样一把死拿,对挣钱祥子更不放松一步。没有包月,他就拉整天,出车早,回来得晚,他非拉过一定的钱数不收车,不管时间,不管两腿;有时他硬连下去,拉一天一夜。从前,他不肯抢别人的买卖,特别是对于那些老弱残兵;以他的身体,以他的车,去和他们争座儿,还能有他们的份儿?现在,他不大管这个了,他只看见钱,多一个是一个,不管买卖的苦甜,不管是和谁抢生意;他只管拉上买卖,不管别的,像一只饿疯的野兽。[6]拉上就跑,他心中舒服一些,觉得只有老不站住脚,才能有买上车的希望。一来二去

[4]祥子堕落的经过,是一个命运和精神都向车夫群体复归的过程。

[5]对于祥子来说,自己的车子与其说是他物质生活的依靠,是他赖以谋生的工具,不如说是他精神需要的承载者。他潜意识里以拥有自己的车子来确证他是富有意义地活着,而不是一个"会跑路的畜生"。

[6]对新车的渴望和自己挣钱的艰难,使祥子身上的一些美德开始逐渐丧失。

[7]祥子良心尚存,他也知道自己的做法不对。

[8]祥子与车夫群体的不相融合,一是体现了祥子不愿意认同一般洋车夫浑浑噩噩的生活态度,是人性中的神性光辉对生物本能的超越;二是祥子身上个人奋斗的自私,也使他与自己的伙伴离得越来越远,更加孤单。

[9]不仅祥子的为人,祥子的身体也开始走下坡路了。

的骆驼祥子的名誉远不及单是祥子的时候了。有许多次,他抢上买卖就跑,背后跟着一片骂声。他不回口,低着头飞跑,心里说:"我要不是为买车,决不能这么不要脸!"[7]他好像是用这句话求大家的原谅,可是不肯对大家这么直说。在车口儿上,或茶馆里,他看大家瞪他;本想对大家解释一下,及至看到大家是那么冷淡,又搭上他平日不和他们一块喝酒,赌钱,下棋,或聊天,他的话只能圈在肚子里,无从往外说。[8]难堪渐渐变为羞恼,他的火也上来了;他们瞪他,他也瞪他们。想起乍由山上逃回来的时候,大家对他是怎样的敬重,现在会这样的被人看轻,他更觉得难过了。独自抱着壶茶,假若是赶上在茶馆里,或独自数着刚挣到的铜子,设若是在车口上,他用尽力量把怒气纳下去。他不想打架,虽然不怕打架。大家呢,本不怕打架,可是和祥子动手是该当想想的事儿,他们谁也不是他的对手,而大家打一个又是不大光明的。勉强压住气,他想不出别的方法,只有忍耐一时,等到买上车就好办了。有了自己的车,每天先不用为车租着急,他自然可以大大方方的,不再因抢生意而得罪人。这样想好,他看大家一眼,仿佛是说:咱们走着瞧吧!

论他个人,他不该这样拼命。逃回城里之后,他并没等病好利落了就把车拉起来,虽然一点不服软,可是他时常觉出疲乏。[9]疲乏,他可不敢休息,他总以为多跑出几身汗来就会减去酸懒的。对于饮食,他不敢缺着嘴,可也不敢多吃些好的。他看出来自己是瘦了好多,但是身量还是那么高大,筋骨还那么硬棒,他放了心。他老以为他的个子比别人高大,就一定比别人能多受些苦,似乎永没想到身量大,受累多,应当需要更多的滋养。虎姑娘已经嘱咐他几回了:"你这家伙要是这么干,吐了血可是你自己的事!"

他很明白这是好话,可是因为事不顺心,身体又欠保养,他有点肝火盛。稍微棱棱着点眼:"不这么奔,几儿能买上车呢?"

要是别人这么一棱棱眼睛,虎妞至少得骂半天街;对祥子,她真是一百一的客气,爱护。她只撇了撇嘴:

"买车也得悠停着来,当你是铁作的哪!你应当好好的歇三天!"看祥子听不进去这个:"好吧,你有你的老主意,死了可别怨我!"

刘四爷也有点看不上祥子:祥子的拼命,早出晚归,当然是不利于他的车的。虽然说租整天的车是没有时间的限制,爱什么时候出车收车都可以,若是人人都像祥子这样死啃,一辆车至少也得早坏半年,多么结实的东西也架不住钉着坑儿使!再说呢,祥子只顾死奔,就不大匀得出工夫来帮忙给擦车什么的,又是一项损失。老头心中有点不痛快。他可是没说什么,拉整天不限定时间,是一般的规矩;帮忙收拾车辆是交情,并不是义务;凭他的人物字号,他不能自讨无趣的对祥子有什么表示。他只能从眼角唇边显出点不满的神气,而把嘴闭得紧紧的。有时候他颇想把祥子撵出去;看看女儿,他不敢这么办。他一点没有把祥子当作候补女婿的意思,不过,女儿既是喜爱这个愣小子,他就不便于多事。[10]他只有这么一个姑娘,眼看是没有出嫁的希望了,他不能再把她这个朋友赶了走。说真的,虎妞是这么有用,他实在不愿她出嫁;这点私心他觉得有点怪对不住她的,因此他多少有点怕她。[11]老头子一辈子天不怕地不怕,到了老年反倒怕起自己的女儿来,他自己在不大好意思之中想出点道理来:只要他怕个人,就是他并非完全是无法无天的人的证明。有了这个事实,或者他不至于到快死的时候遭了恶报。好,他自己承认了应当怕女儿,也就不肯赶出祥子去。这自然不是说,他可以随便由着女儿胡闹,以至于嫁给祥子。不是。他看出来女儿未必没那个意思,可是祥子并没敢往上巴结。

那么,他留点神就是了,犯不上先招女儿不痛快。[12]

祥子并没注意老头子的神气,他顾不得留神这些闲盘儿。假若他有愿意离开人和厂的心意,那决不是为赌闲气,而是盼望着拉上包月。他已有点讨厌拉散座儿了,一来是因为抢买卖而被人家看不起,二来是因为每天的收入没有定数,今天多,明天少,不能预定到几时才把钱凑足,够上买车的数儿。他愿意心中有个准头,哪怕是剩的少,只要靠准每月能剩下个死数,他才觉得有希望,才能放心。他是愿意一个萝卜一个坑的人。

他拉上了包月。哼,和拉散座儿一样的不顺心![13]这回是在杨宅。杨先生是上海人,杨太太是天津人,杨二太太是苏州人。一位先生,两位太太,南腔北调的生了不知有多少孩子。头一天上工,祥子就差点发了昏。一清早,大太太坐车上市去买菜。回来,分头送少爷小姐们上学,有上初中的,有上小学的,有上幼稚园的;

[10] 刘四爷和虎妞对待祥子的态度迥然不同,预示着下文父女之间必将展开激烈的矛盾冲突。

[11] 在刘四爷眼里,虎妞是他赚钱的工具。

[12] 刘四爷只是"留点神",而"把嘴闭得紧紧的",显示了他的老谋深算。

[13] 形式不同,本质一样,车夫挣钱着实不易!

学校不同,年纪不同,长相不同,可是都一样的讨厌,特别是坐在车上,至老实的也比猴子多着两手儿。把孩子们都送走,杨先生上衙门。送到衙门,赶紧回来,拉二太太上东安市场或去看亲友。回来,接学生回家吃午饭。吃完,再送走。送学生回来,祥子以为可以吃饭了,大太太扯着天津腔,叫他去挑水。杨宅的甜水有人送,洗衣裳的苦水归车夫去挑。这个工作在条件之外,祥子为对付事情,没敢争论,一声没响的给挑满了缸。放下水桶,刚要去端饭碗,二太太叫他去给买东西。大太太和二太太一向是不和的,可是在家政上,二位的政见倒一致,其中的一项是不准仆人闲一会儿,另一项是不肯看仆人吃饭。[14]祥子不晓得这个,只当是头一天恰巧赶上宅里这么忙,于是又没说什么,而自己掏腰包买了几个烧饼。他爱钱如命,可是为维持事情,不得不狠了心。

[14] 这是又一类型的剥削者。她们是构成把祥子逼得走投无路的社会环境的一部分。

买东西回来,大太太叫他打扫院子。杨宅的先生,太太,二太太,当出门的时候都打扮得极漂亮,可是屋里院里整个的像个大垃圾堆。祥子看着院子直犯恶心,所以只顾了去打扫,而忘了车夫并不兼管打杂儿。院子打扫清爽,二太太叫他顺手儿也给屋中扫一扫。祥子也没驳回,使他惊异的倒是凭两位太太的体面漂亮,怎能屋里脏得下不去脚!把屋子也收拾利落了,二太太把个刚到一周岁的小泥鬼交给了他。他没了办法。卖力气的事儿他都在行,他可是没抱过孩子。他双手托着这位小少爷,不使劲吧,怕滑溜下去,用力吧,又怕给伤了筋骨,他出了汗。他想把这个宝贝去交给张妈——一个江北的大脚婆子。找到她,劈面就被她骂了一顿好的。杨宅用人,向来是三五天一换的,先生与太太们总以为仆人就是家奴,非把穷人的命要了,不足以对得起那点工钱。只有这个张妈,已经跟了他们五六年,唯一的原因是她敢破口就骂,不论先生,哪管太太,招恼了她就是一顿。以杨先生的海式咒骂的毒辣,以杨太太的天津口的雄壮,以二太太的苏州调的流利,他们素来是所向无敌的;及至遇到张妈的蛮悍,他们开始感到一种礼尚往来,英雄遇上了好汉的意味,所以颇能赏识她,把她收作了亲军。[15]

[15] 作者用幽默的笔调,对杨家进行了辛辣的嘲讽,表达了厌恶之情。

祥子生在北方的乡间,最忌讳随便骂街。可是他不敢打张妈,因为好汉不和女斗;也不愿还口。他只瞪了她一眼。张妈不再出声了,仿佛看出点什么危险来。正在这个工夫,大太太喊祥子去接学生。他把泥娃娃赶紧给二太太送了回去。二太太以为他这是存心轻看她，冲口而出的把他骂了个花瓜。大太太的意思本来也是不乐意祥子替二太太抱孩子，听见二太太骂他，她也扯开一条油光水滑的嗓子骂，骂的也是他；祥子成了挨骂的藤牌。他急忙拉起车走出去，连生气似乎也忘了，因为他一向没见过这样的事，忽然遇到头上，他简直有点发晕。

一批批的把孩子们都接回来，院中比市场还要热闹，三个妇女的骂声，一群孩子的哭声，好像大栅栏在散戏时那样乱，而且乱得莫名其妙。好在他还得去接杨先生，所以急忙的又跑出去，大街上的人喊马叫似乎还比宅里的乱法好受一些。

一直转转到十二点，祥子才找到叹口气的工夫。他不止于觉着身上疲乏，脑子里也老嗡嗡的响；杨家的老少确是已经都睡了，可是他耳朵里还似乎有先生与太太们的叫骂，像三盘不同的留声机在他心中乱转，使他闹得慌。[16]顾不得再想什么，他想睡觉。一进他那间小屋，他心中一凉，又不困了。一间门房，开了两个门，中间隔着一层木板。张妈住一边，他住一边。屋中没有灯，靠街的墙上有个二尺来宽的小窗户，恰好在一支街灯底下，给屋里一点亮。屋里又潮又臭，地上的土有个铜板厚，靠墙放着份铺板，没有别的东西。他摸了摸床板，知道他要是把头放下，就得把脚蹬在墙上；把脚放平，就得半坐起来。他不会睡元宝式的觉。想了半天，他把铺板往斜里拉好，这样两头对着屋角，他就可以把头放平，腿耷拉着点先将就一夜。

从门洞中把铺盖搬进来，马马虎虎的铺好，躺下了。腿悬空，不惯，他睡不着。强闭上眼，安慰自己：睡吧，明天还得早起呢！什么罪都受过，何必单忍不了这个！别看吃喝不好，活儿太累，也许时常打牌，请客，有饭局；咱们出来为的是什么，祥子？还不是为钱？只要多进钱，什么也得受着！[17]这样一想，他心中舒服了许多，闻了闻屋中，也不像先前那么臭了，慢慢的入了梦；迷迷糊糊的觉得有臭虫，可也没顾得去拿。

过了两天，祥子的心已经凉到底。可是在第四天上，来了女客，张妈忙着摆牌桌。他的心好像冻实了的小湖上忽然来了一阵春风。[18]太太们打起牌来，把孩子们就通通交给了仆人；张妈既是

[16]夜深人静，叫骂声犹在耳中，让祥子心烦意乱。在杨宅拉包月，祥子感到身心俱疲。

[17]在杨宅吃不饱、睡不好也一味忍耐，可见祥子的老实、憨厚。

[18]把普通生活中常见的景物与人物的心理巧妙地联系起来，将祥子由极度失望到有了一线希望的心理变化生动而贴切地描绘出来，极富表现力。

得伺候着烟茶手巾把,那群小猴自然全归祥子统辖。他讨厌这群猴子,可是偷偷往屋中瞭了一眼,大太太管着头儿钱,像是很认真的样子。他心里说:别看这个大娘们厉害,也许并不糊涂,知道乘这种时候给仆人们多弄三毛五毛的。他对猴子们特别的拿出耐心法儿,看在头儿钱的面上,他得把这群猴崽子当作少爷小姐看待。

牌局散了,太太叫他把客人送回家。两位女客急于要同时走,所以得另雇一辆车。祥子喊来一辆,大太太撩袍拖带的浑身找钱,预备着代付客人的车资;客人谦让了两句,大太太仿佛要拼命似的喊:

"你这是怎么了,老妹子!到了我这儿啦,还没个车钱吗!老妹子!坐上啦!"[19]她到这时候,才摸出来一毛钱。

[19] 大太太这句话看似热情慷慨,但是与她后文的"摸""哆嗦"等行为形成强烈反差,突出表现了她的吝啬和虚伪。

祥子看得清清楚楚,递过那一毛钱的时候,太太的手有点哆嗦。

送完了客,帮着张妈把牌桌什么的收拾好,祥子看了太太一眼。太太叫张妈去拿点开水,等张妈出了屋门,她拿出一毛钱来:"拿去,别拿眼紧扫搭着我!"

祥子的脸忽然紫了,挺了挺腰,好像头要顶住房梁,一把抓起那张毛票,摔在太太的胖脸上:"给我四天的工钱!"[20]

[20] 这段精彩的描写,突出了祥子善良坚忍的外表下还蕴藏着反抗精神,丰富了人物性格。

"怎吗札?"太太说完这个,又看了祥子一眼,不言语了,把四天的工钱给了他。拉着铺盖刚一出街门,他听见院里破口骂上了。

1. 同样是立志要买车,可这次和上次不同,你能感觉到是哪些方面有差异吗?
2. 虎妞和刘四爷对祥子迥然不同的态度,在情节的推动上有何作用?
3. 怒辞杨宅,表现了祥子身上所不易看到的哪一点精神?

六

　　初秋的夜晚,星光叶影里阵阵的小风,祥子抬起头,看着高远的天河,叹了口气。[1]这么凉爽的天,他的胸脯又是那么宽,可是他觉到空气仿佛不够,胸中非常憋闷。他想坐下痛哭一场。以自己的体格,以自己的忍性,以自己的要强,会让人当作猪狗,会维持不住一个事情,他不只怨恨杨家那一伙人,而渺茫的觉到一种无望,恐怕自己一辈子不会再有什么起色了。拉着铺盖卷,他越走越慢,好像自己已经不是拿起腿就能跑个十里八里的祥子了。

　　到了大街上,行人已少,可是街灯很亮,他更觉得空旷渺茫,不知道往哪里去好了。上哪儿?自然是回人和厂。心中又有些难过。作买卖的,卖力气的,不怕没有生意,倒怕有了照顾主儿而没作成买卖,像饭铺理发馆进来客人,看了一眼,又走出去那样。祥子明知道上工辞工是常有的事,此处不留爷,自有留爷处。可是,他是低声下气的维持事情,舍着脸为是买上车,而结果还是三天半的事儿,跟那些串惯宅门的老油子一个样,他觉着伤心。[2]他几乎觉得没脸再进人和厂,而给大家当笑话说:"瞧瞧,骆驼祥子敢情也是三天半就吹呀,哼!"

　　不上人和厂,又上哪里去呢?[3]为免得再为这个事思索,他一直走向西安门大街去。人和厂的前脸是三间铺面房,当中的一间作为柜房,只许车夫们进来交账或交涉事情,并不准随便来回打穿堂儿,因为东间与西间是刘家父女的卧室。西间的旁边有一个车门,两扇绿漆大门,上面弯着一根粗铁条,悬着一盏极亮的,没有罩子的电灯,灯下横悬着铁片涂金的四个字——"人和车厂"。车夫们出车收车和随时来往都走这个门。门上的漆深绿,配着上面的金字,都被那支白亮亮的电灯照得发光;出来进去的又都是漂亮的车,黑漆的黄漆的都一样的油汪汪发光,配着雪白的垫套,连车夫们都感到一些骄傲,仿佛都自居为车夫中的贵族。由大门进去,拐过前脸的西间,才是个四四方方的大院子,中间有棵老槐。东西房

---

[1] 环境的寂静和天河的高远,越发衬托出祥子离开杨家、失去拉包月机会后的孤独与沮丧。

[2] 祥子自尊心强,所以当他从对待仆人十分苛刻的杨宅毅然辞工出来后,仍然觉得这对自己的名声有碍。

[3] 采用反问句的形式,既点明了祥子的处境,又为下文虎妞对祥子好等情节的展开进行了铺垫。

全是敞脸的,是存车的所在;南房和南房后面小院里的几间小屋,全是车夫的宿舍。[4]

大概有十一点多了,祥子看见了人和厂那盏极明而怪孤单的灯。柜房和东间没有灯光,西间可是还亮着。他知道虎姑娘还没睡。他想轻手蹑脚的进去,别教虎姑娘看见;正因为她平日很看得起他,所以不愿头一个就被她看见他的失败。他刚把车拉到她的窗下,虎妞由车门里出来了:

"哟,祥子?怎——"她刚要往下问,一看祥子垂头丧气的样子,车上拉着铺盖卷,把话咽了回去。

怕什么有什么,祥子心里的惭愧与气闷凝成一团,登时立住了脚,呆在了那里。说不出话来,他傻看着虎姑娘。她今天也异样,不知是电灯照的,还是擦了粉,脸上比平日白了许多;脸上白了些,就掩去好多她的凶气。嘴唇上的确是抹着点胭脂,使虎妞也带出些媚气;祥子看到这里,觉得非常的奇怪,心中更加慌乱,因为平日没拿她当过女人看待,骤然看到这红唇,心中忽然感到点不好意思。[5]她上身穿着件浅绿的绸子小夹袄,下面一条青洋绉肥腿的单裤。绿袄在电灯下闪出些柔软而微带凄惨的丝光,因为短小,还露出一点点白裤腰来,使绿色更加明显素净。下面的肥黑裤被小风吹得微动,像一些什么阴森的气儿,想要摆脱开那贼亮的灯光,而与黑夜联成一气。祥子不敢再看了,茫然的低下头去,心中还存着个小小的带光的绿袄。虎姑娘一向,他晓得,不这样打扮。以刘家的财力说,她满可以天天穿着绸缎,可是终日与车夫们打交道,她总是布衣布裤,即使有些花色,在布上也就不惹眼。祥子好似看见一个非常新异的东西,既熟识,又新异,所以心中有点发乱。

心中原本苦恼,又在极强的灯光下遇见这新异的活东西,他没有了主意。自己既不肯动,他倒希望虎姑娘快快进屋去,或是命令他干点什么,简直受不了这样的折磨,一种什么也不像而非常难过的折磨。

"嗨!"她往前凑了一步,声音不高的说:"别愣着,去,把车放下,赶紧回来,有话跟你说。屋里见。"[6]

平日帮她办惯了事,他只好服从。但是今天她和往日不同,他

[4] 刘四爷居住和经营的"人和车厂",是一个名副其实的四合院,再次显现北平特有的地方色彩。

[5] 祥子一直以来看到的虎妞都是不分性别的,甚至是男性的。直到今晚,祥子才突然意识到虎妞原来是一个女人。

[6] 虎妞和祥子之间的感情是单向的,即虎妞是主动的,祥子是被动的。

很想要思索一下；愣在那里去想，又怪僵得慌；他没主意，把车拉了进去。看看南屋，没有灯光，大概是都睡了；或者还有没收车的。把车放好，他折回到她的门前。忽然，他的心跳起来。

"进来呀，有话跟你说！"她探出头来，半笑半恼的说。

他慢慢走了进去。

桌上有几个还不甚熟的白梨，皮儿还发青。一把酒壶，三个白瓷酒盅。一个头号大盘子，摆着半只酱鸡，和些熏肝酱肚之类的吃食。

"你瞧，"虎姑娘指给他一个椅子，看他坐下了，才说："你瞧，我今天吃犒劳，你也吃点！"说着，她给他斟上一杯酒；白干酒的辣味，混合上熏酱肉味，显着特别的浓厚沉重。"喝吧，吃了这个鸡；我已早吃过了，不必让！我刚才用骨牌打了一卦，准知道你回来，灵不灵？"

"我不喝酒！"祥子看着酒盅出神。

"不喝就滚出去；好心好意，不领情是怎着？你个傻骆驼！辣不死你！连我还能喝四两呢。不信，你看看！"她把酒盅端起来，灌了多半盅，一闭眼，哈了一声。举着盅儿："你喝！要不我揪耳朵灌你！"[7]

祥子一肚子的怨气，无处发泄；遇到这种戏弄，真想和她瞪眼。可是他知道，虎姑娘一向对他不错，而且她对谁都是那么直爽，他不应当得罪她。既然不肯得罪她，再一想，就爽性和她诉诉委屈吧。自己素来不大爱说话，可是今天似乎有千言万语在心中憋闷着，非说说不痛快。这么一想，他觉得虎姑娘不是戏弄他，而是坦白的爱护他。他把酒盅接过来，喝干。一股辣气慢慢的，准确的，有力的，往下走，他伸长了脖子，挺直了胸，打了两个不十分便利的嗝儿。

虎妞笑起来。他好容易把这口酒调动下去，听到这个笑声，赶紧向东间那边看了看。

"没人，"她把笑声收了，脸上可还留着笑容。"老头子给姑妈作寿去了，得有两三天的耽误呢；姑妈在南苑住。"一边说，一边又给他倒满了盅。[8]

[7] 逼祥子喝酒的短短几句话，活灵活现地表现出虎妞平时"骂人也有男人的爽快"的性格。

[8] 虎妞不露痕迹的情感暗示，尽显她粗中有细的性格特征。

> [9] 到底是哪里不对呢？唉，喝了酒的祥子"当局者迷"了！

听到这个，他心中转了个弯，觉出在哪儿似乎有些不对的地方。[9]同时，他又舍不得出去；她的脸是离他那么近，她的衣裳是那么干净光滑，她的唇是那么红，都使他觉到一种新的刺激。她还是那么老丑，可是比往常添加了一些活力，好似她忽然变成另一个人，还是她，但多了一些什么。他不敢对这点新的什么去详细的思索，一时又不敢随便的接受，可也不忍得拒绝。他的脸红起来。好像为是壮壮自己的胆气，他又喝了口酒。刚才他想对她诉诉委屈，此刻又忘了。红着脸，他不由的多看了她几眼。越看，他心中越乱；她越来越显出他所不明白的那点什么，越来越有一点什么热辣辣的力量传递过来，渐渐的她变成一个抽象的什么东西。他警告着自己，须要小心；可是他又要大胆。他连喝了三盅酒，忘了什么叫作小心。迷迷糊糊的看着她，他不知为什么觉得非常痛快，大胆；极勇敢的要马上抓到一种新的经验与快乐。平日，他有点怕她；现在，她没有一点可怕的地方了。他自己反倒变成了有威严与力气的，似乎能把她当作个猫似的，拿到手中。

屋内灭了灯。天上很黑。不时有一两个星刺入了银河，或划进黑暗中，带着发红或发白的光尾，轻飘的或硬挺的，直坠或横扫着，有时也点动着，颤抖着，给天上一些光热的动荡，给黑暗一些闪烁的爆裂。有时一两个星，有时好几个星，同时飞落，使静寂的秋空微颤，使万星一时迷乱起来。有时一个单独的巨星横刺入天角，光尾极长，放射着星花；红，渐黄；在最后的挺进，忽然狂悦似的把天角照白了一条，好像刺开万重的黑暗，透进并逗留一些乳白的光。余光散尽，黑暗似晃动了几下，又包合起来，静静懒懒的群星又复了原位，在秋风上微笑。地上飞着些寻求情侣的秋萤，也作着星样的游戏。[10]

> [10] 祥子对虎妞是没有爱情可言的。但他因为杨宅的遭遇、虎妞的迷惑、萌动的天性、酒精的作用等多重复杂的因素，还是心不甘、情不愿地"投降"了。

第二天，祥子起得很早，拉起车就出去了。头与喉中都有点发痛，这是因为第一次喝酒，他倒没去注意。坐在一个小胡同口上，清晨的小风吹着他的头，他知道这点头疼不久就会过去。可是他心中另有一些事儿，使他憋闷得慌，而且一时没有方法去开脱。昨天夜里的事教他疑惑，羞愧，难过，并且觉着有点危险。

他不明白虎姑娘是怎么回事。她已早不是处女，祥子在几点钟前才知道。他一向很敬重她,而且没有听说过她有什么不规矩的地方;虽然她对大家很随便爽快,可是大家没在背地里讲论过她;即使车夫中有说她坏话的,也是说她厉害,没有别的。那么,为什么有昨夜那一场呢?

这个既显着糊涂,祥子也怀疑了昨晚的事儿。她知道他没在车厂里,怎能是一心一意的等着他?假若是随便哪个都可以的话……祥子把头低下去。他来自乡间,虽然一向没有想到娶亲的事,可是心中并非没有个算计;假若他有了自己的车,生活舒服了一些,而且愿意娶亲的话,他必定到乡下娶个年轻力壮,吃得苦,能洗能作的姑娘。像他那个岁数的小伙子们,即使有人管着,哪个不偷偷的跑"白房子"①?祥子始终不肯随和,一来他自居为要强的人,不能把钱花在娘儿们身上;二来他亲眼得见那些花冤钱的傻子们——有的才十八九岁——在厕所里头顶着墙还撒不出尿来。最后,他必须规规矩矩,才能对得起将来的老婆,因为一旦要娶,就必娶个一清二白的姑娘,所以自己也得像那么回事儿。[11] 可是现在,现在……想起虎妞,设若当个朋友看,她确是不错;当个娘们看,她丑,老,厉害,不要脸!就是想起抢去他的车,而且几乎要了他的命的那些大兵,也没有像想起她这么可恨可厌!她把他由乡间带来的那点清凉劲儿毁尽了,他现在成了个偷娘们的人!

再说,这个事要是吵嚷开,被刘四知道了呢?刘四晓得不晓得他女儿是个破货呢?假若不知道,祥子岂不独自背上黑锅?假若早就知道而不愿意管束女儿,那么他们父女是什么东西呢?他和这样人搀合着,他自己又是什么东西呢?[12] 就是他们父女都愿意,他也不能要她;不管刘老头子是有六十辆车,还是六百辆,六千辆!他得马上离开人和厂,跟他们一刀两断。祥子有祥子的本事,凭着自己的本事买上车,娶上老婆,这才正大光明![13] 想到这里,他抬起头来,觉得自己是个好汉子,没有可怕的,没有可虑的,只要自己好好的干,就必定成功。

让了两次座儿,都没能拉上。那点别扭劲儿又忽然回来了。不愿再思索,可是心中堵得慌。这回事似乎与其他的事全不同,即

---

① 白房子:最下等妓院。

[11] "娶个一清二白的姑娘",这个看起来不算高的要求对现在的祥子来说成了奢望。

[12] 与虎妞发生关系成为祥子人生中的一个污点,使他背负着道德和良心的谴责。

[13] 祥子虽然爱车,也想娶妻,但在他看来那应当是通过自己的努力来实现的,他不想不劳而获。

使有了解决的办法，也不易随便的忘掉。不但身上好像粘上了点什么，心中也仿佛多了一个黑点儿，永远不能再洗去。不管怎样的愤恨，怎样的讨厌她，她似乎老抓住了他的心，越不愿再想，她越忽然的从他心中跳出来，一个赤裸裸的她，把一切丑陋与美好一下子，整个的都交给了他，像买了一堆破烂那样，碎铜烂铁之中也有一二发光的有色的小物件，使人不忍得拒绝。[14]他没和任何人这样亲密过，虽然是突乎其来，虽然是个骗诱，到底这样的关系不能随便的忘记，就是想把它放在一旁，它自自然然会在心中盘绕，像生了根似的。这对他不仅是个经验，而也是一种什么形容不出来的扰乱，使他不知如何是好。他对她，对自己，对现在与将来，都没办法，仿佛是碰在蛛网上的一个小虫，想挣扎已来不及了。[15]

> [14]祥子内心万分矛盾，对虎妞既愤恨又讨厌，同时还夹杂着想念。作者在这里写出了复杂的人性，显得真实而不单一。

> [15]一个比喻，写尽了祥子的后悔、苦恼、无奈和可怜。

迷迷糊糊的他拉了几个买卖。就是在奔跑的时节，他的心中也没忘了这件事，并非清清楚楚的，有头有尾的想起来，而是时时想到一个什么意思，或一点什么滋味，或一些什么感情，都是渺茫，而又亲切。他很想独自去喝酒，喝得人事不知，他也许能痛快一些，不能再受这个折磨！可是他不敢去喝。他不能为这件事毁坏了自己。他又想起买车的事来。但是他不能专心的去想，老有一点什么拦阻着他的心思；还没想到车，这点东西已经偷偷的溜出来，占住他的心，像块黑云遮住了太阳，把光明打断。到了晚间，打算收车，他更难过了。他必须回车厂，可是真怕回去。假如遇上她呢，怎办？他拉着空车在街上绕，两三次已离车厂不远，又转回头来往别处走，很像初次逃学的孩子不敢进家门那样。

奇怪的是，他越想躲避她，同时也越想遇到她，天越黑，这个想头越来得厉害。一种明知不妥，而很愿试试的大胆与迷惑紧紧的捉住他的心，小的时候去用竿子捅马蜂窝就是这样，害怕，可是心中跳着要去试试，像有什么邪气催着自己似的。渺茫的他觉到一种比自己还更有力气的劲头儿，把他要揉成一个圆球，抛到一团烈火里去；他没法阻止住自己的前进。[16]

> [16]理智上，祥子认为虎妞是他永远洗不掉的污点，可欲望上，他又不能克制自己，拒绝虎妞。

他又绕回西安门来，这次他不想再迟疑，要直入公堂的找她去。她已不是任何人，她只是个女子。他的全身都热起来。刚走到门脸上，灯光下走来个四十多岁的男人，他似乎认识这个人的面貌态度,可是不敢去招呼。几乎是本能的,他说了声:"车吗?"那个人愣了一愣:"祥子?"

"是呀,"祥子笑了。"曹先生?"

曹先生笑着点了点头。"我说祥子,你要是没在宅门里的话,还上我那儿来吧?我现在用着的人太懒,他老不管擦车,虽然跑得也怪麻利①的;你来不来?"

"还能不来,先生!"祥子似乎连怎样笑都忘了,用小毛巾不住的擦脸。"先生,我几儿上工呢?"

"那什么,"曹先生想了想,"后天吧。"

"是了,先生!"祥子也想了想,"先生,我送你回去吧?"

"不用;我不是到上海去了一程子②吗,回来以后,我不在老地方住了。现在住在北长街;我晚上出来走走。后天见吧。"曹先生告诉了祥子门牌号数,又找补了一句:"还是用我自己的车。"

祥子痛快得要飞起来,这些日子的苦恼全忽然一齐铲净,像大雨冲过的白石路。[17]曹先生是他的旧主人,虽然在一块没有多少日子,可是感情顶好;曹先生是非常和气的人,而且家中人口不多,只有一位太太,和一个小男孩。

他拉着车一直奔了人和厂去。虎姑娘屋中的灯还亮着呢。一见这个灯亮,祥子猛的木在那里。

立了好久,他决定进去见她;告诉她他又找到了包月;把这两天的车份儿交上;要出他的储蓄;从此一刀两断——这自然不便明说,她总会明白的。

他进去先把车放好,而后回来大着胆叫了声刘姑娘。

"进来!"

他推开门,她正在床上斜着呢,穿着平常的衣裤,赤着脚。依旧斜着身,她说:"怎样?吃出甜头来了是怎着?"

祥子的脸红得像生小孩时送人的鸡蛋。愣了半天,他迟迟顿顿的说:"我又找好了事,后天上工。人家自己有车……"

她把话接了过来:"你这小子不懂好歹!"她坐起来,半笑半恼

[17] 再次遇到算是一个好主人的曹先生,使祥子认为自己的人生道路会向着好的方向发展,也为祥子离开虎妞的纠缠提供了机会。

---

① 麻利:快的意思。
② 一程子:一些日子。

的指着他："这儿有你的吃,有你的穿;非去出臭汗不过瘾是怎着?老头子管不了我,我不能守一辈女儿寡!就是老头子真犯牛脖子,我手里也有俩体己,咱俩也能弄上两三辆车,一天进个块儿八毛的,不比你成天满街跑臭腿去强?我哪点不好?除了我比你大一点,也大不了多少!我可是能护着你,疼你呢!"[18]

"我愿意去拉车!"祥子找不到别的辩驳。

"地道窝窝头脑袋!你先坐下,咬不着你!"她说完,笑了笑,露出一对虎牙。

祥子青筋蹦跳的坐下。"我那点钱呢?"

"老头子手里呢;丢不了,甭害怕;你还别跟他要,你知道他的脾气?够买车的数儿,你再要,一个小子儿也短不了你的;现在要,他要不骂出你的魂来才怪!他对你不错!丢不了,短一个我赔你俩!你个乡下脑袋!别让我损你啦!"[19]

祥子又没的说了,低着头掏了半天,把两天的车租掏出来,放在桌上:"两天的。"临时想起来:"今儿个就算交车,明儿个我歇一天。"他心中一点也不想歇息一天;不过,这样显着干脆;交了车,以后再也不住人和厂。

虎姑娘过来,把钱抓在手中,往他的衣袋里塞:"这两天连车带人都白送了!你这小子有点运气!别忘恩负义就得了!"[20]说完,她一转身把门倒锁上。

[18]虎妞泼辣粗俗的一面,在与祥子的对话中展示得淋漓尽致。

[19]从祥子与虎妞的对话中可以看出,祥子和虎妞的精神世界与信念的悬殊,老实的祥子完全置于虎妞的算计之中。

[20]虎妞的话语,显示着她是在屈尊俯就,提醒祥子要懂得知足。

1. 虎妞为什么要诱惑祥子?
2. 那晚之后,祥子对虎妞持什么态度?
3. 曹先生的为人如何?

七

祥子上了曹宅。

对虎姑娘,他觉得有点羞愧。可是事儿既出于她的引诱,况且他又不想贪图她的金钱,他以为从此和她一刀两断也就没有什么十分对不住人的地方了。他所不放心的倒是刘四爷拿着他的那点钱。马上去要,恐怕老头子多心。从此不再去见他们父女,也许虎姑娘一怒,对老头子说几句坏话,而把那点钱"炸了酱"①。还继续着托老头子给存钱吧,一到人和厂就得碰上她,也怪难以为情。他想不出妥当的办法,越没办法也就越不放心。[1]

他颇想向曹先生要个主意,可是怎么说呢?对虎姑娘的那一段是对谁也讲不得的。想到这儿,他真后悔了;这件事是,他开始明白过来,不能一刀两断的。这种事是永远洗不清的,像肉上的一块黑瘢。无缘无故的丢了车,无缘无故的又来了这层缠绕,他觉得他这一辈子大概就这么完了,无论自己怎么要强,全算白饶。想来想去,他看出这么点来:大概到最后,他还得舍着脸要虎姑娘;不为要她,还不为要那几辆车么?[2]"当王八的吃俩炒肉"!他不能忍受,可是到了时候还许非此不可!只好还往前干吧,干着好的,等着坏的;他不敢再像从前那样自信了。他的身量,力气,心胸,都算不了一回事;命是自己的,可是教别人管着;教些什么顶混账的东西管着。

按理说,他应当很痛快,因为曹宅是,在他所混过的宅门里,顶可爱的。[3]曹宅的工钱并不比别处多,除了三节的赏钱也没有很多的零钱,可是曹先生与曹太太都非常的和气,拿谁也当个人对待。祥子愿意多挣钱,拼命的挣钱,但是他也愿意有个像间屋子的住处,和可以吃得饱的饭食。曹宅处处很干净,连下房也是如此;曹宅的饭食不苦,而且决不给下人臭东西吃。自己有间宽绰的屋子,又可以消消停停的吃三顿饭,再加上主人很客气,祥子,连祥子,也不肯专在钱上站着了。况且吃住都合适,工作又不累,把身体养得好好的也不是吃亏的事。自己掏钱吃饭,他决不会吃得这么样好,

---

① "炸了酱":硬扣下,吞没。

[1] 对于虎妞和"那点钱",祥子是"剪不断,理还乱"!

[2] 硬气、质朴的祥子也想"舍着脸"要那几辆车,却不是为了虎妞。这是祥子"堕落"的表现,他开始势利了。

[3] 按常理,此句应写作"因为在他所混过的宅门里,曹宅是顶可爱的",现在把曹宅提到前面,一是强调,二是口语化。

现在既有现成的菜饭,而且吃了不会由脊梁骨下去,他为什么不往饱里吃呢;饭也是钱买来的,这笔账他算得很清楚。吃得好,睡得好,自己可以干干净净像个人似的,是不容易找到的事。况且,虽然曹家不打牌,不常请客,没什么零钱,可是作点什么临时的工作也都能得个一毛两毛的。比如太太叫他给小孩儿去买丸药,她必多给他一毛钱,叫他坐车去,虽然明知道他比谁也跑的快。这点钱不算什么,可是使他觉得一种人情,一种体谅,使人心中痛快。祥子遇见过的主人也不算少了,十个倒有九个是能晚给一天工钱,就晚给一天,表示出顶好是白用人,而且仆人根本是猫狗,或者还不如猫狗。曹家的人是个例外,所以他喜欢在这儿。他去收拾院子,浇花,都不等他们吩咐他,而他们每见到他作这些事也必说些好听的话,更乘着这种时节,他们找出些破旧的东西,教他去换洋火,虽然那些东西还都可以用,而他也就自己留下。[4]在这里,他觉出点人味儿。

在祥子眼里,刘四爷可以算作黄天霸。虽然厉害,可是讲面子,叫字号,决不一面儿黑。他心中的体面人物,除了黄天霸,就得算是那位孔圣人。他莫名其妙孔圣人到底是怎样的人物,不过据说是认识许多的字,还挺讲理。在他所混过的宅门里,有文的也有武的;武的里,连一个能赶上刘四爷的还没有;文的中,虽然有在大学堂教书的先生,也有在衙门里当好差事的,字当然认识不少了,可是没遇到一个讲理的。就是先生讲点理,太太小姐们也很难伺候。只有曹先生既认识字,又讲理,而且曹太太也规规矩矩的得人心。所以曹先生必是孔圣人;假若祥子想不起孔圣人是什么模样,那就必应当像曹先生,不管孔圣人愿意不愿意。[5]

其实呢,曹先生并不怎么高明。他只是个有时候教点书,有时候也作些别的事的一个中等人物。他自居为"社会主义者",同时也是个唯美主义者,很受了维廉·莫利司①一点儿影响。在政治上,艺术上,他都并没有高深的见解;不过他有点好处;他所信仰的那一点点,都能在生活的小事件上实行出来。他似乎看出来,自己并没有惊人的才力,能够作出些惊天动地的事业,所以就按着自己的理想来布置自己的工作与家庭;虽然无补于社会,可是至少也愿言行一致,不落个假冒为善。[6]因此,在小的事情上他都很注意,

[4] 祥子在曹宅里感受到了尊重和温暖,他工作起来自然也就心情愉悦了。

[5] 从祥子的角度介绍曹先生。在他眼中,曹先生是孔圣人。

[6] 从作者的角度介绍曹先生。事实上,曹先生只是个不高明、不伪善的中等人物罢了。

① 维廉·莫利司(1834—1896):英国诗人,美术家。

仿佛是说只要把小小的家庭整理得美好,那么社会怎样满可以随便。这有时使他自愧,有时也使他自喜,似乎看得明明白白,他的家庭是沙漠中的一个小绿洲,只能供给来到此地的一些清水与食物,没有更大的意义。

祥子恰好来到了这个小绿洲;在沙漠中走了这么多日子,他以为这是个奇迹。他一向没遇到过像曹先生这样的人,所以他把这个人看成圣贤。[7] 这也许是他的经验少,也许是世界上连这样的人也不多见。拉着曹先生出去,曹先生的服装是那么淡雅,人是那么活泼大方,他自己是那么干净利落,魁梧雄壮,他就跑得分外高兴,好像只有他才配拉着曹先生似的。在家里呢,处处又是那么清洁,永远是那么安静,使他觉得舒服安定。当在乡间的时候,他常看到老人们在冬日或秋月下,叼着竹管烟袋一声不响的坐着,他虽年岁还小,不能学这些老人,可是他爱看他们这样静静的坐着,必是——他揣摩着——有点什么滋味。现在,他虽是在城里,可是曹宅的清静足以让他想起乡间来,他真愿抽上个烟袋,咂摸着一点什么滋味。

不幸,那个女的和那点钱教他不能安心;他的心像一个绿叶,被个虫儿用丝给缠起来,预备作茧。[8] 为这点事,他自己放不下心;对别人,甚至是对曹先生,时时发愣,所答非所问。这使他非常的难过。曹宅睡得很早,到晚间九点多钟就可以没事了,他独自坐在屋中或院里,翻来覆去的想,想的是这两件事。他甚至想起马上就去娶亲,这样必定能够断了虎妞的念头。可是凭着拉车怎能养家呢?他晓得大杂院中的苦哥儿们,男的拉车,女的缝穷,孩子们捡煤核,夏天在土堆上拾西瓜皮啃,冬天全去赶粥厂。[9] 祥子不能受这个。再说呢,假若他娶了亲,刘老头子手里那点钱就必定要不回来;虎妞岂肯轻饶了他呢!他不能舍了那点钱,那是用命换来的!

他自己的那辆车是去年秋初买的。一年多了,他现在什么也没有,只有要不出来的三十多块钱,和一些缠绕!他越想越不高兴。

中秋节后十多天了,天气慢慢凉上来。他算计着得添两件穿的。又是钱!买了衣裳就不能同时把钱还剩下,买车的希望,简直不敢再希望了!即使老拉包月,这一辈子又算怎回事呢?

一天晚间,曹先生由东城回来得晚一点。祥子为是小心,由天安门前全走马路。敞平的路,没有什么人,微微的凉风,静静的灯

[7] 从祥子崇拜地把曹先生当作圣贤,可以窥见当时贫困的劳动者的社会地位之低下,所受待遇之不公。

[8] 生动的比喻,形象地表现了祥子的心神不宁。

[9] 祥子的心理活动,揭示了当时民不聊生的社会背景。

[10]这是对北平夜晚的环境描写,"微微的凉风""静静的灯光"烘托出人物安静、恬适的心理。	光,他跑上了劲来。[10]许多日子心中的憋闷,暂时忘记了,听着自己的脚步,和车弓子的轻响,他忘记了一切。解开了纽扣,凉风飕飕的吹着胸,他觉到痛快,好像就这么跑下去,一直跑到不知什么地方,跑死也倒干脆。越跑越快,前面有一辆,他"开"一辆,一会儿就过了天安门。他的脚似乎是两个弹簧,几乎是微一着地便弹起来;后面的车轮转得已经看不出条来,皮轮仿佛已经离开了地,连人带车都像被阵急风吹起来了似的。[11]曹先生被凉风一飕,大概是半睡着了,要不然他必会阻止祥子这样的飞跑。祥子是跑开了腿,心中渺茫的想到,出一身透汗,今天可以睡痛快觉了,不至于再思虑什么。
[11]祥子丢掉了平时的小心,从主观上预示着将要出事。	已离北长街不远,马路的北半,被红墙外的槐林遮得很黑。祥子刚想收步,脚已碰到一些高起来的东西。脚到,车轮也到了。祥子栽了出去。咯喳,车把断了。"怎么了?"曹先生随着自己的话跌出来。祥子没出一声,就地爬起。曹先生也轻快的坐起来。"怎么了?"
[12]主观大意,客观路障,两者结合,祥子在曹家拉包月的顺利生涯出现了第一个波折。	新卸的一堆补路的石块,可是没有放红灯。[12] "摔着没有?"祥子问。 "没有;我走回去吧,你拉着车。"曹先生还镇定,在石块上摸了摸有没有落下来的东西。 祥子摸着了已断的一截车把:"没折多少,先生还坐上,能拉!"说着,他一把将车从石头中扯出来。"坐上,先生!" 曹先生不想再坐,可是听出祥子的话带着哭音,他只好上去了。[13]
[13]话带着哭音,可见祥子的自责与惭愧之深。	到了北长街口的电灯下面,曹先生看见自己的右手擦去一块皮。"祥子你站住!" 祥子一回头,脸上满是血。 曹先生害了怕,想不起说什么好,"你快,快——" 祥子莫名其妙,以为是教他快跑呢,他一拿腰,一气跑到了家。 放下车,他看见曹先生手上有血,急忙往院里跑,想去和太太要药。 "别管我,先看你自己吧!"曹先生跑了进去。 祥子看了看自己,开始觉出疼痛,双膝,右肘全破了;脸蛋上,他以为流的是汗,原来是血。不顾得干什么,想什么,他坐在门洞的石阶上,呆呆的看着断了把的车。崭新黑漆的车,把头折了一

段,秃碴碴的露着两块白木碴儿,非常的不调和,难看,像糊好的漂亮纸人还没有安上脚,光出溜的插着两根秫秸秆那样。[14]祥子呆呆的看着这两块白木碴儿。

"祥子!"曹家的女仆高妈响亮的叫,"祥子!你在哪儿呢?"

他坐着没动,不错眼珠的盯着那破车把,那两块白木碴儿好似插到他的心里。

"你是怎个碴儿呀!一声不出,藏在这儿;你瞧,吓我一跳!先生叫你哪!"高妈的话永远是把事情与感情都掺合起来,显着既复杂又动人。她是三十二三岁的寡妇,干净,爽快,作事麻利又仔细。在别处,有人嫌她太张道,主意多,时常有些神眉鬼道儿的。曹家喜欢用干净瞭亮的人,而又不大注意那些小过节儿①,所以她跟了他们已经二三年,就是曹家全家到别处去也老带着她。"先生叫你哪!"她又重了一句。及至祥子立起来,她看明他脸上的血:"可吓死我了,我的妈!这是怎么了?你还不动换哪,得了破伤风还了得!快走!先生那儿有药!"[15]

祥子在前边走,高妈在后边叨唠,一同进了书房。曹太太也在这里,正给先生裹手上药,见祥子进来,她也"哟"了一声。

"太太,他这下子可是摔得够瞧的。"高妈唯恐太太看不出来,忙着往脸盆里倒凉水,更忙着说话:"我就早知道吗,他一跑起来就不顾命,早晚是得出点岔儿。果不其然!还不快洗洗哪?洗完好上点药,真!"

祥子托着右肘,不动。书房里是那么干净雅趣,立着他这么个满脸血的大汉,非常的不像样,大家似乎都觉出有点什么不对的地方,连高妈也没了话。

"先生!"祥子低着头,声音很低,可是很有力:"先生另找人吧!这个月的工钱,你留着收拾车吧:车把断了,左边的灯碎了块玻璃;别处倒都好好的呢。"[16]

"先洗洗,上点药,再说别的。"曹先生看着自己的手说,太太正给慢慢的往上缠纱布。

"先洗洗!"高妈也又想起话来。"先生并没说什么呀,你别先倒打一瓦!"

祥子还不动。"不用洗,一会儿就好!一个拉包月的,摔了人,

---

① 小过节儿:细节,小规矩。

[14] 所谓"一切景语皆情语",祥子眼中的车和车把也不可避免地带着丧气。

[15] 语言描写,将高妈的善良热情、对祥子的关心形象地表达了出来。

[16] 此时责任在祥子心目中远远比钱重要,所以视钱如命的祥子,宁愿辞事也要保住自己的脸面。

[17]此时的祥子很有良心,对人非常负责,与下文经受重重打击后的他形成鲜明对比。

[18]寥寥几句,体现了曹先生对他人的体恤、关心。

[19]一个会说话的北平女佣形象,跃然纸上。

碰了车,没脸再……"他的话不够帮助说完全了他的意思,可是他的感情已经发泄净尽,只差着放声哭了。辞事,让工钱,在祥子看就差不多等于自杀。可是责任,脸面,在这时候似乎比命还重要,因为摔的不是别人,而是曹先生。[17]假若他把那位杨太太摔了,摔了就摔了,活该!对杨太太,他可以拿出街面上的蛮横劲儿,因为她不拿人待他,他也不便客气;钱是一切,说不着什么脸面,哪叫规矩。曹先生根本不是那样的人,他得牺牲了钱,好保住脸面。他顾不得恨谁,只恨自己的命,他差不多想到:从曹家出去,他就永不再拉车;自己的命即使不值钱,可以拼上;人家的命呢?真要摔死一口子,怎办呢?以前他没想到过这个,因为这次是把曹先生摔伤,所以悟过这个理儿来。好吧,工钱可以不要,从此改行,不再干这背着人命的事。拉车是他理想的职业,搁下这个就等于放弃了希望。他觉得他的一生就得窝窝囊囊的混过去了,连成个好拉车的也不用再想,空长了那么大的身量!在外面拉散座的时候,他曾毫不客气的"抄"①买卖,被大家嘲骂,可是这样的不要脸正是因为自己要强,想买上车,他可以原谅自己。拉包月而惹了祸,自己有什么可说的呢?这要被人知道了,祥子摔人,碰坏了车;哪道拉包车的,什么玩意!祥子没了出路!他不能等曹先生辞他,只好自己先滚吧!

"祥子,"曹先生的手已裹好,"你洗洗!先不用说什么辞工。不是你的错儿,放石头就应当放个红灯。算了吧,洗洗,上点药。"[18]

"是呀,先生,"高妈又想起话来,"祥子是磨不开;本来吗,把先生摔得这个样!可是,先生既说不是你的错儿,你也甭再别扭啦!瞧他这样,身大力不亏的,还和小孩一样呢,倒是真着急!太太说一句,叫他放心吧!"高妈的话很像留声机片,是转着圆圈说的,把大家都说在里边,而没有起承转合的痕迹。[19]

"快洗洗吧,我怕!"曹太太只说了这么一句。

祥子的心中很乱,末了听到太太说怕血,似乎找到了一件可以安慰她的事;把脸盆搬出来,在书房门口洗了几把。高妈拿着药瓶在门内等着他。

"胳臂和腿上呢?"高妈给他脸上涂抹了一气。

---

①"抄":把别人正在进行的生意抢过来。

祥子摇了摇头,"不要紧!"

曹氏夫妇去休息。高妈拿着药瓶,跟出祥子来。到了他屋中,她把药瓶放下,立在屋门口里:"待会儿你自己抹抹吧。我说,为这点事不必那么吃心。当初,有我老头子活着的日子,我也是常辞工。一来是,我在外头受累,他不要强,教我生气。二来是,年轻气儿粗,一句话不投缘,散!卖力气挣钱,不是奴才;你有你的臭钱,我泥人也有个土性儿;老太太有个伺候不着!现在我可好多了,老头子一死,我没什么挂念的了,脾气也就好了点。这儿呢——我在这儿小三年子了;可不是,九月九上的工——零钱太少,可是他们对人还不错。咱们卖的是力气,为的是钱;净说好的当不了一回事。可是话又得这么说,把事情看长远了也有好处:三天两头的散工,一年倒歇上六个月,也不上算;莫若遇上个和气的主儿,架不住干日子多了,零钱就是少点,可是靠常儿混下去也能剩俩钱。今儿个的事,先生既没说什么,算了就算了,何必呢。也不是我攀个大,你还是小兄弟呢,容易挂火。一点也不必,火气壮当不了饭吃。像你这么老实巴交的,安安顿顿的在这儿混些日子,总比满天打油飞①去强。我一点也不是向着他们说话,我是为你,在一块儿都怪好的!"[20]她喘了口气,"得,明儿见;甭犯牛劲,我是直心眼,有一句说一句!"

祥子的右肘很疼,半夜也没睡着。颠算了七开八得,他觉得高妈的话有理。什么也是假的,只有钱是真的。省钱买车;挂火当不了吃饭!想到这,来了一点平安的睡意。

[20]这是年长者对年少者诚挚的关心,句句都是从苦难的生活中得出的经验之谈。

1. 为什么祥子觉得命是自己的,却让别人管着?
2. 从祥子把曹先生当作圣贤崇拜,可以了解到什么?
3. 因为拉车出了事故,就情愿引咎辞工,并退还工钱作为赔偿,表现了祥子的何种品质?

---

① 满天打油飞:各处游荡,没个准地方落脚。

八

曹先生把车收拾好,并没扣祥子的工钱。曹太太给他两丸"三黄宝蜡",他也没吃。他没再提辞工的事。虽然好几天总觉得不大好意思,可是高妈的话得到最后的胜利。过了些日子,生活又合了辙,他把这件事渐渐忘掉,一切的希望又重新发了芽。独坐在屋中的时候,他的眼发着亮光,去盘算怎样省钱,怎样买车;嘴里还不住的嘟囔,像有点心病似的。[1]他的算法很不高明,可是心中和嘴上常常念着"六六三十六";这并与他的钱数没多少关系,不过是这么念道,心中好像是充实一些,真像有一本账似的。

他对高妈有相当的佩服,觉得这个女人比一般的男子还有心路与能力,她的话是抄着根儿来的。他不敢赶上她去闲谈,但在院中或门口遇上她,她若有工夫说几句,他就很愿意听她说。她每说一套,总够他思索半天的,所以每逢遇上她,他会傻傻乎乎的一笑,使她明白他是佩服她的话,她也就觉到点得意,即使没有工夫,也得扯上几句。

不过,对于钱的处置方法,他可不敢冒儿咕咚的就随着她的主意走。她的主意,他以为,实在不算坏;可是多少有点冒险。他很愿意听她说,好多学些招数,心里显着宽绰;在实行上,他还是那个老主意——不轻易撒手钱。[2]

不错,高妈的确有办法:自从她守了寡,她就把月间所能剩下的一点钱放出去,一块也是一笔,两块也是一笔,放给作仆人的,当二三等巡警的,和作小买卖的,利钱至少是三分。这些人时常为一块钱急得红着眼转磨,就是有人借给他们一块而当两块算,他们也得伸手接着。[3]除了这样,钱就不会教他们看见;他们所看见的钱上有毒,接过来便会抽干他们的血,但是他们还得接着。凡是能使他们缓一口气的,他们就有胆子拿起来;生命就是且缓一口气再讲,明天再说明天的。高妈,在她丈夫活着的时候,就曾经受着这个毒。她的丈夫喝醉来找她,非有一块钱不能打发;没有,他就在宅门外醉闹;她没办法,不管多大的利息也得马上借到这块钱。由这种经验,她学来这种方法,并不是想报复,而是拿它当作合理的,

[1] 攒买车的钱,在祥子心中,是至高无上、最重要的事。

[2] 祥子特有的固执和死心眼儿,使他只相信自己攒钱的办法。

[3] "红着眼转磨",生动地刻画出穷人为钱所困时的焦急与无奈。

几乎是救急的慈善事。[4]有急等用钱的,有愿意借出去的,周瑜打黄盖,愿打愿挨!

在宗旨上,她既以为这没有什么下不去的地方,那么在方法上她就得厉害一点,不能拿钱打水上漂;干什么说什么。这需要眼光,手段,小心,泼辣,好不至都放了鹰①。她比银行经理并不少费心血,因为她需要更多的小心谨慎。资本有大小,主义是一样,因为这是资本主义的社会,像一个极细极大的筛子,一点一点的从上面往下筛钱,越往下钱越少;同时,也往下筛主义,可是上下一边儿多,因为主义不像钱那样怕筛眼小,它是无形体的,随便由什么极小的孔中也能溜下来。[5]大家都说高妈厉害,她自己也这么承认;她的厉害是由困苦中折磨中锻炼出来的。一想起过去的苦处,连自己的丈夫都那样的无情无理,她就咬上了牙。她可以很和气,也可以很毒辣,她知道非如此不能在这个世界上活着。[6]

她也劝祥子把钱放出去,完全出于善意;假若他愿意的话,她可以帮他的忙:

"告诉你,祥子,搁在兜儿里,一个子永远是一个子!放出去呢,钱就会下钱![7]没错儿,咱们的眼睛是干什么的?瞧准了再放手钱,不能放秃尾巴鹰。当巡警的到时候不给利,或是不归本,找他的巡官去!一句话,他的差事得搁下,敢打听明白他们放饷的日子,堵窝掏;不还钱,新新②!将一比十,放给谁,咱都得有个老底;好,放出去,海里摸锅,那还行吗?你听我的,准保没错!"

祥子用不着说什么,他的神气已足表示他很佩服高妈的话。及至独自一盘算,他觉得钱在自己手里比什么也稳当。不错,这么着是死的,钱不会下钱;可是丢不了也是真的。把这两三个月剩下的几块钱——都是现洋——轻轻的拿出来,一块一块的翻弄,怕出响声;现洋是那么白亮,厚实,起眼,他更觉得万不可撒手,除非是拿去买车。[8]各人有各人的办法,他不便全随着高妈。

原先在一家姓方的家里,主人全家大小,连仆人,都在邮局有个储金折子。方太太也劝过祥子:"一块钱就可以立折子,你怎么不立一个呢?[9]俗言说得好,常将有日思无日,莫到无时盼有时;年轻轻的,不乘着年轻力壮剩下几个,一年三百六十天不能天天是晴

---

① 放了鹰:全部丢失。
② 新新:新鲜,奇怪。

[4]高妈的这点经验,来自自身的痛苦遭遇。

[5]金钱主要集中在上层社会,下层劳动人民挣钱要少得多、艰难得多;但资本主义思想却是无孔不入,尽人皆知的。

[6]高妈是又一类型的劳动者,是祥子形象的补充。

[7]提议的攒钱方法之一:放个小型的高利贷。

[8]"轻轻的"表现了祥子对自己辛苦赚来的钱的珍视。他认为辛苦钱是不能随便放手的,他时刻不忘自己攒钱的目的——买车。

[9]提议的攒钱方法之二:储蓄。

天大日头。这又不费事,又牢靠,又有利钱,哪时别住还可以提点儿用,还要怎么方便呢?去,去要个单子来,你不会写,我给你填上,一片好心!"

祥子知道她是好心,而且知道厨子王六和奶妈子秦妈都有折子,他真想试一试。可是有一天方大小姐叫他去给放进十块钱,他细细看了看那个小折子,上面有字,有小红印;通共,哼,也就有一小打手纸那么沉吧。把钱交进去,人家又在折子上画了几个字,打上了个小印。他觉得这不是骗局,也得是骗局;白花花的现洋放进去,凭人家三画五画就算完事,祥子不上这个当。他怀疑方家是跟邮局这个买卖——他总以为邮局是个到处有分号的买卖,大概字号还很老,至少也和瑞蚨祥,鸿记差不多——有关系,所以才这样热心给拉生意。即使事实不是这样,现钱在手里到底比在小折子上强,强的多!折子上的钱只是几个字![10]

对于银行银号,他只知道那是出"座儿"的地方,假若巡警不阻止在那儿搁车的话,准能拉上"买卖"。至于里面作些什么事,他猜不透。不错,这里必是有很多的钱;但是为什么单到这里来鼓逗①钱,他不明白;他自己反正不容易与它们发生关系,那么也就不便操心去想了。城里有许多许多的事他不明白,听朋友们在茶馆里议论更使他发糊涂,因为一人一个说法,而且都说的不到家。他不愿再去听,也不愿去多想,他知道假若去打抢的话,顶好是抢银行;既然不想去作土匪,那么自己拿着自己的钱好了,不用管别的。他以为这是最老到的办法。

高妈知道他是红着心想买车,又给他出了主意:

"祥子,我知道你不肯放账,为是好早早买上自己的车,也是个主意! 我要是个男的,要是也拉车,我就得拉自己的车;自拉自唱,万事不求人! 能这么着,给我个知县我也不换![11]拉车是苦事,可是我要是男的,有把子力气,我愣拉车也不去当巡警;冬夏常青,老在街上站着,一月才挣那俩钱,没个外钱,没个自由;一留胡子还是就吹,简直的没一点起色。我是说,对了,你要是想快快买上车的话,我给你个好主意:起上一只会,十来个人,至多二十个人,一月每人两块钱,你使头一会;这不是马上就有四十来的块?[12]你横

[10] 祥子对储蓄事务不知道也不想知道,认为钱只有放在自己手里才是最稳当的,这反映了他思想上的保守和愚昧。

[11] 老舍是语言大师,他创造性地运用北平市民的口语,人物的语言符合人物的身份,使通俗朴素的文字亲切、新鲜、恰当。

[12] 提议的攒钱方法之三:搞小型集资互助。

① 鼓逗:有反复调弄的意思。

是①多少也有个积蓄,凑吧凑吧就弄辆车拉拉,干脆大局!车到了手,你干上一只黑签儿会②,又不出利,又是体面事,准得对你的心路!你真要请会的话,我来一只,决不含糊!怎样?"

这真让祥子的心跳得快了些!真要凑上三四十块,再加上刘四爷手里那三十多,和自己现在有的那几块,岂不就是八十来的?虽然不够买十成新的车,八成新的总可以办到了!况且这么一来,他就可以去向刘四爷把钱要回,省得老这么搁着,不像回事儿。八成新就八成新吧,好歹的拉着,等有了富余再换。

可是,上哪里找这么二十位人去呢?即使能凑上,这是个面子事,自己等钱用么就请会,赶明儿人家也约自己来呢?起会,在这个穷年月,常有哗啦③了的时候!好汉不求人;干脆,自己有命买得上车,买;不求人![13]

[13]祥子仍希望通过自己的勤奋劳动攒钱买车,不愿通过其他"捷径"来实现愿望。

看祥子没动静,高妈真想俏皮他一顿,可是一想他的直诚劲儿,又不太好意思了:"你真行!'小胡同赶猪——直来直去';也好!"

祥子没说什么,等高妈走了,对自己点了点头,似乎是承认自己的一把死拿值得佩服,心中怪高兴的。[14]

[14]祥子没有想到,钱这样放在手里,其实是最没保障的。

已经是初冬天气,晚上胡同里叫卖糖炒栗子,落花生之外,加上了低悲的"夜壶呕"。夜壶挑子上带着瓦的闷葫芦罐儿,祥子买了个大号的。[15]头一号买卖,卖夜壶的找不开钱,祥子心中一活便,看那个顶小的小绿夜壶非常有趣,绿汪汪的,也撅着小嘴,"不用找钱了,我来这么一个!"

[15]"买了个大号的"闷葫芦罐儿,说明祥子对攒钱买车这件事下定了决心,也充满了希望。

放下闷葫芦罐,他把小绿夜壶送到里边去:"少爷没睡哪?送你个好玩艺!"

大家都正看着小文——曹家的小男孩——洗澡呢,一见这个玩艺都憋不住的笑了。曹氏夫妇没说什么,大概觉得这个玩艺虽然蠢一些,可是祥子的善意是应当领受的,所以都向他笑着表示谢意。高妈的嘴可不会闲着:

"你看,真是的,祥子!这么大个子了,会出这么高明的主意;多么不顺眼!"

---

① 横是:大概是。
② 黑签儿会:方言,这里指一种融资方式,第一次使钱的人,以后不会再使钱,只有拿钱的义务。
③ 哗啦:散了伙。

小文很喜欢这个玩艺，登时用手捧澡盆里的水往小壶里灌："这小茶壶，嘴大！"

大家笑得更加了劲。祥子整着身子——因为一得意就不知怎么好了——走出来。他很高兴，这是向来没有经验过的事，大家的笑脸全朝着他自己，仿佛他是个很重要的人似的。[16]微笑着，又把那几块现洋搬运出来，轻轻的一块一块往闷葫芦罐里放，心里说：这比什么都牢靠！多咱够了数，多咱往墙上一碰；拍喳，现洋比瓦片还得多！

他决定不再求任何人。就是刘四爷那么可靠，究竟有时候显着别扭，钱是丢不了哇，在刘四爷手里，不过总有点不放心。钱这个东西像戒指，总是在自己手上好。这个决定使他痛快，觉得好像自己的腰带又杀紧了一扣，使胸口能挺得更直更硬。

天是越来越冷了，祥子似乎没觉到。心中有了一定的主意，眼前便增多了光明；在光明中不会觉得寒冷。地上初见冰凌，连便道上的土都凝固起来，处处显出干燥，结实，黑土的颜色已微微发些黄，像已把潮气散尽。特别是在一清早，被大车轧起的土棱上镶着几条霜边，小风尖溜溜的把早霞吹散，露出极高极蓝极爽快的天；祥子愿意早早的拉车跑一趟，凉风飕进他的袖口，使他全身像洗冷水澡似的一哆嗦，一痛快，有时候起了狂风，把他打得出不来气，可是他低着头，咬着牙，向前钻，像一条浮着逆水的大鱼；风越大，他的抵抗也越大，似乎是和狂风决一死战。猛的一股风顶得他透不出气，闭住口，半天，打出一个嗝，仿佛是在水里扎了一个猛子。打出这个嗝，他继续往前奔走，往前冲进，没有任何东西能阻止住这个巨人；他全身的筋肉没有一处松懈，像被蚂蚁围攻的绿虫，全身摇动着抵御。这一身汗！等到放下车，直一直腰，吐出一口长气，抹去嘴角的黄沙，他觉得他是无敌的；看着那裹着灰沙的风从他面前扫过去，他点点头。风吹弯了路旁的树木，撕碎了店户的布幌，揭净了墙上的报单，遮昏了太阳，唱着，叫着，吼着，回荡着；忽然直驰，像惊狂了的大精灵，扯天扯地的疾走；忽然慌乱，四面八方的乱卷，像不知怎好而决定乱撞的恶魔；忽然横扫，乘其不备的袭击着地上的一切，扭折了树枝，吹掀了屋瓦，撞断了电线；可是，祥子在那里看着；他刚从风里出来，风并没能把他怎样了！胜利是祥子的！[17]及至遇上顺风，他只需拿稳了车把，自己不用跑，风会替他推转了车轮，像个很好的朋友。

[16]祥子从来没有过这般被人重视的感觉，他找到了做人的尊严和自信。

[17]用一连串的动词，形象地写出了北方狂风之厉害，而祥子凭着年轻的体力、买车的信念战胜了它。

八

　　自然,他既不瞎,必定也看见了那些老弱的车夫。他们穿着一阵小风就打透的,一阵大风就吹碎了的,破衣;脚上不知绑了些什么。在车口上,他们哆嗦着,眼睛像贼似的溜着,不论从什么地方钻出个人来,他们都争着问:"车?!"拉上个买卖,他们暖和起来,汗湿透了那点薄而破的衣裳。一停住,他们的汗在背上结成了冰。遇上风,他们一步也不能抬,而生生的要曳着车走;风从上面砸下来,他们要把头低到胸口里去;风从下面来,他们的脚便找不着了地;风从前面来,手一扬就要放风筝;风从后边来,他们没法管束住车与自己。但是他们设尽了方法,用尽了力气,死曳活曳得把车拉到了地方,为几个铜子得破出一条命。一趟车拉下来,灰土被汗和成了泥,糊在脸上,只露着眼与嘴三个冻红了的圈。天是那么短,那么冷,街上没有多少人;这样苦奔一天,未必就能挣上一顿饱饭;可是年老的,家里还有老婆孩子;年小的,有父母弟妹!冬天,他们整个的是在地狱里,比鬼多了一口活气,而没有鬼那样清闲自在;鬼没有他们这么多的吃累!像条狗似的死在街头,是他们最大的平安自在;冻死鬼,据说,脸上有些笑容![18]

　　祥子怎能没看见这些呢。但是他没工夫为他们忧虑思索。他们的罪孽也就是他的,不过他正在年轻力壮,受得起辛苦,不怕冷,不怕风;晚间有个干净的住处,白天有件整齐的衣裳,所以他觉得自己与他们并不能相提并论,他现在虽是与他们一同受苦,可是受苦的程度到底不完全一样;现在他少受着罪,将来他还可以从这里逃出去;他想自己要是到了老年,决不至于还拉着辆破车去挨饿受冻。[19]他相信现在的优越可以保障将来的胜利。正如在饭馆或宅门外遇到驶汽车的,他们不肯在一块儿闲谈;驶汽车的觉得有失身份,要是和洋车夫们有什么来往。汽车夫对洋车夫的态度,正有点像祥子的对那些老弱残兵;同是在地狱里,可是层次不同。他们想不到大家须立在一块儿,而是各走各的路,个人的希望与努力蒙住了各个人的眼,每个人都觉得赤手空拳可以成家立业。[20]在黑暗中各自去摸索个人的路。祥子不想别人,不管别人,他只想着自己的钱与将来的成功。

　　街上慢慢有些年下的气象了。在晴明无风的时候,天气虽是干冷,可是路旁增多了颜色;年画,纱灯,红素蜡烛,绢制的头花,大小蜜供,都陈列出来,使人心中显着快活,可又有点不安;因为无论谁对年节都想到快乐几天,可是大小也都有些困难。[21]祥子的眼

[18]那些老弱的车夫与像祥子这样年轻力壮的车夫形成了鲜明的对比,而这些老弱车夫正是祥子们的将来。

[19]祥子对那些老弱车夫的漠不关心和自以为是的优越感,带出了祥子的个人主义思想。

[20]作者在这里明确指出了像祥子这样个人主义奋斗者的误区,"各自去摸索个人的路"肯定是行不通的。

[21]环境描写,反映了当时社会下层百姓生活的苦难和苦中作乐的现实。

增加了亮光,看见路旁的年货,他想到曹家必定该送礼了;送一份总有他几毛酒钱。节赏固定的是两块钱,不多;可是来了贺年的,他去送一送,每一趟也得弄个两毛三毛的。凑到一块就是个数儿;不怕少,只要零碎的进手;他的闷葫芦罐是不会冤人的!晚间无事的时候,他钉坑儿看着这个只会吃钱而不愿吐出来的瓦朋友,低声的劝告:"多多的吃,多多的吃,伙计! 多咱你吃够了,我也就行了!"

年节越来越近了,一晃儿已是腊八。欢喜或忧惧强迫着人去计划,布置;还是二十四小时一天,可是这些天与往常不同,它们不许任何人随便的度过,必定要作些什么,而且都得朝着年节去作,好像时间忽然有了知觉,有了感情,使人们随着它思索,随着它忙碌。祥子是立在高兴那一面的,街上的热闹,叫卖的声音,节赏与零钱的希冀,新年的休息,好饭食的想象……都使他像个小孩子似的欢喜,盼望。他想好,破出块儿八毛的,得给刘四爷买点礼物送去。礼轻人物重,他必须拿着点东西去,一来为是道歉,他这些日子没能去看老头儿,因为宅里很忙;二来可以就手要出那三十多块钱来。破费一块来钱而能要回那一笔款,是上算的事。这么想好,他轻轻的摇了摇那个扑满,想象着再加进三十多块去应当响得多么沉重好听。是的,只要一索回那笔款来,他就没有不放心的事了!

一天晚上,他正要再摇一摇那个聚宝盆,高妈喊了他一声:"祥子! 门口有位小姐找你;我正从街上回来,她跟我直打听你。"[22]等祥子出来,她低声找补了句:"她像个大黑塔! 怪怕人的!"

祥子的脸忽然红得像包着一团火,他知道事情要坏!

[22]祥子离开了人和车厂,虎妞还是找到了他。祥子的命运又要发生怎样的改变?

1. 哪件事始终萦绕在祥子的心头?
2. 祥子对邮局和银行的看法说明了什么?
3. 祥子能够战胜肆虐的北方狂风,凭借的是什么?

九

　　祥子几乎没有力量迈出大门坎去。昏头打脑的,脚还在门槛内,借着街上的灯光,已看见了刘姑娘。她的脸上大概又擦了粉,被灯光照得显出点灰绿色,像黑枯了的树叶上挂着层霜。祥子不敢正眼看她。

　　虎妞脸上的神情很复杂:眼中带出些渴望看到他的光儿;嘴可是张着点,露出点儿冷笑;鼻子纵起些纹缕,折叠着些不屑与急切;眉棱棱着,在一脸的怪粉上显出妖媚而霸道。[1]看见祥子出来,她的嘴唇撇了几撇,脸上的各种神情一时找不到个适当的归宿。她咽了口唾沫,把复杂的神气与情感似乎镇压下去,拿出点由刘四爷得来的外场劲儿,半恼半笑,假装不甚在乎的样子打了句哈哈:

　　"你可倒好!肉包子打狗,一去不回头啊!"她的嗓门很高,和平日在车厂与车夫们吵嘴时一样。说出这两句来,她脸上的笑意一点也没有了,忽然的仿佛感到一种羞愧与下贱,她咬上了嘴唇。[2]

　　"别嚷!"祥子似乎把全身的力量都放在唇上,爆裂出这两个字,音很小,可是极有力。

　　"哼! 我才怕呢!"她恶意的笑了,可是不由她自己似的把声音稍放低了些。"怨不得你躲着我呢,敢情这儿有个小妖精似的小老妈儿;我早就知道你不是玩艺,别看傻大黑粗的,鞑子拔烟袋,不傻假充傻!"她的声音又高了起去。

　　"别嚷!"祥子唯恐高妈在门里偷着听话儿。"别嚷! 这边来!"他一边说一边往马路上走。[3]

　　"上哪边我也不怕呀,我就是这么大嗓儿!"嘴里反抗着,她可是跟了过来。

　　过了马路,来到东便道上,贴着公园的红墙,祥子——还没忘了在乡间的习惯——蹲下了。"你干吗来了?"

　　"我? 哼,事儿可多了!"她左手插在腰间,肚子努出些来。[4]低头看了他一眼,想了会儿,仿佛是发了些善心,可怜他了:"祥子! 我找你有事,要紧的事!"

　　这声低柔的"祥子"把他的怒气打散了好些,他抬起头来,看着她,她还是没有什么可爱的地方,可是那声"祥子"在他心中还微微

[1] 在祥子的眼中,虎妞老、丑、黑、粗、野,没有一点中国女性的传统美,现在不是窈窕淑女,可以断定将来也不会是贤妻良母。

[2] 对祥子的不满,让泼辣的虎妞一张口便来了个先发制人,随后再咬上嘴唇,表现了自己的羞愧之心,写出了人性的复杂。

[3] 一连说了三个"别嚷",祥子的担心、紧张、后悔、无奈、怨恨,都蕴含在这两个字里。

[4] "左手插在腰间",这是孕妇的习惯动作;"肚子努出些来",这是为了表明自己有了身孕。虎妞的精细可见一斑。

的响着,带着温柔亲切,似乎在哪儿曾经听见过,唤起些无可否认的,欲断难断的,情分。[5]他还是低声的,但是温和了些:"什么事?"

"祥子!"她往近凑了凑:"我有啦!"

"有了什么?"他一时蒙住了。

"这个!"她指了指肚子。"你打主意吧!"

愣头磕脑的,他"啊"了一声,忽然全明白了。一万样他没想到过的事都奔了心去,来得是这么多,这么急,这么乱,心中反猛的成了块空白,像电影片忽然断了那样。街上非常的清静,天上有些灰云遮住了月,地上时时有些小风,吹动着残枝枯叶,远处有几声尖锐的猫叫。[6]祥子的心里由乱而空白,连这些声音也没听见;手托住腮下,呆呆的看着地,把地看得似乎要动;想不出什么,也不愿想什么;只觉得自己越来越小,可又不能完全缩入地中去,整个的生命似乎都立在这点难受上;别的,什么也没有![7]他这才觉出冷来,连嘴唇都微微的颤着。

"别紧自蹲着,说话呀!你起去!"她似乎也觉出冷来,愿意活动几步。

他僵不吃的立起来,随着她往北走,还是找不到话说,浑身都有些发木,像刚被冻醒了似的。

"你没主意呀?"她瞭了祥子一眼,眼中带出怜爱他的神气。

他没话可说。

"赶到二十七呀,老头子的生日,你得来一趟。"

"忙,年底下!"祥子在极乱的心中还没忘了自己的事。

"我知道你这小子吃硬不吃软,跟你说好的算白饶!"她的嗓门又高起来,街上的冷静使她的声音显着特别的清亮,使祥子特别的难堪。"你当我怕谁是怎着?你打算怎样?你要是不愿意听我的,我正没工夫跟你费唾沫玩!说翻了的话,我会堵着你的宅门骂三天三夜!你上哪儿我也找得着!我还是不论秧子①!"

"别嚷行不行?"祥子躲开她一步。

"怕嚷啊,当初别贪便宜呀!你是了味②啦,教我一个人背黑锅,你也不捋开死××皮看看我是谁!"[8]

"你慢慢说,我听!"祥子本来觉得很冷,被这一顿骂骂得忽然发了热,热气要顶开冻僵巴的皮肤,浑身有些发痒痒,头皮上特别的刺闹得慌。[9]

---

① 不论秧子:不管是谁。
② 是了味:满意了。

---

[5]从见面时的咄咄逼人,到现在的温柔亲切,虎妞意欲通过软硬兼施把老实的祥子掌握于手中。

[6]灰云遮月、风卷残叶、夜半猫鸣写出了当时环境之萧索和安静,渲染了一种凄凉的氛围,侧面烘托出祥子心情之紊乱——听到"虎妞怀孕"后的震撼和难以置信、难以接受,以至于大脑瞬间懵了,不知所措。

[7]祥子由慌乱到空白,进而产生了地似乎要动和自己越来越小的错觉,饱含痛苦又无可奈何的祥子跃然纸上。

[8]虎妞为逼祥子就范,对他恶语相加,进行威胁,她的粗俗泼辣的本性展露无遗。

[9]运用了夸张的修辞手法,更能引起读者的联想,生动形象地突出了祥子的紧张、慌乱、窘迫和难堪。

九

"这不结听！甭找不自在！"她撇开嘴，露出两个虎牙来。"不屈心，我真疼你，你也别不知好歹！跟我犯牛脖子，没你的好儿，告诉你！"

"不……"祥子想说"不用打一巴掌揉三揉"，可是没有想齐全；对北平的俏皮话儿，他知道不少，只是说不利落；别人说，他懂得，他自己说不上来。

"不什么？"

"说你的！"

"我给你个好主意，"虎姑娘立住了，面对面的对他说："你看，你要是托个媒人去说，老头子一定不答应。他是拴车的，你是拉车的，他不肯往下走亲戚。我不论，我喜欢你，喜欢就得了吗，管他娘的别的干什么！[10] 谁给我说媒也不行，一去提亲，老头子就当是算计着他那几十辆车呢；比你高着一等的人物都不行。这个事非我自己办不可，我就挑上了你，咱们是先斩后奏；反正我已经有了，咱们俩谁也跑不了啦！可是，咱们就这么直入公堂的去说，还是不行。老头子越老越糊涂，咱俩一露风声，他会去娶个小媳妇，把我硬撑出来。老头子棒着呢，别看快七十岁了，真要娶个媳妇，多了不敢说，我敢保还能弄出两三个小孩来，你爱信不信！"

"走着说，"祥子看站岗的巡警已经往这边走了两趟，觉得不是劲儿。

"就在这儿说，谁管得了！"她顺着祥子的眼光也看见了那个巡警："你又没拉着车，怕他干吗？他还能无因白故的把谁的××咬下来？那才透着邪行呢！咱们说咱们的！你看，我这么想：赶二十七老头子生日那天，你去给他磕三个头。等一转过年来，你再去拜个年，讨他个喜欢。我看他一喜欢，就弄点酒什么的，让他喝个痛快。看他喝到七八成了，就热儿打铁，你干脆认他作干爹。日后，我再慢慢的教他知道我身子不方便了。他必审问我，我给他个'徐庶入曹营——一语不发'。等他真急了的时候，我才说出个人来，就说是新近死了的那个乔二——咱们东边杠房的二掌柜的。他无亲无故，已经埋在了东直门外义地里，老头子由哪儿究根儿去？老头子没了主意，咱们再慢慢的吹风儿，顶好把我给了你，本来是干儿子，再儿女婿，反正差不很多；顺水推舟，省得大家出丑。你说我想的好不好？"[11]

祥子没言语。

觉得把话说到了一个段落，虎妞开始往北走，低着点头，既像

[10] 虎妞没有门当户对的观念，勇于追求自己的幸福，这本无可厚非，但她语言粗鄙，手段卑劣，让人厌弃。

[11] 虎妞对这件事显然已经筹划多时，经过了深思熟虑，想出的是一个自认为的万全之策，希望借由这一步一步的招数达成与祥子结婚的愿望。

欣赏着自己的那片话,又仿佛给祥子个机会思索思索。这时,风把灰云吹裂开一块,露出月光,二人已来到街的北头。御河的水久已冻好,静静的,灰亮的,坦平的,坚固的,托着那禁城的城墙。禁城内一点声响也没有,那玲珑的角楼,金碧的牌坊,丹朱的城门,景山上的亭阁,都静悄悄的好似听着一些很难再听到的声音。小风吹过,似一种悲叹,轻轻的在楼台殿阁之间穿过,像要道出一点历史的消息。虎妞往西走,祥子跟到了金鳌玉蛛。桥上几乎没有了行人,微明的月光冷寂的照着桥左右的两大幅冰场,远处亭阁暗淡的带着些黑影,静静的似冻在湖上,只有顶上的黄瓦闪着点儿微光。树木微动,月色更显得微茫;白塔却高耸到云间,傻白傻白的把一切都带得冷寂萧索,整个的三海在人工的雕琢中显出北地的荒寒。到了桥头上,两面冰上的冷气使祥子哆嗦了一下,他不愿再走。平日,他拉着车过桥,把精神全放在脚下,唯恐出了错,一点也顾不得向左右看。现在,他可以自由的看一眼了,可是他心中觉得这个景色有些可怕:那些灰冷的冰,微动的树影,惨白的高塔,都寂寞的似乎要忽然的狂喊一声,或狂走起来!就是脚下这座大白石桥,也显着异常的空寂,特别的白净,连灯光都有点凄凉。[12]他不愿再走,不愿再看,更不愿再陪着她;他真想一下子跳下去,头朝下,砸破了冰,沉下去,像个死鱼似的冻在冰里。

"明儿个见了!"他忽然转身往回走。

"祥子!就那么办啦,二十七见!"她朝着祥子的宽直的脊背说。说完,她瞭了白塔一眼,叹了口气,向西走去。

祥子连头也没回,像有鬼跟着似的,几出溜便到了团城,走得太慌,几乎碰在了城墙上。一手扶住了墙,他不由的要哭出来。愣了会儿,桥上叫:"祥子!祥子!这儿来!祥子!"虎妞的声音!

他极慢的向桥上挪了两步,虎妞仰着点身儿正往下走,嘴张着点儿:"我说祥子,你这儿来;给你!"[13]他还没挪动几步,她已经到了身前:"给你,你存的三十多块钱;有几毛钱的零儿,我给你补足了一块。给你!不为别的,就为表表我的心,我惦念着你,疼你,护着你!别的都甭说,你别忘恩负义就得了!给你!好好拿着,丢了可别赖我!"

祥子把钱——一打儿钞票——接过来,愣了会儿,找不到话说。

"得,咱们二十七见!不见不散!"她笑了笑。"便宜是你的,你自己细细的算算得了!"她转身往回走。

[12]把自然景物和人的感情水乳交融地联系在一起,祥子心里难受,景物在他眼里也变得空寂、凄凉。

[13]好一个"仰着点身儿",再次用细节来验证自己的"怀孕"。

他攥着那打儿票子,呆呆的看着她,一直到桥背把她的头遮下去。灰云又把月光掩住;灯更亮了,桥上分外的白,空,冷。[14]他转身,放开步,往回走,疯了似的;走到了街门,心中还存着那个惨白冷落的桥影,仿佛只隔了一眨眼的工夫似的。[15]

　　到屋中,他先数了数那几张票子;数了两三遍,手心的汗把票子攥得发粘,总数不利落。数完,放在了闷葫芦罐儿里。坐在床沿上,呆呆的看着这个瓦器,他打算什么也不去想;有钱便有办法,他很相信这个扑满会替他解决一切,不必再想什么。御河,景山,白塔,大桥,虎妞,肚子……都是梦;梦醒了,扑满里却多了三十几块钱,真的!

　　看够了,他把扑满藏好,打算睡大觉,天大的困难也能睡过去,明天再说!

　　躺下,他闭不上眼!那些事就像一窝蜂似的,你出来,我进去,每个肚子尖上都有个刺!

　　不愿意去想,也实在因为没法儿想,虎妞已把道儿都堵住,他没法脱逃。

　　最好是跺脚一走。祥子不能走。就是让他去看守北海的白塔去,他也乐意;就是不能下乡!上别的城市?他想不出比北平再好的地方。他不能走,他愿死在这儿。[16]

　　既然不想走,别的就不用再费精神去思索了。虎妞说得出来,就行得出来;不依着她的道儿走,她真会老跟着他闹哄;只要他在北平,她就会找得着!跟她,得说真的,不必打算耍滑。把她招急了,她还会抬出刘四爷来,刘四爷要是卖出一两个人——不用往多里说——在哪个僻静的地方也能要祥子的命!

　　把虎妞的话从头至尾想了一遍,他觉得像掉在个陷阱里,手脚而且全被夹子夹住,决没法儿跑。他不能一个个的去批评她的主意,所以就找不出她的缝子来,他只感到她撒的是绝户网,连个寸大的小鱼也逃不出去!既不能一一的细想,他便把这一切作成个整个的,像千斤闸那样的压迫,全压到他的头上来。在这个无可抵御的压迫下,他觉出一个车夫的终身的气运是包括在两个字里——倒霉!一个车夫,既是一个车夫,便什么也不要作,连娘儿们也不要去粘一粘;一粘就会出天大的错儿。刘四爷仗着几十辆车,虎妞会仗着个臭×,来欺侮他!他不用细想什么了;假若打算认命,好吧,去磕头认干爹,而后等着娶那个臭妖怪。不认命,就得破出命去!

[14] "灯"变得更亮,是由于"灰云"把月光掩住,灯更亮又反衬人物心里"白,空,冷"的感觉,而这色彩、空间、心理三者之间的排列也是有所讲究的:因为有客观色彩的"白"和空间场景的"空"才加倍有心理上的"冷",后者也是语义重心所在。

[15] "转身""放开步""往回走",一系列的动词表现出了祥子想逃离这里的急切,他难以接受虎妞怀孕,手足无措;"疯了似的""仿佛只隔了一眨眼的工夫似的"说明时间之短,突出祥子行走速度之快,暗示祥子的震撼不已,心有余悸。

[16] 再次表现了祥子的"北平情结",即使在处境艰难的时候也不愿意离开它。

[17]面对虎妞的要挟，祥子只能自怨自艾，只能服服帖帖地认命，真是可悲可怜。

想到这儿，他把虎妞和虎妞的话都放在一边去；不，这不是她的厉害，而是洋车夫的命当如此，就如同一条狗必定挨打受气，连小孩子也会无缘无故的打它两棍子。[17]这样的一条命，要它干吗呢？豁上就豁上吧！

他不睡了，一脚踢开了被子，他坐了起来。他决定去打些酒，喝个大醉；什么叫事情，哪个叫规矩，×你们的姥姥！喝醉，睡！二十七？二十八也不去磕头，看谁怎样得了祥子！披上大棉袄，端起那个当茶碗用的小饭碗，他跑出去。

[18]对月光的描写，烘托了祥子在困境中的苦闷心情。

风更大了些，天上的灰云已经散开，月很小，散着寒光。[18]祥子刚从热被窝里出来，不住的吸溜气儿。街上简直已没了行人，路旁还只有一两辆洋车，车夫的手捂在耳朵上，在车旁跺着脚取暖。祥子一气跑到南边的小铺，铺中为保存暖气，已经上了门，由个小窗洞收钱递货。祥子要了四两白干，三个大子儿的落花生。平端着酒碗，不敢跑，而像轿夫似的疾走，回到屋中。急忙钻入被窝里去，上下牙磕打了一阵，不愿再坐起来。酒在桌上发着辛辣的味儿，他不很爱闻，就是对那些花生似乎也没心思去动。[19]这一阵寒气仿佛是一盆冷水把他浇醒，他的手懒得伸出来，他的心也不再那么热。

[19]祥子并无心吃喝，这表明下文的喝酒行为纯粹是为了暂时忘记现实，摆脱愁苦。

躺了半天，他的眼在被子边上又看了看桌上的酒碗。不，他不能为那点缠绕而毁坏了自己，不能从此破了酒戒。事情的确是不好办，但是总有个缝子使他钻过去。即使完全无可脱逃，他也不应当先自己往泥塘里滚；他得睁着眼，清清楚楚的看着，到底怎样被别人把他推下去。

[20]祥子终于破了酒戒，他的乡村道德文化开始崩溃，他又朝堕落的深渊迈进了一步。

灭了灯，把头完全盖在被子里，他想就这么睡去。还是睡不着，掀开被看看，窗纸被院中的月光映得发青，像天要亮的样子。鼻尖觉到屋中的寒冷，寒气中带着些酒味。他猛的坐起来，摸住酒碗，吞了一大口！[20]

1. 面对找上门来的大黑塔似的虎妞，祥子的反应是什么？
2. 本章的景物描写反映出了祥子怎样的心情？
3. 祥子会怎样对付虎妞的纠缠？他会一走了之吗？

十

　　个别的解决,祥子没那么聪明。全盘的清算,他没那个魄力。于是,一点儿办法没有,整天际圈着满肚子委屈。正和一切的生命同样,受了损害之后,无可如何的只想由自己去收拾残局。那斗落了大腿的蟋蟀,还想用那些小腿儿爬。祥子没有一定的主意,只想慢慢的一天天,一件件的挨过去,爬到哪儿算哪儿,根本不想往起跳了。[1]

　　离二十七还有十多天,他完全注意到这一天上去,心里想的,口中念道的,梦中梦见的,全是二十七。仿佛一过了二十七,他就有了解决一切的办法,虽然明知道这是欺骗自己。有时候他也往远处想,譬如拿着手里的几十块钱到天津去;到了那里,碰巧还许改了行,不再拉车。虎妞还能追到他天津去?在他的心里,凡是坐火车去的地方必是很远,无论怎样她也追不了去。想得很好,可是他自己良心上知道这只是万不得已的办法,再分能在北平,还是在北平![2]这样一来,他就又想到二十七那一天,还是这样想近便省事,只要混过这一关,就许可以全局不动而把事儿闯过去;即使不能干脆的都摆脱清楚,到底过了一关是一关。

　　怎样混过这一关呢?他有两个主意:一个是不理她那回事,干脆不去拜寿。另一个是按照她所嘱咐的去办。这两个主意虽然不同,可是结果一样:不去呢,她必不会善罢甘休;去呢,她也不会饶了他。他还记得初拉车的时候,模仿着别人,见小巷就钻,为是抄点近儿,而误入了罗圈胡同;绕了个圈儿,又绕回到原街。现在他又入了这样的小胡同,仿佛是:无论走哪一头儿,结果是一样的。[3]

　　在没办法之中,他试着往好里想,就干脆要了她,又有什么不可以呢?可是,无论从哪方面想,他都觉着憋气。想想她的模样,他只能摇头。不管模样吧,想想她的行为;哼!就凭自己这样要强,这样规矩,而娶那么个破货,他不能再见人,连死后都没脸见父母!谁准知道她肚子里的小孩是他的不是呢?不错,她会带过几辆车来;能保准吗?刘四爷并非是好惹的人!即使一切顺利,他也受不了,他能干得过虎妞?她只需伸出个小指,就能把他支使的头

[1] 祥子中了虎妞的圈套而无法自拔,反抗还是接受?反复思量,无计可施。

[2] 祥子每一次想离开的念头,都不过是再一次证明了他与北平这座城市的"难舍难分"。

[3] 祥子的苦闷心理,体现着人力车夫的职业特点。

[4] 失去自由，没有了自己，这才是祥子不想娶虎妞的最根本的理由。

[5] 无处倾诉的痛苦让他恐惧并有所悔悟，开始想到"朋友"。

[6] 祥子重新认识了自己的处境：本以为自己是无牵无挂的一条好汉，现在在虎妞无处不在的威慑和控制下，却是多么的孤立无援。

[7] 祥子重新认识了自己的价值：一向自以为体面、要强，实际上连小水筒也不如。

晕眼花，不认识了东西南北。他晓得她的厉害！要成家，根本不能要她，没有别的可说的！要了她，便没了他，而他又不是看不起自己的人！[4]没办法！

没方法处置她，他转过来恨自己，很想脆脆的抽自己几个嘴巴子。可是，说真的，自己并没有什么过错。一切都是她布置好的，单等他来上套儿。毛病似乎是在他太老实，老实就必定吃亏，没有情理可讲！

更让他难过的是没地方去诉诉委屈。他没有父母兄弟，没有朋友。平日，他觉得自己是头顶着天，脚踩着地，无牵无挂的一条好汉。现在，他才明白过来，悔悟过来，人是不能独自活着的。特别是对那些同行的，现在都似乎有点可爱。假若他平日交下几个，他想，像他自己一样的大汉，再多有个虎妞，他也不怕；他们会给他出主意，会替他拨创卖力气。[5]可是，他始终是一个人；临时想抓朋友是不大容易的！他感到一点向来没有过的恐惧。照这么下去，谁也会欺侮他；独自一个是顶不住天的！[6]

这点恐惧使他开始怀疑自己。在冬天，遇上主人有饭局，或听戏，他照例是把电石灯的水筒儿揣在怀里；因为放在车上就会冻上。刚跑了一身的热汗，把那个冰凉的小水筒往胸前一贴，让他立刻哆嗦一下；不定有多大时候，那个水筒才会有点热和劲儿。可是在平日，他并不觉得这有什么说不过去；有时候揣上它，他还觉得这是一种优越，那些拉破车的根本就用不上电石灯。现在，他似乎看出来，一月只挣那么些钱，而把所有的苦处都得受过来，连个小水筒也不许冻上，而必得在胸前抱着，自己的胸脯多么宽，仿佛还没有个小筒儿值钱。原先，他以为拉车是他最理想的事，由拉车他可以成家立业。现在他暗暗摇头了。不怪虎妞欺侮他，他原来不过是个连小水筒也不如的人！[7]

在虎妞找上他的第三天，曹先生同着朋友去看夜场电影，祥子在个小茶馆里等着，胸前揣着那像块冰似的小筒。天极冷，小茶馆里的门窗都关得严严的，充满了煤气，汗味，与贱臭的烟卷的干烟。饶这么样，窗上还冻着一层冰花。喝茶的几乎都是拉包月车的，有的把头靠在墙上，借着屋中的暖和气儿，闭上眼打盹。有的拿着碗白干酒，让让大家，而后慢慢的喝，喝完一口，上面咂着嘴，下面很响的放凉气。有的攥着卷儿大饼，一口咬下半截，把脖子撑得又粗又红。有的绷着脸,普遍的向大家抱怨,他怎么由一清早到如今,还没停过脚,身上已经湿了又干,干了又湿,不知有多少回!其余的人多数是彼此谈着闲话,听到这两句,马上都静了一会儿,而后像鸟儿炸了巢似的都想起一日间的委屈,都想讲给大家听。连那个吃着大饼的也把口中匀出能调动舌头的空隙,一边儿咽饼,一边儿说话,连头上的筋都跳了起来:"你当他妈的拉包月的就不蘑菇哪?! 我打他妈的——嗝!——两点起到现在还水米没打牙!竟说前门到平则门——嗝!——我拉他妈的三个来回了!这个天,把屁眼都他妈的冻裂了,一劲的放气!"转圈看了大家一眼,点了点头,又咬了一截饼。[8]

  这把大家的话又都转到天气上去,以天气为中心各自道出辛苦。祥子始终一语未发,可是很留心他们说了什么。大家的话,虽然口气,音调,事实,各有不同,但都是咒骂与不平。这些话,碰到他自己心上的委屈,就像一些雨点儿落在干透了的土上,全都吃了进去。他没法,也不会,把自己的话有头有尾的说给大家听;他只能由别人的话中吸收些生命的苦味,大家都苦恼,他也不是例外;认识了自己,也想同情大家。大家说到悲苦的地方,他皱上眉;说到可笑的地方,他也撇撇嘴。这样,他觉得他是和他们打成一气,大家都是苦朋友,虽然他一言不发,也没大关系。从前,他以为大家是贫嘴恶舌,凭他们一天到晚穷说,就发不了财。今天仿佛是头一次觉到,他们并不是穷说,而是替他说呢,说出他与一切车夫的苦处。[9]

  大家正说到热闹中间,门忽然开了,进来一阵冷气。大家几乎都怒目的往外看,看谁这么不得人心,把门推开。大家越着急,门外的人越慢,似乎故意的磨烦①。[10]茶馆的伙计半急半笑的喊:"快着点吧,我一个人的大叔!别把点热气儿都给放了!"

  这话还没说完,门外的人进来了,也是个拉车的。看样子已有五十多岁,穿着件短不够短,长不够长,莲蓬婆儿似的棉袄,襟上肘上已都露了棉花。脸似乎有许多日子没洗过,看不出肉色,只有两个耳朵冻得通红,红得像要落下来的果子。惨白的头发在一顶破小帽下杂乱的髭髭着;眉上,短须上,都挂着些冰珠。一进来,摸住

---

① 磨烦:拖时间。

[8] 车夫百态,车夫们的辛酸!作者的笔触深入到了车夫们的生活细节。

[9] 苦难的经历、痛苦的挣扎,让祥子开始与其他车夫产生共鸣。

[10] 门外人的出现,使叙事出现转折,也将预示着车夫们未来的结局。

条板凳便坐下了,扎挣着说了句:"沏一壶。"[11]

这个茶馆一向是包月车夫的聚处,像这个老车夫,在平日,是决不会进来的。

大家看着他,都好像感到比刚才所说的更加深刻的一点什么意思,谁也不想再开口。在平日,总会有一两个不很懂事的少年,找几句俏皮话来拿这样的茶客取取笑,今天没有一个出声的。

茶还没有沏来,老车夫的头慢慢的往下低,低着低着,全身都出溜下去。

大家马上都立了起来:"怎啦?怎啦?"说着,都想往前跑。

"别动!"茶馆掌柜的有经验,拦住了大家。[12]他独自过去,把老车夫的脖领解开,就地扶起来,用把椅子戗在背后,用手勒着双肩:"白糖水,快!"说完,他在老车夫的脖子那溜儿听了听,自言自语的:"不是痰!"

大家谁也没动,可谁也没再坐下,都在那满屋子的烟中,眨巴着眼,向门儿这边看。[13]大家好似都不约而同的心里说:"这就是咱们的榜样!到头发惨白了的时候,谁也有一个跟头摔死的行市!"

糖水刚放在老车夫嘴边上,他哼哼了两声。还闭着眼,抬起右手——手黑得发亮,像漆过了似的——用手背抹了下儿嘴。

"喝点水!"掌柜的对着他耳朵说。

"啊?"老车夫睁开了眼。看见自己是坐在地上,腿蜷了蜷,想立起来。

"先喝点水,不用忙。"掌柜的说,松开了手。

大家几乎都跑了过来。

"哎!哎!"老车夫向四围看了一眼,双手捧定了茶碗,一口口的吸糖水。

慢慢的把糖水喝完,他又看了大家一眼:"哎,劳诸位的驾!"说得非常的温柔亲切,绝不像是由那个胡子拉碴的口中说出来的。说完,他又想往起立,过去三四个人忙着往起搀他。他脸上有了点笑意,又那么温和的说:"行,行,不碍!我是又冷又饿,一阵儿发晕!不要紧!"他脸上虽然是那么厚的泥,可是那点笑意教大家仿佛看到一个温善白净的脸。

大家似乎全动了心。[14]那个拿着碗酒的中年人,已经把酒喝净,眼珠子通红,而且此刻带着些泪:"来,来二两!"等酒来到,老车夫已坐在靠墙的一把椅子上。他有一点醉意,可是规规矩矩的把酒放在老车夫面前:"我的请,您喝吧!我也四十望外了,不瞒您说,拉包月就是凑合事,一年是一年的事,腿知道!再过二三年,我也得跟您一样!您横是快六十了吧?"

"还小呢,五十五!"老车夫喝了口酒。"天冷,拉不上座儿。我呀,哎,肚子空;就有几个子儿我都喝了酒,好暖和点呀!走在这儿,我可实在撑不住了,想进来取个暖。屋里太热,我又没食,横是晕过去了。不要紧,不要紧!劳诸位哥儿们的驾!"

这时候,老者的干草似的灰发,脸上的泥,炭条似的手,和那个破帽头与棉袄,都像发着点纯洁的光,如同破庙里的神像似的,虽然破碎,依然尊严。[15]大家看着他,仿佛唯恐他走了。祥子始终没言语,呆呆的立在那里。听到老车夫说肚子里空,他猛的跑出去,飞也似又跑回来,手里用块白菜叶儿托着十个羊肉馅的包子。一直送到老者的眼前,说了声:吃吧![16]然后,坐在原位,低下头去,仿佛非常疲倦。

"哎!"老者像是乐,又像是哭,向大家点着头。[17]"到底是哥儿们哪!拉座儿,给他卖多大的力气,临完多要一个子儿都怪难的!"说着,他立了起来,要往外走。

"吃呀!"大家几乎是一齐的喊出来。

"我叫小马儿去,我的小孙子,在外面看着车呢!"

"我去,您坐下!"那个中年的车夫说,"在这儿丢不了车,您自管放心,对过儿就是巡警阁子。"他开开了点门缝:"小马儿!小马儿!你爷爷叫你哪!把车放在这儿来!"[18]

老者用手摸了好几回包子,始终没往起拿。小马儿刚一进门,他拿起来一个:"小马儿,乖乖,给你!"

小马儿也就是十二三岁,脸上挺瘦,身上可是穿得很圆,鼻子冻得通红,挂着两条白鼻涕,耳朵上戴着一对破耳帽儿。立在老者的身旁,右手接过包子来,左手又自动的拿起来一个,一个上咬了一口。

"哎!慢慢的!"老者一手扶在孙子的头上,一手拿起个包子,慢慢的往口中送。"爷爷吃两个就够,都是你的!吃完了,咱们收车回家,不拉啦。明儿个要是不这么冷呀,咱们早着点出车。对不

[15]"尊严"二字何其重!如此潦倒而能保持住尊严,实为可贵!

[16]在内心产生共鸣后,祥子在行动上再次表现出了与车夫伙伴们的贴近。这种慷慨的救助行为,与以前为了买车不惜和老弱残兵抢生意形成了鲜明的对照。

[17]老者"像是乐",是因为他晕倒后得到了大家的关心和帮助,感到很温暖;"又像是哭",是因为自己虽努力拉车却依然生活艰难贫苦,感到很无奈。

[18]爷爷的一举一动都流露出对孙子无尽的关爱,而小马儿也很懂事,让爷爷非常欣慰。

对,小马儿?"

小马儿对着包子点了点头,吸溜了一下鼻子:"爷爷吃三个吧,剩下都是我的。我回头把爷爷拉回家去!"

"不用!"老者得意的向大家一笑:"回头咱们还是走着,坐在车上冷啊。"

老者吃完自己的份儿,把杯中的酒喝干,等着小马儿吃净了包子。掏出块破布来,擦了擦嘴,他又向大家点了点头:"儿子当兵去了,一去不回头,媳妇——"

"别说那个!"小马儿的腮撑得像俩小桃,连吃带说的拦阻爷爷。

"说说不要紧!都不是外人!"然后向大家低声的:"孩子心重,甭提多么要强啦!媳妇也走了。我们爷儿俩就吃这辆车;车破,可是我们自己的,就仗着天天不必为车份儿着急。挣多挣少,我们爷儿俩苦混,无法!无法!"

"爷爷,"小马儿把包子吃得差不离了,拉了拉老者的袖子,"咱们还得拉一趟,明儿个早上还没钱买煤呢!都是你,刚才二十子儿拉后门,依着我,就拉,你偏不去!明儿早上没有煤,看你怎样办!"

"有法子,爷爷会去赊五斤煤球。"

"还饶点劈柴?"

"对呀!好小子,吃吧;吃完,咱们该蹓跶着了!"说着,老者立起来,绕着圈儿向大家说:"劳诸位哥儿们的驾啦!"伸手去拉小马儿,小马儿把未吃完的一个包子整个的塞在口中。

大家有的坐着没动,有的跟出来。祥子头一个跟出来,他要看看那辆车。

一辆极破的车,车板上的漆已经裂了口,车把上已经磨得露出木纹,一只唏哩哗啷响的破灯,车棚子的支棍儿用麻绳儿捆着。[19]小马儿在耳朵帽里找出根洋火,在鞋底儿上划着,用两只小黑手捧着,点着了灯。老者往手心上吐了口唾沫,哎了一声,抄起车把来,"明儿见啦,哥儿们!"

祥子呆呆的立在门外,看着这一老一少和那辆破车。老者一边走还一边说话,语声时高时低;路上的灯光与黑影,时明时暗。祥子听着,看着,心中感到一种向来没有过的难受。[20]在小马儿身上,他似乎看见了自己的过去;在老者身上,似乎看到了自己的将

[19] 老者破旧不堪的车,间接地表现出相依为命的祖孙二人生活的艰辛和贫困。

[20] 一方面,对同行老马的遭遇感到悲哀;另一方面,更是为自己的未来感到迷茫,感到忧伤,因为老马的今天很可能就是他祥子的明天。老马也有自己的车,可处境竟如此窘迫!将来祥子就是有了自己的车,又能怎样?

来！他向来没有轻易撒手过一个钱,现在他觉得很痛快,为这一老一少买了十个包子。直到已看不见了他们,他才又进到屋中。大家又说笑起来,他觉得发乱,会了茶钱,又走了出来,把车拉到电影院门外去等候曹先生。

　　天真冷。空中浮着些灰沙,风似乎是在上面疾走,星星看不甚真,只有那几个大的,在空中微颤。地上并没有风,可是四下里发着寒气,车辙上已有几条冻裂的长缝子,土色灰白,和冰一样凉,一样坚硬。祥子在电影院外立了一会儿,已经觉出冷来,可是不愿再回到茶馆去。他要静静的独自想一想。那一老一少似乎把他的最大希望给打破——老者的车是自己的呀!自从他头一天拉车,他就决定买上自己的车,现在还是为这个志愿整天的苦奔;有了自己的车,他以为,就有了一切。哼,看看那个老头子!

　　他不肯要虎妞,还不是因为自己有买车的愿望?买上车,省下钱,然后一清二白的娶个老婆;哼,看看小马儿!自己有了儿子,未必不就是那样。

　　这样一想,对虎妞的要挟,似乎不必反抗了;反正自己跳不出圈儿去,什么样的娘们不可以要呢?况且她还许带过几辆车来呢,干吗不享几天现成的福!看透了自己,便无须小看别人,虎妞就是虎妞吧,什么也甭说了![21]

　　电影散了,他急忙的把小水筒安好,点着了灯。连小棉袄也脱了,只剩了件小褂,他想飞跑一气,跑忘了一切,摔死也没多大关系!

[21]老马的凄苦生活强烈地震撼了祥子,使他看到了个人奋斗的末路,所以他开始自暴自弃,开始对虎妞所代表的钱财的诱惑产生动摇。

1. 祥子对于自己的认识起了怎样的变化?
2. 老车夫的出现预示着什么?
3. 众车夫对老者的救助体现了什么?

十一

　　一想到那个老者与小马儿,祥子就把一切的希望都要放下,而想乐一天是一天吧,干吗成天际咬着牙跟自己过不去呢?!穷人的命,他似乎看明白了,是枣核儿两头尖:幼小的时候能不饿死,万幸;到老了能不饿死,很难。只有中间的一段,年轻力壮,不怕饥饱劳碌,还能像个人儿似的。在这一段里,该快活快活的时候还不敢去干,地道的傻子;过了这村便没有这店![1]这么一想,他连虎妞的那回事儿都不想发愁了。

[1] 一想到老马祖孙俩的悲惨遭遇,祥子万念俱灰。

　　及至看到那个闷葫芦罐儿,他的心思又转过来。不,不能随便;只差几十块钱就能买上车了,不能前功尽弃;至少也不能把罐儿里那点积蓄瞎扔了,那么不容易省下来的!还是得往正路走,一定![2]可是,虎妞呢?还是没办法,还是得为那个可恨的二十七发愁。

[2] 一看到储钱罐儿,祥子又觉得要走攒钱买车这条道路。

　　愁到了无可如何,他抱着那个瓦罐儿自言自语的嘀咕:爱怎样怎样,反正这点钱是我的!谁也抢不了去!有这点钱,祥子什么也不怕!招急了我,我会跺脚一跑,有钱,腿就会活动!

　　街上越来越热闹了,祭灶的糖瓜摆满了街,走到哪里也可以听到"抚糖来,抚糖"的声音。祥子本来盼着过年,现在可是一点也不起劲,街上越乱,他的心越紧,那可怕的二十七就在眼前了!他的眼陷下去,连脸上那块疤都有些发暗。[3]拉着车,街上是那么乱,地上是那么滑,他得分外的小心。心事和留神两气夹攻,他觉得精神不够用的了,想着这个便忘了那个,时常忽然一惊,身上痒刺刺的像小孩儿在夏天炸了痱子似的。

[3] 虎妞的约定,成了祥子挥之不去的梦魇。

　　祭灶那天下午,溜溜的东风带来一天黑云。天气忽然暖了一些。到快掌灯的时候,风更小了些,天上落着稀疏的雪花。卖糖瓜的都着了急,天暖,再加上雪花,大家一劲儿往糖上撒白土子,还怕都粘在一起。雪花落了不多,变成了小雪粒,刷刷的轻响,落白了地。七点以后,铺户与人家开始祭灶,香光炮影之中夹着密密的小雪,热闹中带出点阴森的气象。[4]街上的人都显出点惊急的样子,步行的,坐车的,都急于回家祭神,可是地上湿滑,又不敢放开步

[4] 景物描写,不仅写出了祥子复杂的内心世界,而且还暗示了情节将向"凶险"发展。

走。卖糖的小贩急于把应节的货物轰出去，上气不接下气的喊叫，听着怪震心的。

　　大概有九点钟了，祥子拉着曹先生由西城回家。过了西单牌楼那一段热闹街市，往东入了长安街，人马渐渐稀少起来。坦平的柏油马路上铺着一层薄雪，被街灯照得有点闪眼。偶尔过来辆汽车，灯光远射，小雪粒在灯光里带着点黄亮，像洒着万颗金砂。快到新华门那一带，路本来极宽，加上薄雪，更教人眼宽神爽，而且一切都仿佛更严肃了些。"长安牌楼"，新华门的门楼，南海的红墙，都戴上了素冠，配着朱柱红墙，静静的在灯光下展示着故都的尊严。此时此地，令人感到北平仿佛并没有居民，真是一片琼宫玉宇，只有些老松默默的接着雪花。[5]祥子没工夫看这些美景，一看眼前的"玉路"，他只想一步便跑到家中；那直，白，冷静的大路似乎使他的心眼中一直的看到家门。可是他不能快跑，地上的雪虽不厚，但是拿脚，一会儿鞋底上就粘成一厚层；跺下去，一会儿又粘上了。霰粒非常的小，可是沉重有分量，既拿脚，又迷眼，他不能飞快的跑。雪粒打在身上也不容易化，他的衣肩上已积了薄薄的一层，虽然不算什么，可是湿漉漉的使他觉得别扭。这一带没有什么铺户，可是远处的炮声还继续不断，时时的在黑空中射起个双响或五鬼闹判儿。火花散落，空中越发显着黑，黑得几乎可怕。他听着炮声，看见空中的火花与黑暗，他想立刻到家。可是他不敢放开了腿，别扭！

　　更使他不痛快的是由西城起，他就觉得后面有辆自行车儿跟着他。[6]到了西长安街，街上清静了些，更觉出后面的追随——车辆轧着薄雪，虽然声音不大，可是觉得出来。祥子，和别的车夫一样，最讨厌自行车。汽车可恶，但是它的声响大，老远的便可躲开。自行车是见缝子就钻，而且东摇西摆，看着就眼晕。外带着还是别出错儿，出了错儿总是洋车夫不对，巡警们心中的算盘是无论如何洋车夫总比骑车的好对付，所以先派洋车夫的不是。好几次，祥子很想抽冷子闸住车，摔后头这小子一跤。但是他不敢，拉车的得到处忍气。每当要跺一跺鞋底儿的时候，他得喊声："闸住！"到了南海前门，街道是那么宽，那辆脚踏车还紧紧的跟在后面。祥子更上了火，他故意的把车停住了，撢了撢肩上的雪。他立住，那辆自行车从车旁蹭了过去。车上的人还回头看了看。祥子故意的磨烦，

[5]北平的雪景与别处不同，既有自然美，又有文化美。它带着古老皇城的肃穆和威严。

[6]"更使他不痛快的"是"后面有辆自行车儿跟着"，真正是一波未平，一波又起。

等自行车走出老远才抄起车把来,骂了句:"讨厌!"

曹先生的"人道主义"使他不肯安那御风的棉车棚子,就是那帆布车棚也非到赶上大雨不准支上,为是教车夫省点力气。[7]这点小雪,他以为没有支起车棚的必要,况且他还贪图着看看夜间的雪景呢。他也注意到这辆自行车,等祥子骂完,他低声的说,"要是他老跟着,到家门口别停住,上黄化门左先生那里去;别慌!"

祥子有点慌。他只知道骑自行车的讨厌,还不晓得其中还有可怕的——既然曹先生都不敢家去,这个家伙一定来历不小!他跑了几十步,便追上了那个人;故意的等着他与曹先生呢。自行车把祥子让过去,祥子看了车上的人一眼。一眼便看明白了,侦缉队上的。他常在茶馆里碰到队里的人,虽然没说过话儿,可是晓得他们的神气与打扮。这个的打扮,他看着眼熟:青大袄,呢帽,帽子戴得很低。

到了南长街口上,祥子乘着拐弯儿的机会,向后溜了一眼,那个人还跟着呢。他几乎忘了地上的雪,脚底下加了劲。直长而白亮的路,只有些冷冷的灯光,背后追着个侦探!祥子没有过这种经验,他冒了汗。到了公园后门,他回了回头,还跟着呢!到了家门口,他不敢站住,又有点舍不得走;曹先生一声也不响,他只好继续往北跑。一气跑到北口,自行车还跟着呢!他进了小胡同,还跟着!出了胡同,还跟着![8]上黄化门去,本不应当进小胡同,直到他走到胡同的北口才明白过来,他承认自己是有点迷头,也就更生气。

跑到景山背后,自行车往北向后门去了。祥子擦了把汗。雪小了些,可是雪粒中又有了几片雪花。祥子似乎喜爱雪花,大大方方的在空中飞舞,不像雪粒那么使人别气。[9]他回头问了声:"上哪儿,先生?"

"还到左宅。有人跟你打听我,你说不认识!"

"是啦!"祥子心中打开了鼓,可是不便细问。

到了左家,曹先生叫祥子把车拉进去,赶紧关上门。曹先生还很镇定,可是神色不大好看。嘱咐完了祥子,他走进去。祥子刚把车拉进门洞来,放好,曹先生又出来了,同着左先生;祥子认识,并且知道左先生是宅上的好朋友。

"祥子,"曹先生的嘴动得很快,"你坐汽车回去。告诉太太我

[7] 照应上文曹先生的"不落个假冒为善",体现了作者谋篇布局的细致,也使小说的结构更加严谨。

[8] 一连串的"还跟着",营造出了紧张的氛围。

[9] "雪粒""使人别气"在这里是一语双关,明写天气状况对祥子的心理影响,暗喻侦探鬼鬼祟祟的跟踪令人讨厌。

在这儿呢。教她们也来,坐汽车来,另叫一辆,不必教你坐去的这辆等着。明白?好!告诉太太带着应用的东西,和书房里那几张画儿。听明白了?我这就给太太打电话,为是再告诉你一声,怕她一着急,把我的话忘了,你好提醒她一声。"

"我去好不好?"左先生问了声。

"不必!刚才那个人未必一定是侦探,不过我心里有那回事儿,不能不防备一下。你先叫辆汽车来好不好?"

左先生去打电话叫车。曹先生又嘱咐了祥子一遍:"汽车来到,我这给了钱。教太太快收拾东西;别的都不要紧,就是千万带着小孩子的东西,和书房里那几张画,那几张画!等太太收拾好,教高妈打电话要辆车,上这儿来。这都明白了?等她们走后,你把大门锁好,搬到书房去睡,那里有电话。你会打电话?"

"不会往外打,会接。"其实祥子连接电话也不大喜欢,不过不愿教曹先生着急,只好这么答应下。

"那就行!"曹先生接着往下说,说得还是很快:"万一有个动静,你别去开门!我们都走了,剩下你一个,他们决不放手你!见事不好的话,你灭了灯,打后院跳到王家去。王家的人你认得?对!在王家藏会儿再走。我的东西,你自己的东西都不用管,跳墙就走,省得把你拿了去!你若丢了东西,将来我赔上。先给你这五块钱拿着。好,我去给太太打电话,回头你再对她说一遍。不必说拿人,刚才那个骑车的也许是侦探,也许不是;你也先别着慌!"[10]

祥子心中很乱,好像有许多要问的话,可是因急于记住曹先生所嘱咐的,不敢再问。

汽车来了,祥子愣头磕脑的坐进去。雪不大不小的落着,车外边的东西看不大真,他直挺着腰板坐着,头几乎顶住车棚。他要思索一番,可是眼睛只顾看车前的红箭头,红得那么鲜灵可爱。驶车的面前的那把小刷子,自动的左右摆着,刷去玻璃上的哈气,也颇有趣。刚似乎把这看腻了,车已到了家门,心中怪不得劲的下了车。

刚要按街门的电铃,像从墙里钻出个人来似的,揪住他的腕子。祥子本能的想往出夺手,可是已经看清那个人,他不动了,正是刚才骑自行车的那个侦探。[11]

"祥子,你不认识我了?"侦探笑着松了手。

[10]曹先生安排事项的话短而急,进一步营造紧张的氛围。

[11]既知曹先生住址,为何还要跟踪?初现敲诈端倪。

[12]孙侦探就是孙排长,祥子的第一次悲剧和第二次悲剧在这里产生了关联。

[13]扯着祥子快走,是怕被高妈等人识破骗局,节外生枝。再现敲诈端倪。

[14]为何不继续跟踪曹先生而是在此纠缠祥子?三现敲诈端倪。

祥子咽了口气,不知说什么好。

"你不记得当初你教我们拉到西山去?我就是那个孙排长。想起来了吗?"[12]

"啊,孙排长!"祥子想不起来。他被大兵们拉到山上去的时候,顾不得看谁是排长,还是连长。

"你不记得我,我可记得你;你脸上那块疤是个好记号。我刚才跟了你半天,起初也有点不敢认你,左看右看,这块疤不能有错!"

"有事吗?"祥子又要去按电铃。

"自然是有事,并且是要紧的事!咱们进去说好不好!"孙排长——现在是侦探——伸手按了铃。

"我有事!"祥子的头上忽然冒了汗,心里发着狠儿说:"躲他还不行呢,怎能往里请呢!"

"你不用着急,我来是为你好!"侦探露出点狡猾的笑意。赶到高妈把门开开,他一脚迈进去:"劳驾劳驾!"没等祥子和高妈过一句话,扯着他便往里走,指着门房:"你在这儿住?"[13]进了屋,他四下里看了一眼:"小屋还怪干净呢!你的事儿不坏!"

"有事吗?我忙!"祥子不能再听这些闲盘儿。

"没告诉你吗,有要紧的事!"孙侦探还笑着,可是语气非常的严厉。"干脆对你说吧,姓曹的是乱党,拿住就枪毙,他还是跑不了![14]咱们总算有一面之交,在兵营里你伺候过我;再说咱们又都是街面上的人,所以我担着好大的处分来给你送个信!你要是晚跑一步,回来是堵窝儿掏,谁也跑不了。咱们卖力气吃饭,跟他们打哪门子挂误官司?这话对不对?"

"对不起人呀!"祥子还想着曹先生所嘱托的话。

"对不起谁呀?"孙侦探的嘴角上带笑,而眼角棱棱着。"祸是他们自己闯的,你对不起谁呀?他们敢做敢当,咱们跟着受罪,才合不着!不用说别的,把你圈上三个月,你野鸟似的惯了,愣教你坐黑屋子,你受得了受不了?再说,他们下狱,有钱打点,受不了罪;你呀,我的好兄弟,手里没硬的,准拴在尿桶上!这还算小事,碰巧了他们花钱一运动,闹个几年徒刑;官面上交待不下去,要不把你垫了背才怪。咱们不招谁不惹谁的,临完上天桥吃黑枣,冤不冤?你是明白人,明白人不吃眼前亏。对得起人喽,又!告诉你吧,好兄弟,天下就没有对得起咱们苦哥儿们的事!"

祥子害了怕。想起被大兵拉去的苦处,他会想象到下狱的滋味。"那么我得走,不管他们?"

"你管他们,谁管你呢?!"

祥子没话答对。愣了会儿,连他的良心也点了头:"好,我走!"

"就这么走吗?"孙侦探冷笑了一下。

祥子又迷了头。

"祥子,我的好伙计!你太傻了!凭我作侦探的,肯把你放了走?"

"那——"祥子急得不知说什么好了。

"别装傻!"孙侦探的眼盯住祥子的:"大概你也有个积蓄,拿出来买条命!我一个月还没你挣的多,得吃得穿得养家,就仗着点外找儿,跟你说知心话!你想想,我能一撒巴掌把你放了不能?哥儿们的交情是交情,没交情我能来劝你吗?可是事情是事情,我不图点什么,难道教我一家子喝西北风?外场人用不着费话,你说真的吧!"

"得多少?"祥子坐在了床上。

"有多少拿多少,没准价儿!"

"我等着坐狱得了!"

"这可是你说的?可别后悔?"孙侦探的手伸入棉袍中,"看这个,祥子!我马上就可以拿你,你要拒捕的话,我开枪!我要马上把你带走,不要说钱呀,连你这身衣裳都一进狱门就得剥下来。你是明白人,自己合计合计得了!"[15]

"有工夫挤我,干吗不挤挤曹先生?"祥子吭吃了半天才说出来。

"那是正犯,拿住呢有点赏,拿不住担'不是'。你,你呀,我的傻兄弟,把你放了像放个屁;把你杀了像抹个臭虫![16]拿钱呢,你走你的;不拿,好,天桥见!别磨烦,来干脆的,这么大的人!再说,这点钱也不能我一个人独吞了,伙计们都得沾补点儿,不定分上几个子儿呢。这么便宜买条命还不干,我可就没了法!你有多少钱?"

祥子立起来,脑筋跳起多高,攥上了拳头。

"动手没你的,我先告诉你,外边还有一大帮人呢!快着,拿

[15] 孙侦探对祥子先劝诱,再威逼,最后强夺,凸现了他是敲诈勒索的老手。

[16] 在那个弱肉强食的时代,劳动人民的生命就是那么低贱,那么不值得一提,这也正是祥子人生悲剧发生的社会根源。

[17]祥子认为不招惹人就不会受欺侮,但在那个黑暗动荡的社会里,像他那样既无权势又无财势的人,任何打击都有可能随时降临。

[18]一个"笑"字,刻画出了孙侦探敲诈得逞的得意劲儿。

[19]上文讲"我不赶尽杀绝",现在连被褥都不让拿,在寒冬腊月,不是"赶尽杀绝"又是什么?通过语言描写,孙侦探无耻可恶的嘴脸跃然纸上。

[20]鲁迅先生说,悲剧,是将美好的东西撕毁了给人看。老舍深谙这一原理。

钱!我看面子,你别不知好歹!"孙侦探的眼神非常的难看了。

"我招谁惹谁了?!"祥子带着哭音,说完又坐在床沿上。[17]

"你谁也没招;就是碰在点儿上了!人就是得胎里富,咱们都是底儿上的。什么也甭再说了!"孙侦探摇了摇头,似有无限的感慨。"得了,自当是我委屈了你,别再磨烦了!"

祥子又想了会儿,没办法。他的手哆嗦着,把闷葫芦罐儿从被子里掏了出来。

"我看看!"孙侦探笑了,一把将瓦罐接过来,往墙上一碰。[18]

祥子看着那些钱洒在地上,心要裂开。

"就是这点?"

祥子没出声,只剩了哆嗦。

"算了吧!我不赶尽杀绝,朋友是朋友。你可也得知道,这些钱儿买一条命,便宜事儿!"

祥子还没出声,哆嗦着要往起裹被褥。

"那也别动!"

"这么冷的……"祥子的眼瞪得发了火。

"我告诉你别动,就别动!滚!"[19]

祥子咽了口气,咬了咬嘴唇,推门走出来。[20]

雪已下了寸多厚,祥子低着头走。处处洁白,只有他的身后留着些大黑脚印。

1. 祥子为什么怀疑即使买上车仍然没有好日子过?
2. 有蛛丝马迹可以判断孙侦探是在对祥子进行敲诈吗?
3. 层次分明的勒索过程说明了孙侦探是一个怎样的人?

十二

　　祥子想找个地方坐下,把前前后后细想一遍,哪怕想完只能哭一场呢,也好知道哭的是什么;事情变化得太快了,他的脑子已追赶不上。[1]没有地方给他坐,到处是雪。小茶馆们已都上了门,十点多了;就是开着,他也不肯进去,他愿意找个清静地方,他知道自己眼眶中转着的泪随时可以落下来。

　　既没地方坐一坐,只好慢慢的走吧;可是,上哪里去呢?这个银白的世界,没有他坐下的地方,也没有他的去处;白茫茫的一片,只有饿着肚子的小鸟,与走投无路的人,知道什么叫作哀叹。

　　上哪儿去呢?这就成个问题,先不用想到别的了!下小店?不行!凭他这一身衣服,就能半夜里丢失点什么,先不说店里的虱子有多么可怕。上大一点的店?去不起,他手里只有五块钱,而且是他的整部财产。上澡堂子?十二点上门,不能过夜。没地方去。

　　因为没地方去,才越觉得自己的窘迫。在城里混了这几年了,只落得一身衣服,和五块钱;连被褥都混没了!由这个,他想到了明天,明天怎办呢?[2]拉车,还去拉车,哼,拉车的结果只是找不到个住处,只是剩下点钱被人家抢了去!作小买卖,只有五块钱的本钱,而连挑子扁担都得现买,况且哪个买卖准能挣出嚼谷呢?拉车可以平地弄个三毛四毛的,作小买卖既要本钱,而且没有准能赚出三餐的希望。等把本钱都吃进去,再去拉车,还不是脱了裤子放屁,白白赔上五块钱?这五块钱不能轻易放手一角一分,这是最后的指望!当仆人去,不在行:伺候人,不会;洗衣裳作饭,不会!什么也不行,什么也不会,自己只是个傻大黑粗的废物!

　　不知不觉的,他来到了中海。到桥上,左右空旷,一眼望去,全是雪花。他这才似乎知道了雪还没住,摸一摸头上,毛线织的帽子上已经很湿。桥上没人,连岗警也不知躲在哪里去了,有几盏电灯被雪花打的仿佛不住的眨眼。祥子看看四外的雪,心中茫然。

　　他在桥上立了许久,世界像是已经死去,没一点声音,没一点动静,灰白的雪花似乎得了机会,慌乱的,轻快的,一劲儿往下落,要人不知鬼不觉的把世界埋上。[3]在这种静寂中,祥子听见自己的

[1]"想找个地方坐下""哭一场",表现了祥子心中异常的苦闷。

[2]此时的祥子,陷入了一片茫然之中,迷失了自己未来的方向。

[3]通过这个环境描写,将祥子的无助、孤独生动地呈现出来。

良心的微语。先不要管自己吧,还是得先回去看看曹家的人。只剩下曹太太与高妈,没一个男人!难道那最后的五块钱不是曹先生给的么?不敢再思索,他拔起腿就往回走,非常的快。[4]

门外有些脚印,路上有两条新印的汽车道儿。难道曹太太已经走了吗?那个姓孙的为什么不拿她们呢?

不敢过去推门,恐怕又被人捉住。左右看,没人,他的心跳起来,试试看吧,反正也无家可归,被人逮住就逮住吧。轻轻推了推门,门开着呢。顺着墙根走了两步,看见了自己的屋中的灯亮儿,自己的屋子!他要哭出来。弯着腰走过去,到窗外听了听,屋内咳嗽了一声,高妈的声音!他拉开了门。

"谁?哟,你!可吓死我了!"高妈捂着心口,定了定神,坐在床上。"祥子,怎么回事呀?"

祥子回答不出,只觉得已经有许多年没见着她了似的,心中堵着一团热气。[5]

"这是怎么啦?"高妈也要哭的样子的问:"你还没回来,先生打来电话,叫我们上左宅,还说你马上就来。你来了,不是我给你开的门吗?我一瞧,你还同着个生人,我就一言没发呀,赶紧进去帮助太太收拾东西。你始终也没进去。黑灯瞎火的教我和太太瞎抓,少爷已经睡得香香的,生又从热被窝里往外抱。包好了包,又上书房去摘画儿,你是始终不照面儿,你是怎么啦?我问你!糙糙的收拾好了,我出来看你,好,你没影儿啦!太太气得——一半也是急得——直哆嗦。我只好打电话叫车吧。可是我们不能就这么'空城计',全走了哇。好,我跟太太横打了鼻梁①,我说太太走吧,我看着。祥子回来呢,我马上赶到左宅去;不回来呢,我认了命!这是怎会说的!你是怎回事,说呀!"

祥子没的说。

"说话呀,愣着算得了事吗?到底是怎回事?"

"你走吧!"祥子好容易找到了一句话:"走吧!"

"你看家?"高妈的气消了点。

"见了先生,你就说,侦探逮住了我,可又,可又,没逮住我!"[6]

"这像什么话呀?"高妈气得几乎要笑。

"你听着!"祥子倒挂了气:"告诉先生快跑,侦探说了,准能拿

---

① 横打了鼻梁:保证。

[4] 身处恶劣的环境,祥子仍然挂念着曹家,冒着可能被逮住的危险返回曹家,表现了他的善良和有责任感。

[5] 孙侦探的冷酷和无情,让祥子见到熟人高妈后感到分外亲切和温暖。

[6] 生活的沉重打压和摧残,使祥子一时无法准确地述说自己的痛苦遭遇。

住先生。左宅也不是平安的地方。快跑！你走了，我跳到王家去，睡一夜。我把这块的大门锁上。明天，我去找我的事。对不起曹先生！"[7]

"越说我越糊涂！"高妈叹了口气。"得啦，我走，少爷还许冻着了呢，赶紧看看去！见了先生，我就说祥子说啦，教先生快跑。今个晚上祥子锁上大门，跳到王家去睡；明天他去找事。是这么着不是？"

祥子万分惭愧的点了点头。

高妈走后，祥子锁好大门，回到屋中。破闷葫芦罐还在地上扔着，他拾起瓦块片看了看，照旧扔在地上。床上的铺盖并没有动。奇怪，到底是怎回事呢？难道孙侦探并非真的侦探？不能！曹先生要是没看出点危险来，何至于弃家逃走？不明白！不明白！他不知不觉的坐在了床沿上。刚一坐下，好似惊了似的又立起来。不能在此久停！假若那个姓孙的再回来呢？！心中极快的转了转：对不住曹先生，不过高妈带回信去教他快跑，也总算过得去了。论良心，祥子并没立意欺人，而且自己受着委屈。自己的钱先丢了，没法再管曹先生的。自言自语的，他这样一边叨唠，一边儿往起收拾铺盖。[8]

扛起铺盖，灭了灯，他奔了后院。把铺盖放下，手扒住墙头低声的叫："老程！老程！"老程是王家的车夫。没有答应，祥子下了决心，先跳过去再说。把铺盖扔过去，落在雪上，没有什么声响。他的心跳了一阵。紧跟着又爬上墙头，跳了过去。在雪地上拾起铺盖，轻轻的去找老程。他知道老程的地方。大家好像都已睡了，全院中一点声儿也没有。祥子忽然感到作贼并不是件很难的事，他放了点胆子，脚踏实地的走，雪很瓷实，发着一点点响声。[9]找到了老程的屋子，他咳嗽了一声。老程似乎是刚躺下："谁？"

"我，祥子！你开开门！"祥子说得非常的自然，柔和，好像听见了老程的声音，就像听见个亲人的安慰似的。

老程开了灯，披着件破皮袄，开了门："怎么啦？祥子！三更半夜的！"

祥子进去，把铺盖放在地上，就势儿坐在上面，又没了话。

老程有三十多岁，脸上与身上的肉都一疙瘩一块的，硬得出棱儿。平日，祥子与他并没有什么交情，不过是见面总点头说话儿。有时候，王太太与曹太太一同出去上街，他俩更有了在一处喝茶与

[7] 跳跃的语意，既表现了祥子对曹先生安危的关心，更表现了他对没完成曹先生叮嘱的内疚。

[8] 萦绕心头的打击，使祥子惶惶如惊弓之鸟，惴惴似漏网之鱼！

[9] 祥子的感受，为下文动偷窃的歪念头埋下了伏笔。

休息的机会。祥子不十分佩服老程,老程跑得很快,可是慌里慌张,而且手老拿不稳车把似的。在为人上,老程虽然怪好的,可是有了这个缺点,祥子总不能完全钦佩他。

今天,祥子觉得老程完全可爱了。坐在那儿,说不出什么来,心中可是感激,亲热。刚才,立在中海的桥上;现在,与个熟人坐在屋里;变动的急剧,使他心中发空;同时也发着些热气。[10]

老程又钻到被窝中去,指着破皮袄说:"祥子抽烟吧,兜儿里有,别野的。"别墅牌的烟自从一出世就被车夫们改为"别野"的。

祥子本不吸烟,这次好似不能拒绝,拿了支烟放在唇间吧唧着。

"怎么啦?"老程问:"辞了工?"

"没有,"祥子依旧坐在铺盖上,"出了乱子!曹先生一家子全跑啦,我也不敢独自看家!"

"什么乱子?"老程又坐起来。

"说不清呢,反正乱子不小,连高妈也走了!"

"四门大开,没人管?"

"我把大门给锁上了!"

"哼!"老程寻思了半天,"我告诉王先生一声儿去好不好?"说着,就要披衣裳。

"明天再说吧,事情简直说不清!"祥子怕王先生盘问他。

祥子说不清的那点事是这样:[11]曹先生在个大学里教几点钟功课。学校里有个叫阮明的学生,一向跟曹先生不错,时常来找他谈谈。曹先生是个社会主义者,阮明的思想更激烈,所以二人很说得来。不过,年纪与地位使他们有点小冲突,曹先生以教师的立场看,自己应当尽心的教书,而学生应当好好的交待功课,不能因为私人的感情而在成绩上马马虎虎。在阮明看呢,在这种破乱的世界里,一个有志的青年应当作些革命的事业,功课好坏可以暂且不管。他和曹先生来往,一来是为彼此还谈得来,二来是希望因为感情而可以得到够升级的分数,不论自己的考试成绩坏到什么地步。乱世的志士往往有些无赖,历史上有不少这样可原谅的例子。

到考试的时候,曹先生没有给阮明及格的分数。阮明的成绩,即使曹先生给他及格,也很富余的够上了停学。可是他特别的恨曹先生。他以为曹先生太不懂面子;面子,在中国是与革命有同等价值的。因为急于作些什么,阮明轻看学问。因为轻看学问,慢慢

[10]和遇见高妈一样,祥子在心中感激和亲近车夫老程,也是源于孙侦探的冷酷和无情。

[11]这里运用了补叙的叙述方法。其作用是为了丰富、补充前文叙述的"跟踪事件"和"敲诈事件",这不仅消除了读者心中的疑团,而且使事情的来龙去脉清晰可辨,内容完整合理。

他习惯于懒惰,想不用任何的劳力而获得大家的钦佩与爱护;无论怎说,自己的思想是前进的呀!曹先生没有给他及格的分数,分明是不了解一个有志的青年;那么,平日可就别彼此套近乎呀!既然平日交情不错,而到考试的时候使人难堪,他以为曹先生为人阴险。成绩是无可补救了,停学也无法反抗,他想在曹先生身上泄泄怒气。既然自己失了学,那么就拉个教员来陪绑。这样,既能有些事作,而且可以表现出自己的厉害。阮明不是什么好惹的!况且,若是能由这回事而打入一个新团体去,也总比没事可作强一些。[12]

他把曹先生在讲堂上所讲的,和平日与他闲谈的,那些关于政治与社会问题的话编辑了一下,到党部去告发——曹先生在青年中宣传过激的思想。

曹先生也有个耳闻,可是他觉得很好笑。他知道自己的那点社会主义是怎样的不彻底,也晓得自己那点传统的美术爱好是怎样的妨碍着激烈的行动。可笑,居然落了个革命的导师的称号![13]可笑,所以也就不大在意,虽然学生和同事都告诉他小心一些。镇定并不能——在乱世——保障安全。

寒假是肃清学校的好机会,侦探们开始忙着调查与逮捕。曹先生已有好几次觉得身后有人跟着。身后的人影使他由嬉笑改为严肃。他须想一想了:为造声誉,这是个好机会;下几天狱比放个炸弹省事,稳当,而有同样的价值。下狱是作要人的一个资格。可是,他不肯。他不肯将计就计的为自己造成虚假的名誉。凭着良心,他恨自己不能成个战士;凭着良心,他也不肯作冒牌的战士。他找了左先生去。

左先生有主意:"到必要的时候,搬到我这儿来,他们还不至于搜查我来!"左先生认识人;人比法律更有力。"你上这儿来住几天,躲避躲避。总算我们怕了他们。然后再去疏通,也许还得花上俩钱。面子足,钱到手,你再回家也就没事了。"

孙侦探知道曹先生常上左宅去,也知道一追紧了的时候他必定到左宅去。他们不敢得罪左先生,而得吓嚇就吓嚇曹先生。多咱把他赶到左宅去,他们才有拿钱的希望,而且很够面子。敲祥子,并不在侦探们的计划内,不过既然看见了祥子,带手儿的活,何必不先拾个十头八块的呢?[14]

对了,祥子是遇到"点儿"上,活该。谁都有办法,哪里都有缝

[12] 阮明这个所谓的"革命青年",纯粹是个投机分子,打着革命的招牌来谋取个人利益。在这里,他的丑恶嘴脸暴露无遗。

[13] 这么悲苦的故事中,却有这么可笑的一段插曲。

[14] 这件事看似带有偶然性,但偶然之中有必然。在弱肉强食的黑暗时代,对于祥子这样处于社会底层的劳动者,他们毫无防御意外和反抗不公平遭遇的能力,他们的社会地位决定了必然要经受一系列致命的打击。乱兵的掠夺是这样,侦探的讹诈也是如此。

子，只有祥子跑不了，因为他是个拉车的。一个拉车的吞的是粗粮，冒出来的是血；他要卖最大的力气，得最低的报酬；要立在人间的最低处，等着一切人一切法一切困苦的击打。[15]

把一支烟烧完，祥子还是想不出道理来，他像被厨子提在手中的鸡，只知道缓一口气就好，没有别的主意。他很愿意和老程谈一谈，可是没话可说，他的话不够表现他的心思的，他领略了一切苦处，他的口张不开，像个哑巴。买车，车丢了；省钱，钱丢了；自己一切的努力只为别人来欺侮！谁也不敢招惹，连条野狗都得躲着，临完还是被人欺侮得出不来气！

先不用想过去的事吧，明天怎样吧？曹宅是不能再回去，上哪里去呢？"我在这儿睡一夜，行吧？"他问了句，好像条野狗找到了个避风的角落，暂且先忍一会儿；不过就是这点事也得要看明白了，看看妨碍别人与否。

"你就在这儿吧，冰天雪地的上哪儿去？地上行吗？上来挤挤也行呀！"

祥子不肯上去挤，地上就很好。

老程睡去，祥子来回的翻腾，始终睡不着。地上的凉气一会儿便把褥子冰得像一张铁，他蜷着腿，腿肚子似乎还要转筋。门缝子进来的凉风，像一群小针似的往头上刺。他狠狠的闭着眼，蒙上了头，睡不着。听着老程的呼声，他心中急躁，恨不能立起来打老程一顿才痛快。越来越冷，冻得嗓子中发痒，又怕把老程咳嗽醒了。

睡不着，他真想偷偷的起来，到曹宅再看看。反正事情是吹了，院中又没有人，何不去拿几件东西呢？自己那么不容易省下的几个钱，被人抢去，为曹宅的事而被人抢去，为什么不可以去偷些东西呢。为曹宅的事丢了钱，再由曹宅给赔上，不是正合适？这么一想，他的眼亮起来，登时忘记了冷；走哇！那么不容易得到的钱，丢了，再这么容易得得回来，走！[16]

已经坐起来，又急忙的躺下去，好像老程看着他呢！心中跳了起来。不，不能当贼，不能！刚才为自己脱干净，没去作到曹先生所嘱咐的，已经对不起人；怎能再去偷他呢？不能去！穷死，不偷！

怎知道别人不去偷呢？那个姓孙的拿走些东西又有谁知道呢？他又坐了起来。远处有个狗叫了几声。他又躺下去。还是不能去，别人去偷，偷吧，自己的良心无愧。自己穷到这样，不能再教心上多个黑点儿！[17]

[15] 笔调悲愤，直抒胸臆，既表达了祥子对不平等社会的控诉、痛斥，又展示了作者鲜明的爱憎，同时深化了小说的主题。

[16] 祥子想通过偷窃曹宅来弥补自己的损失。

[17] 良心和自律又不允许祥子去干偷这种对不起人的事。

十二

再说，高妈知道他到王家来，要是夜间丢了东西，是他也得是他，不是他也得是他！他不但不肯去偷了，而且怕别人进去了。真要是在这一夜里丢了东西，自己跳到黄河里也洗不清！他不冷了，手心上反倒见了点汗。怎办呢？跳回宅里去看着？不敢。自己的命是使钱换出来的，不能再自投罗网。不去，万一丢了东西呢？[18]

想不出主意。他又坐起来，弓着腿坐着，头几乎挨着了膝。头很沉，眼也要闭上，可是不敢睡。夜是那么长，只没有祥子闭一闭眼的时间。

坐了不知多久，主意不知换了多少个。他忽然心中一亮，伸手去推老程："老程！老程！醒醒！"[19]

"干吗？"老程非常的不愿睁开眼："撒尿，床底下有夜壶。"

"你醒醒！开开灯！"

"有贼是怎着？"老程迷迷糊糊的坐起来。

"你醒明白了？"

"嗯！"

"老程，你看看！这是我的铺盖，这是我的衣裳，这是曹先生给的五块钱；没有别的了？"

"没了；干吗？"老程打了个哈欠。

"你醒明白了？我的东西就是这些，我没拿曹家一草一木？"

"没有！咱哥儿们，久吃宅门的，手儿粘赘还行吗？干得着，干；干不着，不干；不能拿人家东西！就是这个事呀？"

"你看明白了？"[20]

老程笑了："没错儿！我说，你不冷呀？"

"行！"

[18] 从祥子前后的心理变化来看，他是一个善良、朴实、有志气、有责任心的人。

[19] 祥子急中生智，找老程为自己的清白作证。

[20] 连续三次的追问——"你醒明白了？""你醒明白了？""你看明白了？"，表现了祥子力证清白的急切。

1. 孙侦探事件对祥子产生了何种影响？
2. 如何理解阮明的形象？
3. 祥子为什么最终没有去偷曹家的东西？

十三

　　因有雪光,天仿佛亮得早了些。快到年底,不少人家买来鸡喂着,鸡的鸣声比往日多了几倍。处处鸡啼,大有些丰年瑞雪的景况。[1]祥子可是一夜没睡好。到后半夜,他忍了几个盹儿,迷迷糊糊的,似睡不睡的,像浮在水上那样忽起忽落,心中不安。越睡越冷,听到了四外的鸡叫,他实在撑不住了。不愿惊动老程,他蜷着腿,用被子堵上嘴咳嗽,还不敢起来。忍着,等着,心中非常的焦躁。好容易等到天亮,街上有了大车的轮声与赶车人的呼叱,他坐了起来。坐着也是冷,他立起来,系好了纽扣,开开一点门缝向外看了看。雪并没有多么厚,大概在半夜里就不下了;天似乎已晴,可是灰漉漉的看不甚清,连雪上也有一层很淡的灰影似的。一眼,他看到昨夜自己留下的大脚印,虽然又被雪埋上,可是一坑坑的还看得很真。[2]

　　一来为有点事作,二来是消灭痕迹,他一声没出,在屋角摸着把笤帚,去扫雪。雪沉,不甚好扫,一时又找不到大的竹帚,他把腰弯得很低,用力去刮搂;上层的扫去,贴地的还留下一些雪粒,好像已抓住了地皮。直了两回腰,他把整个的外院全扫完,把雪都堆在两株小柳树的底下。他身上见了点汗,暖和,也轻松了一些。跺了跺脚,他吐了口长气,很长很白。

　　进屋,把笤帚放在原处,他想往起收拾铺盖。老程醒了,打了个哈欠,口还没并好,就手就说了话:"不早啦吧?"说得音调非常的复杂。说完,擦了擦泪,顺手向皮袄袋里摸出支烟来。吸了两口烟,他完全醒明白了。"祥子,你先别走! 等我去打点开水,咱们热热的来壶茶喝。这一夜横是够你受的!"

　　"我去吧?"祥子也递个和气。但是,刚一说出,他便想起昨夜的恐怖,心中忽然堵成了一团。

　　"不;我去! 我还得请请你呢!"说着,老程极快的穿上衣裳,纽扣通体没扣,只将破皮袄上拢了根搭包,叼着烟卷跑出去:"喝! 院子都扫完了? 你真成! 请请你!"

　　祥子稍微痛快了些。

　　待了会儿,老程回来了,端着两大碗甜浆粥,和不知多少马蹄

[1]通过别人的欢乐来反衬祥子的落魄。

[2]景物描写,既承接上一章的景和事,又开启下文的扫雪情节。

烧饼与小焦油炸鬼。"没沏茶,先喝点粥吧,来,吃吧;不够,再去买;没钱,咱赊得出来;干苦活儿,就是别缺着嘴,来!"[3]

天完全亮了,屋中冷清清的明亮,二人抱着碗喝起来,声响很大而甜美。谁也没说话,一气把烧饼油鬼吃净。

"怎样?"老程剔着牙上的一个芝麻。

"该走了!"祥子看着地上的铺盖卷。

"你说说,我到底还没明白是怎回子事!"老程递给祥子一支烟,祥子摇了摇头。

想了想,祥子不好意思不都告诉给老程了。结结巴巴的,他把昨夜晚的事说了一遍,虽然很费力,可是说得不算不完全。

老程撇了半天嘴,似乎想过点味儿来。"依我看哪,你还是找曹先生去。事情不能就这么搁下,钱也不能就这么丢了!你刚才不是说,曹先生嘱咐了你,教你看事不好就跑?那么,你一下车就教侦探给堵住,怪谁呢?不是你不忠心哪,是事儿来得太邪,你没法儿不先顾自己的命!教我看,这没有什么对不起人的地方。你去,找曹先生去,把前后的事一五一十都对他实说,我想,他必不能怪你,碰巧还许赔上你的钱!你走吧,把铺盖放在这儿,早早的找他去。天短,一出太阳就得八点,赶紧走你的!"

祥子活了心,还有点觉得对不起曹先生,可是老程说得也很近情理——侦探拿枪堵住自己,怎能还顾得曹家的事呢?

"走吧!"老程又催了句。"我看昨个晚上你是有点绕住了;遇上急事,谁也保不住迷头。我现在给你出的道儿准保不错,我比你岁数大点,总多经过些事儿。走吧,这不是出了太阳?"

朝阳的一点光,借着雪,已照明了全城。蓝的天,白的雪,天上有光,雪上有光,蓝白之间闪起一片金花,使人痛快得睁不开眼![4]祥子刚要走,有人敲门。老程出去看,在门洞儿里叫:"祥子!找你的!"

左宅的王二,鼻子冻得滴着清水,在门洞儿里跺去脚上的雪。老程见祥子出来,让了句:"都里边坐!"三个人一同来到屋中。

"那什么,"王二搓着手说,"我来看房,怎么进去呀,大门锁着呢。那什么,雪后寒,真冷!那什么,曹先生,曹太太,都一清早就走了;上天津,也许是上海,我说不清。左先生嘱咐我来看房。那什么,可真冷!"

祥子忽然的想哭一场!刚要依着老程的劝告,去找曹先生,曹先生却走了。愣了半天,他问了句:"曹先生没说我什么?"

[3] 老程的敦厚、友善、热情,尽现于他淳朴的话语之中。

[4] 老程的劝告,让祥子对生活又燃起了希望。美丽的景色,烘托了祥子愉悦的心情。

[5] 被祥子视为救星的曹先生自顾不暇,放弃了祥子,祥子没有其他出路,只剩下虎妞指的那一条路了。

[6] 祥子信了宿命,不再要强争胜。

[7] 准确而传神的比喻,充分写出了祥子眼中的虎妞丑陋的外表。

[8] 说好腊月二十七祥子回来给刘四爷拜寿,现在祥子提前回来,对此虎妞感到满意、高兴。

[9] 哪壶不开提哪壶,刘四爷的顺口一问:"买上车没有",触动了祥子失去买车积蓄的悲苦情绪。

"那什么,没有。天还没亮,就都起来了,简直顾不得说话了。火车是,那什么,七点四十分就开!那什么,我怎么过那院去?"王二急于要过去。[5]

"跳过去!"祥子看了老程一眼,仿佛是把王二交给了老程,他拾起自己的铺盖卷来。

"你上哪儿?"老程问。

"人和厂子,没有别的地方可去!"这一句话说尽了祥子心中的委屈,羞愧,与无可奈何。他没别的办法,只好去投降!一切的路都封上了,他只能在雪白的地上去找那黑塔似的虎妞。他顾体面,要强,忠实,义气;都没一点用处,因为有条"狗"命![6]

老程接了过来:"你走你的吧。这不是当着王二,你一草一木也没动曹宅的!走吧。到这条街上来的时候,进来聊会子,也许我打听出来好事,还给你荐呢。你走后,我把王二送到那边去。有煤呀?"

"煤,劈柴,都在后院小屋里。"祥子扛起来铺盖。

街上的雪已不那么白了,马路上的被车轮轧下去,露出点冰的颜色来。土道上的,被马踏的已经黑一块白一块,怪可惜的。祥子没有想什么,只管扛着铺盖往前走。一气走到了人和车厂。他不敢站住,只要一站住,他知道就没有勇气进去。他一直的走进去,脸上热得发烫。他编好了一句话,要对虎妞说:"我来了,瞧着办吧!怎办都好,我没了法儿!"及至见了她,他把这句话在心中转了好几次,始终说不出来,他的嘴没有那么便利。

虎妞刚起来,头发髼髼着,眼泡儿浮肿着些,黑脸上起着一层小白的鸡皮疙瘩,像拔去毛的冻鸡。[7]

"哟!你回来啦!"非常的亲热,她的眼中笑得发了些光。[8]

"赁给我辆车!"祥子低着头看鞋头上未化净的一些雪。

"跟老头子说去,"她低声的说,说完向东间一努嘴。

刘四爷正在屋里喝茶呢,面前放着个大白炉子,火苗有半尺多高。见祥子进来,他半恼半笑的说:"你这小子还活着哪?!忘了我啦!算算,你有多少天没来了?事情怎样?买上车没有?"

祥子摇了摇头,心中刺着似的疼。[9]"还得给我辆车拉,四爷!"

"哼,事又吹了!好吧,自己去挑一辆!"刘四爷倒了碗茶,"来,先喝一碗。"

祥子端起碗来,立在火炉前面,大口的喝着。茶非常的烫,火非常的热,他觉得有点发困。把碗放下,刚要出来,刘四爷把他叫住了。

"等等走,你忙什么? 告诉你:你来得正好。二十七是我的生日,我还要搭个棚呢,请请客。你帮几天忙好了,先不必去拉车。他们,"刘四爷向院中指了指,"都不可靠,我不愿意教他们吊儿郎当的瞎起哄。你帮帮好了。该干什么就干,甭等我说。先去扫扫雪,晌午我请你吃火锅。"

"是了,四爷!"祥子想开了,既然又回到这里,一切就都交给刘家父女吧;他们爱怎么调动他,都好,他认了命![10]

"我说是不是?"虎姑娘拿着时候①进来了,"还是祥子,别人都差点劲儿。"

刘四爷笑了。祥子把头低得更往下了些。

"来,祥子!"虎妞往外叫他,"给你钱,先去买扫帚,要竹子的,好扫雪。得赶紧扫,今天搭棚的就来。"走到她的屋里,她一边给祥子数钱,一边低声的说:"精神着点! 讨老头子的喜欢! 咱们的事有盼望!"

祥子没言语,也没生气。他好像是死了心,什么也不想,给它个混一天是一天。[11] 有吃就吃,有喝就喝,有活儿就作,手脚不闲着,几转就是一天,自己顶好学拉磨的驴,一问三不知,只会拉着磨走。

他可也觉出来,自己无论如何也不会很高兴。虽然不肯思索,不肯说话,不肯发脾气,但是心中老堵一块什么,在工作的时候暂时忘掉,只要有会儿闲工夫,他就觉出来这块东西——绵软,可是老那么大;没有什么一定的味道,可是噎得慌,像块海绵似的。心中堵着这块东西,他强打精神去作事,为是把自己累得动也不能动,好去闷睡。把夜里的事交给梦,白天的事交给手脚,他仿佛是个能干活的死人。他扫雪,他买东西,他去定煤气灯,他刷车,他搬桌椅,他吃刘四爷的犒劳饭,他睡觉,他什么也不知道,口里没话,心里没思想,只隐隐的觉到那块海绵似的东西![12]

地上的雪扫净,房上的雪渐渐化完,棚匠"喊高儿"上了房,支起棚架子。讲好的是可着院子②的暖棚,三面挂檐,三面栏杆,三面玻璃窗户。棚里有玻璃隔扇,挂面屏,见木头就包红布。正门旁边一律挂彩子,厨房搭在后院。刘四爷,因为庆九,要热热闹闹的办回事,所以第一要搭个体面的棚。天短,棚匠只扎好了棚身,上了

---

① 拿着时候:估量着到了一个适当的时刻。
② 可着院子:与院子的面积一样大小。

[10] 此时的祥子已经没有心力再去挣扎。

[11] 是对祥子任人支配、心如死水的心态的准确概括,这与以前"雄心勃勃"的祥子相比,有天壤之别。

[12] 这句话一连用了八个"他",这种故意重复,看似啰唆,实际上加强了语势,强调祥子在无路可走的情况下,"混一天是一天"的浑浑噩噩的精神状态。

栏杆和布,棚里的花活和门上的彩子,得到第二天早晨来挂。刘四爷为这个和棚匠大发脾气,气得脸上飞红。因为这个,他派祥子去催煤气灯,厨子,千万不要误事。其实这两件绝不会误下,可是老头子不放心。祥子为这个刚跑回来,刘四爷又教他去给借麻将牌,借三四副,到日子非痛痛快快的赌一下不可。借来牌,又被派走去借留声机,作寿总得有些响声儿。祥子的腿没停住一会儿,一直跑到夜里十一点。拉惯了车,空着手儿走比跑还累得慌;末一趟回来,他,连他,也有点抬不起脚来了。

"好小子!你成!我要有你这么个儿子,少教我活几岁也是好的!歇着去吧,明天还有事呢!"[13]

[13]刘四爷确实欣赏祥子,但只是把祥子当作能干的劳动力来赏识。

虎妞在一旁,向祥子挤了挤眼。

第二天早上,棚匠来找补活。彩屏悬上,画的是"三国"里的战景,三战吕布,长坂坡,火烧连营;等等,大花脸二花脸都骑马持着刀枪。刘老头子仰着头看了一遍,觉得很满意。紧跟着家伙铺来卸家伙:棚里放八个座儿,围裙椅垫凳套全是大红绣花的。一份寿堂,放在堂屋,香炉蜡扦都是景泰蓝的,桌前放了四块红毡子。刘老头子马上教祥子去请一堂苹果,虎妞背地里掖给他两块钱,教他去叫寿桃寿面,寿桃上要一份儿八仙人,作为是祥子送的。苹果买到,马上摆好;待了不大会儿,寿桃寿面也来到,放在苹果后面,大寿桃点着红嘴,插着八仙人,非常大气。[14]

[14]寿堂的布置,表现了刘四爷对体面、排场、礼仪的讲究。

"祥子送的,看他多么有心眼!"虎妞堵着爸爸的耳根子吹嘘,刘四爷对祥子笑了笑。

寿堂正中还短着个大寿字,照例是由朋友们赠送,不必自己预备。现在还没有人送来,刘四爷性急,又要发脾气:"谁家的红白事,我都跑到前面,到我的事情上了,给我个干摆台,×他妈妈的!"

"明天二十六,才落座儿,忙什么呀?"虎妞喊着劝慰。

"我愿意一下子全摆上;这么零零碎碎的看着揪心!我说祥子,水月灯①今天就得安好,要是过四点还不来,我剐了他们!"

"祥子,你再去催!"虎妞故意倚重他,总在爸的面前喊祥子作事。[15]祥子一声不出,把话听明白就走。

[15]虎妞确实非常有心计,使出各种手段让祥子讨刘四爷欢心。

"也不是我说,老爷子,"她撇着点嘴说,"要是有儿子,不像我就得像祥子!可惜我错投了胎。那可也无法。其实有祥子这么个干儿子也不坏!看他,一天连个屁也不放,可把事都作了!"

---

① 水月灯:煤气灯。

刘四爷没答茬儿,想了想:"话匣子呢?唱唱!"[16]

不知道由哪里借来的破留声机,每一个声音都像踩了猫尾巴那么叫得钻心!刘四爷倒不在乎,只要有点声响就好。

到下午,一切都齐备了,只等次日厨子来落座儿。刘四爷各处巡视了一番,处处花红柳绿,自己点了点头。当晚,他去请了天顺煤铺的先生给管账,先生姓冯,山西人,管账最仔细。冯先生马上过来看了看,叫祥子去买两份红账本,和一张顺红笺。把红笺裁开,他写了些寿字,贴在各处。刘四爷觉得冯先生真是心细,当时要再约两手,和冯先生打几圈麻将。冯先生晓得刘四爷的厉害,没敢接碴儿。

牌没打成,刘四爷挂了点气,找来几个车夫,"开宝,你们有胆子没有?"

大家都愿意来,可是没胆子和刘四爷来,谁不知道他从前开过宝局!

"你们这群玩艺,怎么活着来的!"四爷发了脾气。"我在你们这么大岁数的时候,兜里没一个小钱也敢干,输了再说;来!"

"来铜子儿的?"一个车夫试着步儿问。

"留着你那铜子吧,刘四不哄孩子玩!"老头子一口吞了一杯茶,摸了摸秃脑袋。"算了,请我来也不来了!我说,你们去告诉大伙儿:明天落座儿,晚半天就有亲友来,四点以前都收车,不能出来进去的拉着车乱挤!明天的车份儿不要了,四点收车。白教你们拉一天车,都心里给我多念道点吉祥话儿,别没良心!后天正日子,谁也不准拉车。早八点半,先给你们摆,六大碗,俩七寸,四个便碟,一个锅子;对得起你们!都穿上大褂,谁短撅撅的进来把谁踢出去!吃完,都给我滚,我好招待亲友。亲友们吃三个海碗,六个冷荤,六个炒菜,四大碗,一个锅子。我先交待明白了,别看着眼馋。亲友是亲友;我不要你们什么。有人心的给我出十大枚的礼,我不嫌少;一个子儿不拿,干给我磕三个头,我也接着。就是得规规矩矩,明白了没有?晚上愿意还吃我,六点以后回来,剩多剩少全是你们的;早回来可不行!听明白了没有?"[17]

"明天有拉晚儿的,四爷,"一个中年的车夫问,"怎么四点就收车呢?"

"拉晚的十一点以后再回来!反正就别在棚里有人的时候乱挤!你们拉车,刘四并不和你们同行,明白?"[18]

大家都没的可说了,可是找不到个台阶走出去,立在那里又怪

[16] 刘四爷顾左右而言他,表现了他的刁钻,为下文矛盾的发展、情节的逆转埋下伏笔。

[17] 刘四爷的言语充满了对下层劳动人民的鄙视,对自己有钱有势的炫耀,对车夫们尖酸刻薄、唯我独尊的倨傲和霸道,是个典型的得势土混混。

[18] 刘四爷自认为地位高人一等,对车夫们说话用的是训斥口吻,对大家连一点儿的尊重都没有,难怪车夫们会气愤不平。

发僵;刘四爷的话使人人心中窝住一点气愤不平。虽然放一天车份是个便宜,可是谁肯白吃一顿,至少还不得出上四十铜子的礼;况且刘四的话是那么难听,仿佛他办寿,他们就得老鼠似的都藏起去。再说,正日子二十七不准大家出车,正赶上年底有买卖的时候,刘四牺牲得起一天的收入,大家陪着"泡"①一天可受不住呢!大家敢怒而不敢言的在那里立着,心中并没有给刘四爷念着吉祥话儿。

虎妞扯了祥子一下,祥子跟她走出来。

大家的怒气仿佛忽然找到了出路,都瞪着祥子的后影。这两天了,大家都觉得祥子是刘家的走狗,死命的巴结,任劳任怨的当碎催②。[19]祥子一点也不知道这个,帮助刘家作事,为是支走心中的烦恼;晚上没话和大家说,因为本来没话可说。他们不知道他的委屈,而以为他是巴结上了刘四爷,所以不屑于和他们交谈。虎妞的照应祥子,在大家心中特别的发着点酸味,想到目前的事,刘四爷不准他们在喜棚里来往,可是祥子一定可以吃一整天好的;同是拉车的,为什么有三六九等呢?[20]看,刘姑娘又把祥子叫出去!大家的眼跟着祥子,腿也想动,都搭讪着走出来。刘姑娘正和祥子在煤气灯底下说话呢,大家彼此点了点头。

[19]祥子的勤快让刘四爷满意,祥子的"听话"使虎妞欢欣,祥子的举动却引起车夫们的误解。

[20]其他车夫的妒忌,为情节的发展蒙上了一层阴影,吸引读者继续关注。

1. 祥子带着怎样的烦恼回到了人和车厂?
2. 见到祥子的虎妞为什么眼中笑得发了些光?
3. 祥子为刘四爷寿宴的埋头奔忙是出于什么样的心理?

① 泡:消磨的意思,是一种故意的行动。
② 碎催:打杂儿的。

十四

　　刘家的事办得很热闹。刘四爷很满意有这么多人来给他磕头祝寿。更足以自傲的是许多老朋友也赶着来贺喜。由这些老友,他看出自己这场事不但办得热闹,而且"改良"。那些老友的穿戴已经落伍,而四爷的皮袍马褂都是新作的。以职业说,有好几位朋友在当年都比他阔,可是现在——经过这二三十年来的变迁——已越混越低,有的已很难吃上饱饭。看着他们,再看看自己的喜棚,寿堂,画着长坂坡的挂屏,与三个海碗的席面,他觉得自己确是高出他们一头,他"改了良"。[1] 连赌钱,他都预备下麻将牌,比押宝就透着文雅了许多。

　　可是,在这个热闹的局面中,他也感觉到一点凄凉难过。过惯了独身的生活,他原想在寿日来的人不过是铺户中的掌柜与先生们,和往日交下的外场光棍。没想到会也来了些女客。虽然虎妞能替他招待,可是他忽然感到自家的孤独,没有老伴儿,只有个女儿,而且长得像个男子。假若虎妞是个男子,当然早已成了家,有了小孩,即使自己是个老鳏夫,或者也就不这么孤苦伶仃的了。是的,自己什么也不缺,只缺个儿子。自己的寿数越大,有儿子的希望便越小,祝寿本是件喜事,可是又似乎应落泪。不管自己怎样改了良,没人继续自己的事业,一切还不是白饶?[2]

　　上半天,他非常的喜欢,大家给他祝寿,他大模大样的承受,仿佛觉出自己是鳌里夺尊的一位老英雄。下半天,他的气儿塌下点去。看着女客们携来的小孩子们,他又羡慕,又忌妒,又不敢和孩子们亲近,不亲近又觉得自己别扭。他要闹脾气,又不肯登时发作,他知道自己是外场人,不能在亲友面前出丑。他愿意快快把这一天过去,不再受这个罪。

　　还有点美中不足的地方,早晨给车夫们摆饭的时节,祥子几乎和人打起来。[3]

　　八点多就开了饭,车夫们都有点不愿意。虽然昨天放了一天的车份儿,可是今天谁也没空着手来吃饭,一角也罢,四十子儿也罢,大小都有份儿礼金。平日,大家是苦汉,刘四是厂主;今天,据

[1] 与老友进行比较,表现了刘四爷对自己当前地位的得意。

[2] 没有子嗣可继承自己的事业,这是刘四爷一块巨大的心病。

[3] 在这里,作者再次使用了补叙的手法。

大家看，他们是客人，不应当受这种待遇。况且，吃完就得走，还不许拉出车去，大年底下的！

祥子准知道自己不在吃完就滚之列，可是他愿意和大家一块儿吃。一来是早吃完好去干事，二来是显着和气。和大家一齐坐下，大家把对刘四的不满意都挪到他身上来。刚一落座，就有人说了："哎，您是贵客呀，怎和我们坐在一处？"[4]祥子傻笑了一下，没有听出来话里的意味。这几天了，他自己没开口说过闲话，所以他的脑子也似乎不大管事了。

[4] 车夫们看到祥子跟刘四爷、虎妞走得近，以为祥子要上赶着做刘家的女婿，却不知道祥子心中的委屈。

大家对刘四不敢发作，只好多吃他一口吧；菜是不能添，酒可是不能有限制，喜酒！他们不约而同的想拿酒杀气。有的闷喝，有的猜开了拳；刘老头子不能拦着他们猜拳。祥子看大家喝，他不便太不随群，也就跟着喝了两盅。喝着喝着，大家的眼睛红起来，嘴不再受管辖。有的就说："祥子，骆驼，你这差事美呀！足吃一天，伺候着老爷小姐！赶明儿你不必拉车了，顶好跟包去！"祥子听出点意思来，也还没往心中去；从他一进人和厂，他就决定不再充什么英雄好汉，一切都听天由命。谁爱说什么，就说什么。他纳住了气。有的又说了："人家祥子是另走一路，咱们凭力气挣钱，人家祥子是内功！"大家全哈哈的笑起来。祥子觉出大家是"咬"他，但是那么大的委屈都受了，何必管这几句闲话呢，他还没出声。邻桌的人看出便宜来，有的伸着脖子叫："祥子，赶明儿你当了厂主，别忘了哥儿们哪！"祥子还没言语，本桌上的人又说了："说话呀，骆驼！"

祥子的脸红起来，低声说了句："我怎能当厂主？！"

"哼，你怎么不能呢，眼看着就咚咚嚓①啦！"

祥子没绕搭过来，"咚咚嚓"是什么意思，可是直觉的猜到那是指着他与虎妞的关系而言。他的脸慢慢由红而白，把以前所受过的一切委屈都一下子想起来，全堵在心上。几天的容忍缄默似乎不能再维持，像憋足了的水，遇见个出口就要激冲出去。正当这个工夫，一个车夫又指着他的脸说："祥子，我说你呢，你才真是'哑巴吃扁食——心里有数儿'呢。是不是，你自己说，祥子？祥子？"[5]

[5] "城门失火，殃及池鱼"，车夫们把对刘四爷的不满纷纷发泄到祥子身上。

祥子猛的立了起来，脸上煞白，对着那个人问："出去说，你敢不敢？"

---

① 咚咚嚓：娶亲时鼓乐声，隐喻娶亲。

大家全愣住了。他们确是有心"咬"他,撒些闲盘儿,可是并没预备打架。

忽然一静,像林中的啼鸟忽然看见一只老鹰。[6]祥子独自立在那里,比别人都高着许多,他觉出自己的孤立。但是气在心头,他仿佛也深信就是他们大家都动手,也不是他的对手。他钉了一句:"有敢出去的没有?"

大家忽然想过味儿来,几乎是一齐的:"得了,祥子,逗着你玩呢!"

刘四爷看见了:"坐下,祥子!"然后向大家,"别瞧谁老实就欺侮谁,招急了我把你们全踢出去!快吃!"

祥子离了席。大家用眼梢儿撩着刘老头子,都拿起饭来。不大一会儿,又喊喊喳喳的说起来,像危险已过的林鸟,又轻轻的啾啾。

祥子在门口蹲了半天,等着他们。假若他们之中有敢再说闲话的,揍!自己什么都没了,给它个不论秧子吧!

可是大家三五成群的出来,并没再找寻他。虽然没打成,他到底多少出了点气。继而一想,今天这一举,可是得罪了许多人。平日,自己本来就没有知己的朋友,所以才有苦无处去诉;怎能再得罪人呢?他有点后悔。刚吃下去的那点东西在胃中横着,有点发痛。他立起来,管它呢,人家那三天两头打架闹饥荒的不也活得怪有趣吗?老实规矩就一定有好处吗?这么一想,他心中给自己另画出一条路来,在这条路上的祥子,与以前他所希望的完全不同了。这是个见人就交朋友,而处处占便宜,喝别人的茶,吸别人的烟,借了钱不还,见汽车不躲,是个地方就撒尿,成天际和巡警们耍骨头,拉到"区"里去住两三天不算什么。[7]是的,这样的车夫也活着,也快乐,至少是比祥子快乐。好吧,老实,规矩,要强,既然都没用,变成这样的无赖也不错。不但是不错,祥子想,而且是有些英雄好汉的气概,天不怕,地不怕,绝对不低着头吃哑巴亏。对了!应当这么办!坏嘎嘎是好人削成的。

反倒有点后悔,这一架没能打成。好在不忙,从今以后,对谁也不再低头。

刘四爷的眼里不揉沙子。[8]把前前后后所闻所见的都搁在一处,他心中已明白了八九成。这几天了,姑娘特别的听话,哼,因

[6] 用比喻的修辞手法,形象地写出了车夫们惹怒祥子之后的紧张心理。

[7] 与车夫的矛盾,诱发了祥子自暴自弃的想法,祥子的思想在这里发生了根本性的改变。

[8] 刘四爷从众车夫对祥子的奚落以及祥子的愤怒中察觉到虎妞与祥子之间的关系。

为祥子回来了！看她的眼,老跟着他。老头子把这点事存在心里,就更觉得凄凉难过。想想看吧,本来就没有儿子,不能火火炽炽的凑起个家庭来；姑娘再跟人一走！自己一辈子算是白费了心机！祥子的确不错,但是提到儿婿两当,还差得多呢；一个臭拉车的！[9]自己奔波了一辈子,打过群架,跪过铁索,临完教个乡下脑袋连女儿带产业全搬了走？没那个便宜事！就是有,也甭想由刘四这儿得到！刘四自幼便是放屁崩坑儿的人！

[9]"臭"不仅指拉车流汗产生的难闻气味,更在于拉车的人地位低微,在于其不名一文,在于以他刘四爷看来是想侵吞他的家产——"教个乡下脑袋连女儿带产业全搬了走",这等于是要了他这条老命。

下午三四点钟还来了些拜寿的,老头子已觉得索然无味,客人越称赞他硬朗有造化,他越觉得没什么意思。

到了掌灯以后,客人陆续的散去,只有十几位住得近的和交情深的还没走,凑起麻将来。看着院内的空棚,被水月灯照得发青,和撤去围裙的桌子,老头子觉得空寂无聊,仿佛看到自己死了的时候也不过就是这样,不过是把喜棚改作白棚而已,棺材前没有儿孙们穿孝跪灵,只有些不相干的人们打麻将守夜！他真想把现在未走的客人们赶出去；乘着自己有口活气,应当发发威！可是,到底不好意思拿朋友杀气。怒气便拐了弯儿,越看姑娘越不顺眼。祥子在棚里坐着呢,人模狗样的,脸上的疤被灯光照得像块玉石。老头子怎看这一对儿,怎别扭！

虎姑娘一向野调无腔惯了,今天头上脚下都打扮着,而且得装模作样的应酬客人,既为讨大家的称赞,也为在祥子面前露一手儿。上半天倒觉得这怪有个意思,赶到过午,因有点疲乏,就觉出讨厌,也颇想找谁叫骂一场。到了晚上,她连半点耐性也没有了,眉毛自己较着劲,老直立着。[10]

[10]活现出虎妞的浑身不自在,她和祥子理想中清清白白、规规矩矩的姑娘相差甚远。

七点多钟了,刘四爷有点发困,可是不服老,还不肯去睡。大家请他加入打几圈儿牌,他不肯说精神来不及,而说打牌不痛快,押宝或牌九才合他的脾味。大家不愿中途改变,他只好在一旁坐着。为打起点精神,他还要再喝几盅,口口声声说自己没吃饱,而且抱怨厨子赚钱太多了,菜并不丰满。由这一点上说起,他把白天所觉到的满意之处,全盘推翻:棚,家伙座儿①,厨子,和其他的一切都不值那么些钱,都捉了他的大头,都冤枉！

管账的冯先生,这时候,已把账杀好:进了二十五条寿幛,三堂

---

① 家伙座儿:成套的桌椅食具。

寿桃寿面,一坛儿寿酒,两对寿烛,和二十来块钱的礼金。号数不少,可是多数的是给四十铜子或一毛大洋。

　　听到这个报告,刘四爷更火啦。早知道这样,就应该预备"炒菜面"!三个海碗的席吃着,就出一毛钱的人情?这简直是拿老头子当冤大脑袋!从此再也不办事,不能赔这份窝囊钱!不用说,大家连亲带友,全想白吃他一口;六十九岁的人了,反倒聪明一世,糊涂一时,教一群猴儿王八蛋给吃了!老头子越想越气,连白天所感到的满意也算成了自己的糊涂;心里这么想,嘴里就念叨着,带着许多街面上已不通行的咒骂。[11]

　　朋友们还没走净,虎妞为顾全大家的面子,想拦拦父亲的撒野。可是,一看大家都注意手中的牌,似乎并没理会老头子叨唠什么,她不便于开口,省得反把事儿弄明了。由他叨唠去吧,都给他个装聋,也就过去了。

　　哪知道,老头子说着说着绕到她身上来。她决定不吃这一套!他办寿,她跟着忙乱了好几天,反倒没落出好儿来,她不能容让!六十九,七十九也不行,也得讲理!她马上还了回去:

　　"你自己要花钱办事,碍着我什么啦?"

　　老头子遇到了反攻,精神猛然一振。"碍着你什么了?简直的就跟你!你当我的眼睛不管闲事哪?"[12]

　　"你看见什么啦?我受了一天的累,临完拿我杀气呀,先等等!说吧,你看见了什么?"虎姑娘的疲乏也解了,嘴非常的灵便。[13]

　　"你甭看着我办事,你眼儿热!看见?我早就全看见了,哼!"

　　"我干吗眼儿热呀?!"她摇晃着头说。"你到底看见了什么?"

　　"那不是?!"刘四往棚里一指——祥子正弯着腰扫地呢。

　　"他呀?"虎妞心里哆嗦了一下,没想到老头的眼睛会这么尖。"哼!他怎样?"

　　"不用揣着明白的,说糊涂的!"老头子立了起来。"要他没我,要我没他,干脆的告诉你得了。我是你爸爸!我应当管!"[14]

　　虎妞没想到事情破的这么快,自己的计划才使了不到一半,而老头子已经点破了题!怎办呢?她的脸红起来,黑红,加上半残的粉,与青亮的灯光,好像一块煮老了的猪肝,颜色复杂而难看。[15]她有点疲乏;被这一激,又发着肝火,想不出主意,心中很乱。她不能就这么窝回去,心中乱也得马上有办法。顶不妥当的主意也比

[11] 刘四爷因无子嗣燃起的怒火,终因"人情"少而发泄出来。

[12] 祥子和其他车夫之间的、刘四爷和祥子之间的、刘四爷和虎妞之间的,还有刘四爷心理上的自我矛盾等,这些矛盾促使情节向意想不到的方向发展——刘四爷和虎妞产生了一场激烈的争吵。

[13] 父女俩拿吵架当作解乏的好方法,可见刘家的素养。

[14] 祥子不是争吵的一方,却是矛盾的焦点。

[15] 运用比喻的修辞手法,形象地描绘出了虎妞被刘四爷揭穿秘密时的脸色,表现了她羞愧、恼怒的心理。

没主意好,她向来不在任何人面前服软!好吧,爽性来干脆的吧,好坏都凭这一锤子了!

"今儿个都说清了也好,就打算是这么笔账儿吧,你怎样呢?我倒要听听!这可是你自己找病,别说我有心气你!"

打牌的人们似乎听见他们父女吵嘴,可是舍不得分心看别的,为抵抗他们的声音,大家把牌更摔得响了一些,而且嘴里叫唤着红的,碰……

祥子把事儿已听明白,照旧低着头扫地,他心中有了底;说翻了,揍!

"你简直的是气我吗!"老头子的眼已瞪得极圆。"把我气死,你好去倒贴儿?甭打算,我还得活些年呢!"

"甭摆闲盘,你怎办吧?"虎妞心里噗通,嘴里可很硬。

"我怎办?不是说过了,有他没我,有我没他!我不能都便宜了个臭拉车的!"

祥子把笤帚扔了,直起腰来,看准了刘四,问:"说谁呢?"

刘四狂笑起来:"哈哈,你这小子要造反吗?说你哪,说谁!你给我马上滚!看着你不错,赏你脸,你敢在太岁头上动土,我是干什么的,你也不打听打听!滚!永远别再教我瞧见你,上他妈的这儿找便宜来啦,啊?"

老头子的声音过大了,招出几个车夫来看热闹。打牌的人们以为刘四爷又和个车夫吵闹,依旧不肯抬头看看。[16]

祥子没有个便利的嘴,想要说的话很多,可是一句也不到舌头上来。他呆呆的立在那里,直着脖子咽唾沫。

"给我滚!快滚!上这儿来找便宜?我往外掏坏的时候还没有你呢,哼!"老头子有点纯为唬吓祥子而唬吓了,他心中恨祥子并不像恨女儿那么厉害,就是生着气还觉得祥子的确是个老实人。

"好了,我走!"祥子没话可说,只好赶紧离开这里;无论如何,斗嘴他是斗不过他们的。

车夫们本来是看热闹,看见刘四爷骂祥子,大家还记着早晨那一场,觉得很痛快。及至听到老头子往外赶祥子,他们又向着他了——祥子受了那么多的累,过河拆桥,老头子翻脸不认人,他们替祥子不平。[17] 有的赶过来问:"怎么了,祥子?"祥子摇了摇头。

"祥子你等等走!"虎妞心中打了个闪似的,看清楚:自己的计

[16] 对争吵并不关注反映了客人们前来参加刘四爷的寿宴,并不是诚心前来祝贺,而是为了场面上的客套和找乐。

[17] 反映了车夫们本质的善良和同情弱者的心理。

划是没多大用处了,急不如快,得赶紧抓住祥子,别鸡也飞蛋也打了![18]"咱们俩的事,一条绳拴着俩蚂蚱,谁也跑不了!你等等,等我说明白了!"她转过头来,冲着老头子:"干脆说了吧,我已经有了,祥子的!他上哪儿我也上哪儿!你是把我给他呢?还是把我们俩一齐赶出去?听你一句话?"

虎妞没想到事情来得这么快,把最后的一招这么早就拿出来。刘四爷更没想到事情会弄到了这步天地。但是,事已至此,他不能服软,特别是在大家面前。"你真有脸往外说,我这个老脸都替你发烧!"他打了自己个嘴巴。"呸!好不要脸!"

打牌的人们把手停住了,觉出点不大是味来,可是糊里糊涂,不知是怎回事,搭不上嘴;有的立起来,有的呆呆的看着自己的牌。

话都说出来,虎妞反倒痛快了:"我不要脸?别教我往外说你的事儿,你什么屎没拉过?我这才是头一回,还都是你的错儿:男大当娶,女大当聘,你六十九了,白活!这不是当着大众,"她向四下里一指,"咱们弄清楚了顶好,心明眼亮!就着这个喜棚,你再办一通儿事得了!"

"我?"刘四爷的脸由红而白,把当年的光棍劲儿全拿了出来:"我放把火把棚烧了,也不能给你用!"

"好!"虎妞的嘴唇哆嗦上了,声音非常的难听,"我卷起铺盖一走,你给我多少钱?"

"钱是我的,我爱给谁才给!"老头子听女儿说要走,心中有些难过,但是为斗这口气,他狠了心。[19]

"你的钱?我帮你这些年了;没我,你想想,你的钱要不都填给野娘们才怪,咱们凭良心吧!"她的眼又找到祥子,"你说吧!"

祥子直挺挺的立在那里,没有一句话可说。[20]

[18]虎妞的精心策划,在刘四爷的精明、老辣面前,毫无用途。

[19]刘四爷与女儿的关系是金钱关系。为了钱,耽误女儿青春;为了钱,断绝父女关系。

[20]形象地描写出祥子老实、木讷的性格。

1. 刘四爷情绪的低落表现出他的何种思想?
2. 刘四爷是怎么察觉到虎妞与祥子之间的关系的?
3. 虎妞立刻决定把自己和祥子的事情公开是出于什么心理?

十五

[1]祥子现在还不是无赖,也做不出无赖的勾当。

讲动武,祥子不能打个老人,也不能打个姑娘。他的力量没地方用。耍无赖,只能想想,耍不出。[1]论虎妞这个人,他满可以跺脚一跑。为目前这一场,她既然和父亲闹翻,而且愿意跟他走;骨子里的事没人晓得,表面上她是为祥子而牺牲;当着大家面前,他没法不拿出点英雄气儿来。他没话可说,只能立在那里,等个水落石出;至少他得作到这个,才能像个男子汉。

[2]场面描写,形象地写出了刘四爷父女吵架后人们的尴尬。

刘家父女只剩了彼此瞪着,已无话可讲;祥子是闭口无言。车夫们,不管向着谁吧,似乎很难插嘴。打牌的人们不能不说话了,静默得已经很难堪。[2]不过,大家只能浮面皮的敷衍几句,劝双方不必太挂火,慢慢的说,事情没有过不去的。他们只能说这些,不能解决什么,也不想解决什么。见两方面都不肯让步,那么,清官难断家务事,有机会便溜了吧。

没等大家都溜净,虎姑娘抓住了天顺煤厂的冯先生:"冯先生,你们铺子里不是有地方吗?先让祥子住两天。我们的事说办就快,不能长占住你们的地方。祥子你跟冯先生去,明天见,商量商量咱们的事。告诉你,我出回门子,还是非坐花轿不出这个门!冯先生,我可把他交给你了,明天跟你要人!"

冯先生直吸气,不愿负这个责任。祥子急于离开这里,说了句:"我跑不了!"

虎姑娘瞪了老头子一眼,回到自己屋中,齉磔①着嗓子哭起来,把屋门从里面锁上。

冯先生们把刘四爷也劝进去,老头子把外场劲儿又拿出来,请大家别走,还得喝几盅:"诸位放心,从此她是她,我是我,再也不吵嘴。走她的,只当我没有过这么个丫头。我外场一辈子,脸教她给丢尽!倒退二十年,我把他们俩全活劈了!现在,随她去;打算跟

---

① 齉磔:尖声。

我要一个小铜钱,万难!一个子儿不给!不给!看她怎么活着!教她尝尝,她就晓得了,到底是爸爸好,还是野汉子好!别走,再喝一盅!"[3]

大家敷衍了几句,都急于躲避是非。

祥子上了天顺煤厂。

事情果然办得很快。虎妞在毛家湾一个大杂院里租到两间小北房;马上找了裱糊匠糊得四白落地;求冯先生给写了几个喜字,贴在屋中。屋子糊好,她去讲轿子:一乘满天星的轿子,十六个响器,不要金灯,不要执事。一切讲好,她自己赶了身红绸子的上轿衣;在年前赶得,省得不过破五就动针。喜日定的是大年初六,既是好日子,又不用忌门。她自己把这一切都办好,告诉祥子去从头至脚都得买新的:"一辈子就这么一回!"

祥子手中只有五块钱!

虎妞又瞪了眼:"怎么?我交给你那三十多块呢?"

祥子没法不说实话了,把曹宅的事都告诉了她。她眨巴着眼似信似疑的:"好吧,我没工夫跟你吵嘴,咱们各凭良心吧!给你这十五块吧!你要是到日子不打扮得像个新人,你可提防着!"

初六,虎妞坐上了花轿。没和父亲过一句话,没有弟兄的护送,没有亲友的祝贺;只有那些锣鼓在新年后的街上响得很热闹,花轿稳稳的走过西安门,西四牌楼,也惹起穿着新衣的人们——特别是铺户中的伙计——一些羡慕,一些感触。[4]

祥子穿着由天桥买来的新衣,红着脸,戴着三角钱一顶的缎小帽。他仿佛忘了自己,而傻傻乎乎的看着一切,听着一切,连自己好似也不认识了。他由一个煤铺迁入裱糊得雪白的新房,不知道是怎回事:以前的事正如煤厂里,一堆堆都是黑的;现在茫然的进到新房,白得闪眼,贴着几个血红的喜字。他觉到一种嘲弄,一种白的,渺茫的,闷气。[5]屋里,摆着虎妞原有的桌椅与床;火炉与菜案却是新的;屋角里插着把五色鸡毛的掸子。他认识那些桌椅,可是对火炉,菜案,与鸡毛掸子,又觉得生疏。新旧的器物合在一处,使他想起过去,又担心将来。一切任人摆布,他自己既像个旧的,又像是个新的,一个什么摆设,什么奇怪的东西;他不认识了自己。他想不起哭,他想不起笑,他的大手大脚在这小而暖的屋中活动

[3] 刘四爷自觉在刚才的争吵中把脸面丢尽了,所以在这里给自己打圆场。

[4] 宾客的冷清与锣鼓的喧嚣形成鲜明的对比。

[5] 祥子的可悲之处在于他得不到自己想要的,又拒绝不了自己所厌恶的。

[6]"像小木笼里一只大兔子",形象地写出了大手大脚的祥子在小屋中活动的不自在,也预示了他今后行动的不自由。

[7]与虎妞结婚,是祥子妥协和悲剧的转折。

[8]用欺骗换来的婚姻,怎么能不让祥子更加地厌恶虎妞呢?

[9]"被猫叼住的一个小鼠",这一比喻形象地道出了祥子与虎妞之间的关系。

着,像小木笼里一只大兔子,眼睛红红的看着外边,看着里边,空有能飞跑的腿,跑不出去![6]虎妞穿着红袄,脸上抹着白粉与胭脂,眼睛溜着他。他不敢正眼看她。她也是既旧又新的一个什么奇怪的东西,是姑娘,也是娘们;像女的,又像男的;像人,又像什么凶恶的走兽!这个走兽,穿着红袄,已经捉到他,还预备着细细的收拾他。谁都能收拾他,这个走兽特别的厉害,要一刻不离的守着他,向他瞪眼,向他发笑,而且能紧紧的抱住他,把他所有的力量吸尽。他没法脱逃。他摘了那顶缎小帽,呆呆的看着帽上的红结子,直到看得眼花——一转脸,墙上全是一颗颗的红点,飞旋着,跳动着,中间有一块更大的,红的,脸上发着丑笑的虎妞![7]

婚夕,祥子才明白:虎妞并没有怀了孕。像变戏法的,她解释给他听:"要不这么冤你一下,你怎会死心踏地的点头呢!我在裤腰上塞了个枕头!哈哈,哈哈!"[8]她笑得流出泪来:"你个傻东西!甭提了,反正我对得起你;你是怎个人,我是怎个人?我愣和爸爸吵了,跟着你来,你还不谢天谢地?"

第二天,祥子很早就出去了。多数的铺户已经开了市,可是还有些家关着门。门上的春联依然红艳,黄的挂钱却有被风吹碎了的。街上很冷静,洋车可不少,车夫们也好似比往日精神了一些,差不离的都穿着双新鞋,车背后还有贴着块红纸儿的。祥子很羡慕这些车夫,觉得他们倒有点过年的样子,而自己是在个葫芦里憋闷了这好几天;他们都安分守己的混着,而他没有一点营生,在大街上闲晃。他不安于游手好闲,可是打算想明天的事,就得去和虎妞——他的老婆商议;他是在老婆——这么个老婆!——手里讨饭吃。空长了那么高的身量,空有那么大的力气,没用。他第一得先伺候老婆,那个红袄虎牙的东西;吸人精血的东西;他已不是人,而只是一块肉。他没了自己,只在她的牙中挣扎着,像被猫叼住的一个小鼠。[9]他不想跟她去商议,他得走;想好了主意,给她个不辞而别。这没有什么对不起人的地方,她是会拿枕头和他变戏法的女怪!他窝心,他不但想把那身新衣扯碎,也想把自己从内到外放在清水里洗一回,他觉得浑身都粘着些不洁净的,使人恶心的什么东西,教他从心里厌烦。他愿永远不再见她的面!

上哪里去呢?他没有目的地。平日拉车,他的腿随着别人的嘴走；今天，他的腿自由了，心中茫然。顺着西四牌楼一直往南，他出了宣武门；道是那么直，他的心更不会拐弯。出了城门，还往南，他看见个澡堂子。他决定去洗个澡。

脱得光光的，看着自己的肢体，他觉得非常的羞愧。下到池子里去，热水把全身烫得有些发木，他闭上了眼，身上麻麻酥酥的仿佛往外放射着一些积存的污浊。他几乎不敢去摸自己，心中空空的，头上流下大汗珠来。一直到呼吸已有些急促，他才懒懒的爬上来，浑身通红，像个初生下来的婴儿。他似乎不敢就那么走出来，围上条大毛巾，他还觉得自己丑陋；虽然汗珠啪嗒啪嗒的往下落，他还觉得自己不干净——心中那点污秽仿佛永远也洗不掉：在刘四爷眼中，在一切知道他的人眼中，他永远是个偷娘们的人！[10]

汗还没完全落下去，他急忙的穿上衣服，跑了出来。他怕大家看他的赤身！出了澡堂，被凉风一飕，他觉出身上的轻松。街上也比刚才热闹的多了。响晴的天空，给人人脸上一些光华。祥子的心还是揪揪着，不知上哪里去好。往南，往东，再往南，他奔了天桥去。新年后，九点多钟，铺户的徒弟们就已吃完早饭，来到此地。各色的货摊，各样卖艺的场子，都很早的摆好占好。祥子来到，此处已经围上一圈圈的人，里边打着锣鼓。他没心去看任何玩艺，他已经不会笑。

平日，这里说相声的，耍狗熊的，变戏法的，数来宝的，唱秧歌的，说鼓书的，练把式的，都能供给他一些真的快乐，使他张开大嘴去笑。他舍不得北平，天桥得算一半儿原因。每逢望到天桥的席棚，与那一圈一圈儿的人，他便想起许多可笑可爱的事。现在他懒得往前挤，天桥的笑声里已经没了他的份儿。[11]他躲开人群，向清静的地方走，又觉得舍不得！不，他不能离开这个热闹可爱的地方，不能离开天桥，不能离开北平。走？无路可走！他还是得回去跟她——跟她！——去商议。他不能走，也不能闲着，他得退一步想，正如一切人到了无可如何的时候都得退一步想。什么委屈都受过了，何必单在这一点上较真儿呢？他没法矫正过去的一切，那么只好顺着路儿往下走吧。

他站定了，听着那杂乱的人声，锣鼓响；看着那来来往往的人，车马，忽然想起那两间小屋。耳中的声音似乎没有了，眼前的人物

[10]祥子是不甘愿被人指责，在责任心的驱使下才与虎妞成亲的，世俗的眼光却把这件事定位于金钱所使，这是让祥子不能容忍的对他的人格侮辱。

[11]今昔截然不同的心态对比，有力地体现出祥子此时的心灰意冷、了无情趣。

似乎不见了,只有那两间白,暖,贴着红喜字的小屋,方方正正的立在面前。虽然只住过一夜,但是非常的熟悉亲密,就是那个穿红袄的娘们仿佛也并不是随便就可以舍弃的。立在天桥,他什么也没有,什么也不是;在那两间小屋里,他有了一切。回去,只有回去才能有办法。明天的一切都在那小屋里。羞愧,怕事,难过,都没用;打算活着,得找有办法的地方去。

他一气走回来,进了屋门,大概也就刚交十一点钟。虎妞已把午饭作好:馏的馒头,熬白菜加肉丸子,一碟虎皮冻,一碟酱萝卜。别的都已摆好,只有白菜还在火上煨着,发出些极美的香味。她已把红袄脱去,又穿上平日的棉裤棉袄,头上可是戴着一小朵绒作的红花,花上还有个小金纸的元宝。[12]祥子看了她一眼,她不像个新妇。她的一举一动都像个多年的媳妇,麻利,老到,还带着点自得的劲儿。虽然不像个新妇,可是到底使他觉出一点新的什么来;她作饭,收拾屋子;屋子里那点香味,暖气,都是他所未曾经验过的。不管她怎样,他觉得自己是有了家。一个家总有它的可爱处。他不知怎样好了。[13]

"上哪儿啦?你!"她一边去盛白菜,一边问。

"洗澡去了。"他把长袍脱下来。

"啊!以后出去,言语一声!别这么大咧咧的甩手一走!"

他没言语。

"会哼一声不会?不会,我教给你!"

他哼了一声,没法子!他知道娶来一位母夜叉,可是这个夜叉会作饭,会收拾屋子,会骂他也会帮助他,教他怎样也不是味儿![14]他吃开了馒头。饭食的确是比平日的可口,热火;可是吃着不香,嘴里嚼着,心里觉不出平日狼吞虎咽的那种痛快,他吃不出汗来。[15]

吃完饭,他躺在了炕上,头枕着手心,眼看着棚顶。

"嗨!帮着刷家伙!我不是谁的使唤丫头!"她在外间屋里叫。

很懒的他立起来,看了她一眼,走过去帮忙。他平日非常的勤紧,现在他憋着口气来作事。在车厂子的时候,他常帮她的忙,现在越看她越讨厌,他永远没恨人像恨她这么厉害,他说不上是为了什么。有气,可是不肯发作,全圈在心里;既不能和她一刀两断,吵

[12]肖像描写,写出了虎妞的爱美,她还沉浸在新婚的喜悦之中。

[13]这个家无论多么不好,令祥子多么不满,但它毕竟是祥子的家,总有一点儿家的温暖。

[14]心理描写,写出了祥子对虎妞既恨又离不开的矛盾心理和处境。

[15]"强扭的瓜不甜",勉强而来的婚姻生活自然找不到幸福感。

架是没意思的。在小屋里转转着,他感到整个的生命是一部委屈。[16]

收拾完东西,她四下里扫了一眼,叹了口气。紧跟着笑了笑,"怎样?"

"什么?"祥子蹲在炉旁,烤着手;手并不冷,因为没地方安放,只好烤一烤。这两间小屋的确像个家,可是他不知道往哪里放手放脚好。

"带我出去玩玩?上白云观?不,晚点了;街上蹓蹓去?"她要充分的享受新婚的快乐。虽然结婚不成个样子,可是这么无拘无束的也倒好,正好和丈夫多在一块儿,痛痛快快的玩几天。在娘家,她不缺吃,不缺穿,不缺零钱;只是没有个知心的男子。现在,她要捞回来这点缺欠,要大摇大摆的在街上,在庙会上,同着祥子去玩。[17]

祥子不肯去。第一他觉得满世界带着老婆逛是件可羞的事,第二他以为这么来的一个老婆,只可以藏在家中;这不是什么体面的事,越少在大家眼前显摆越好。还有,一出去,哪能不遇上熟人,西半城的洋车夫们谁不晓得虎妞和祥子,他不能去招大家在他背后嘀嘀咕咕。

"商量商量好不好?"他还是蹲在那里。

"有什么可商量的?"她凑过来,立在炉子旁边。

他把手拿下去,放在膝上,呆呆的看着火苗。愣了好久,他说出一句来:"我不能这么闲着!"

"受苦的命!"她笑了一声。"一天不拉车,身上就痒痒,是不是?你看老头子,人家玩了一辈子,到老了还开上车厂子。他也不拉车,也不卖力气,凭心路吃饭。你也得学着点,拉一辈子车又算老几?咱们先玩几天再说,事情也不单忙在这几天上,奔什么命?这两天我不打算跟你拌嘴,你可也别成心气我!"

"先商量商量!"祥子决定不让步。既不能跺脚一走,就得想办法作事,先必得站一头儿,不能打秋千似的来回晃悠。

"好吧,你说说!"她搬过个凳子来,坐在火炉旁。

"你有多少钱?"他问。

"是不是?我就知道你要问这个嘛!你不是娶媳妇呢,是娶那

[16]祥子对虎妞爱不起来,恨也无用,充分表现了他的两难心理和矛盾处境。

[17]虽然出嫁之前虎妞衣食无忧,但因为"没有个知心的男子"所以并不快乐,现在她要弥补,她要享受,反映出虎妞对自己的婚姻比较满意。

点钱,对不对?"

祥子像被一口风噎住,往下连咽了好几口气。刘老头子,和人和厂的车夫,都以为他是贪财,才勾搭上虎妞;现在,她自己这么说出来了!自己的车,自己的钱,无缘无故的丢掉,而今被压在老婆的几块钱底下;吃饭都得顺脊梁骨下去!他恨不能双手掐住她的脖子,掐!掐!掐!一直到她翻了白眼!把一切都掐死,而后自己抹了脖子。他们不是人,得死;他自己不是人,也死;大家不用想活着![18]

祥子立起来,想再出去走走;刚才就不应当回来。

看祥子的神色不对,她又软和了点儿:"好吧,我告诉你。我手里一共有五百来块钱。连轿子,租房——三份儿①,糊棚,作衣裳,买东西,带给你,归了包堆②花了小一百,还剩四百来块。我告诉你,你不必着急。咱们给它个得乐且乐。你呢,成年际拉车出臭汗,也该漂漂亮亮的玩几天;我呢,当了这么些年老姑娘,也该痛快几天。等到快把钱花完,咱们还是求老头子去。我呢,那天要是不跟他闹翻了,决走不出来。现在我气都消了,爸爸到底是爸爸。他呢,只有我这么个女儿,你又是他喜爱的人,咱们服个软,给他赔个'不是',大概也没有过不去的事。这多么现成!他有钱,咱们正当正派的承受过来,一点没有不合理的地方;强似你去给人家当牲口!过两天,你就先去一趟;他也许不见你。一次不见,再去第二次;面子都给他,他也就不能不回心转意了。然后我再去,好歹的给他几句好听的,说不定咱们就能都搬回去。咱们一搬回去,管保挺起胸脯,谁也不敢斜眼看咱们;咱们要是老在这儿忍着,就老是一对黑人儿,你说是不是?"

祥子没有想到过这个。自从虎妞到曹宅找他,他就以为娶过她来,用她的钱买上车,自己去拉。虽然用老婆的钱不大体面,但是他与她的关系既是种有口说不出的关系,也就无可如何了。他没想到虎妞还有这么一招。[19]把长脸往下一拉呢,自然这的确是个主意,可是祥子不是那样的人。前前后后的一想,他似乎明白了

[18]祥子因为不愿意一辈子背着偷人的黑锅,在责任心的驱使下才被迫跟虎妞结婚,但刘四爷父女和车夫们都认定他是因为贪财而结的这门亲事。因此他恨不得"把一切都掐死",而自己无能,就"也死"。

[19]祥子与虎妞的价值观不同:虎妞想成为剥削者,而祥子还是想要凭自己的力气吃饭。

---

① 三份儿:租房第一月付三个月的房租。
② 归了包堆:总共一起。

点:自己有钱,可以教别人白白的抢去,有冤无处去诉。赶到别人给你钱呢,你就非接受不可;接受之后,你就完全不能再拿自己当个人,你空有心胸,空有力量,得去当人家的奴隶:作自己老婆的玩物,作老丈人的奴仆。一个人仿佛根本什么也不是,只是一只鸟,自己去打食,便会落到网里。吃人家的粮米,便得老老实实的在笼儿里,给人家啼唱,而随时可以被人卖掉![20]

他不肯去找刘四爷。跟虎妞,是肉在肉里的关系;跟刘四,没有什么关系。已经吃了她的亏,不能再去央告她的爸爸!"我不愿意闲着!"他只说了这么一句,为是省得费话与吵嘴。

"受累的命吗!"她敲着撩着的说。"不爱闲着,作个买卖去。"

"我不会!赚不着钱!我会拉车,我爱拉车!"祥子头上的筋都跳起来。[21]

"告诉你吧,就是不许你拉车!我就不许你浑身臭汗,臭烘烘的上我的炕!你有你的主意,我有我的主意,看吧,看谁别扭得过谁!你娶老婆,可是我花的钱,你没往外掏一个小钱。想想吧,咱俩是谁该听谁的?"

祥子又没了话。[22]

[20]祥子在多次的抗争无果之后,看透了这个社会。

[21]三个感叹句,写出了祥子的愤怒与坚持。

[22]经济基础决定家庭地位,祥子只能无语。

1. 如何理解虎妞"下嫁"祥子?
2. 怎样理解祥子新婚之时的心情?
3. 娶了虎妞,对祥子有怎样的影响?

十六

[1]"闲""忍"分别显示出祥子婚后的生活、精神状态。

[2]做了多年老姑娘的虎妞,尽情地享受着自己的新婚生活。

[3]作者在此用细致的白描手法写出了祥子的邻居们牛马不如的悲惨生活,揭示了北平底层贫民毫无希望的命运。

闲到元宵节,祥子没法再忍下去了。[1]

虎妞很高兴。她张罗着煮元宵,包饺子,白天逛庙,晚上逛灯。[2]她不许祥子有任何主张,可是老不缺着他的嘴,变法儿给他买些作些新鲜的东西吃。大杂院里有七八户人家,多数的都住着一间房;一间房里有的住着老少七八口。这些人有的拉车,有的作小买卖,有的当巡警,有的当仆人。各人有各人的事,谁也没个空闲,连小孩子们也都提着小筐,早晨去打粥,下午去拾煤核。只有那顶小的孩子才把屁股冻得通红的在院里玩耍或打架。炉灰、尘土、脏水就都倒在院中,没人顾得去打扫,院子当中间儿冻满了冰,大孩子拾煤核回来拿这当作冰场,嚷闹着打冰出溜玩。顶苦的是那些老人与妇女。老人们无衣无食,躺在冰凉的炕上,干等着年轻的挣来一点钱,好喝碗粥,年轻卖力气的也许挣得来钱,也许空手回来,回来还要发脾气,找着缝儿吵嘴。老人们空着肚子得拿眼泪当作水,咽到肚中去。那些妇人们,既得顾着老的,又得顾着小的,还得敷衍年轻挣钱的男人。她们怀着孕也得照常操作,只吃着窝窝头与白薯粥;不,不但要照常工作,还得去打粥,兜揽些活计——幸而老少都吃饱了躺下,她们得抱着个小煤油灯给人家洗,作,缝缝补补。屋子是那么小,墙是那么破,冷风从这面的墙缝钻进来,一直的从那面出去,把所有的一点暖气都带了走。她们的身上只挂着些破布,肚子盛着一碗或半碗粥,或者还有个六七个月的胎。她们得工作,得先尽着老的少的吃饱。她们浑身都是病,不到三十岁已脱了头发,可是一时一刻不能闲着,从病中走到死亡;死了,棺材得去向"善人"们募化。那些姑娘们,十六七岁了,没有裤子,只能围着块什么破东西在屋中——天然的监狱——帮着母亲作事,赶活。要到茅房去,她们得看准了院中无人才敢贼也似的往外跑;一冬天,她们没有见过太阳与青天。那长得丑的,将来承袭她们妈妈的一切;那长得有个模样的,连自己也知道,早晚是被父母卖出,"享福去"![3]

十六

就是在个这样的杂院里,虎妞觉得很得意。她是唯一的有吃有穿,不用着急,而且可以走走逛逛的人。她高扬着脸,出来进去,既觉出自己的优越,并且怕别人沾惹她,她不理那群苦人。来到这里作小买卖的,几乎都是卖那顶贱的东西,什么刮骨肉,冻白菜,生豆汁,驴马肉,都来这里找照顾主。自从虎妞搬来,什么卖羊头肉的,熏鱼的,硬面饽饽的,卤煮炸豆腐的,也在门前吆喊两声。她端着碗,扬着脸,往屋里端这些零食,小孩子们都把铁条似的手指伸在口里看着她,仿佛她是个什么公主似的。她是来享受,她不能,不肯,也不愿,看别人的苦处。[4]

祥子第一看不上她的举动,他是穷小子出身,晓得什么叫困苦。他不愿吃那些零七八碎的东西,可惜那些钱。第二,更使他难堪的,是他琢磨出点意思来:她不许他去拉车,而每天好菜好饭的养着他,正好像养肥了牛好往外挤牛奶!他完全变成了她的玩艺儿。他看见过:街上的一条瘦老的母狗,当跑腿的时候,也选个肥壮的男狗。想起这个,他不但是厌恶这种生活,而且为自己担心。他晓得一个卖力气的汉子应当怎样保护身体,身体是一切。假若这么活下去,他会有一天成为一个干骨头架子,还是这么大,而膛儿里全是空的。他哆嗦起来。打算要命,他得马上去拉车,出去跑,跑一天,回来倒头就睡,人事不知;不吃她的好东西,也就不伺候着她玩。[5]他决定这么办,不能再让步;她愿出钱买车呢,好;她不愿意,他会去赁车拉。一声没出,他想好就去赁车了。

十七那天,他开始去拉车,赁的是"整天儿"。拉过两个较长的买卖,他觉出点以前未曾有过的毛病,腿肚子发紧,胯骨轴儿发酸。[6]他晓得自己的病源在哪里,可是为安慰自己,他以为这大概也许因为二十多天没拉车,把腿撂生了;跑过几趟来,把腿蹓开,或者也就没事了。

又拉上个买卖,这回是帮儿车,四辆一同走。抄起车把来,大家都让一个四十多岁的高个子在前头走。高个子笑了笑,依了实,他知道那三辆车都比他自己"棒"。[7]他可是卖了力气,虽然明知跑不过后面的三个小伙子,可是不肯倚老卖老。跑出一里多地,后面夸了他句:"怎么着,要劲儿吗?还真不离!"他喘着答了句:"跟你们哥儿们走车,慢了还行?!"他的确跑得不慢,连祥子也得掏七八

[4]虎妞的举止,体现了她作为剥削者的冷酷本性。

[5]祥子只能用自己去拉车来反抗虎妞的淫威,境况真是可怜。

[6]祥子的体力大不如以前了。

[7]"棒"在这里说明年轻车夫们身体结实,拉车水平高、能力强,更突出强调拉人力车根本上是个靠体力的活。

成劲儿才跟得上他。他的跑法可不好看：高个子，他塌不下腰去，腰和背似乎是块整的木板，所以他的全身得整个的往前扑着；身子向前，手就显着靠后；不像跑，而像是拉着点东西往前钻。腰死板，他的胯骨便非活动不可；脚几乎是拉拉在地上，加紧的往前扭。扭得真不慢，可是看着就知道他极费力。到拐弯抹角的地方，他整着身子硬拐，大家都替他攥着把汗；他老像是只管身子往前钻，而不管车过得去过不去。

　　拉到了，他的汗啪嗒啪嗒的从鼻尖上，耳朵唇上，一劲儿往下滴嗒。放下车，他赶紧直了直腰，咧了咧嘴。接钱的时候，手都哆嗦得要拿不住东西似的。

　　在一块儿走过一趟车便算朋友，他们四个人把车放在了一处。祥子们擦擦汗，就照旧说笑了。那个高个子独自蹓了半天，干嗽了一大阵，吐出许多白沫子来，才似乎缓过点儿来，开始跟他们说话儿：

　　"完了！还有那个心哪；腰，腿，全不给劲喽！无论怎么提腰，腿抬不起来；干着急！"

　　"刚才那两步就不离，你当是慢哪！"一个二十多岁矮身量的小伙子接过来："不屈心，我们三个都够棒的，谁没出汗？"

　　高个子有点得意，可又惭愧似的，叹了口气。

　　"就说你这个跑法，差不离的还真得教你给撅①了，你信不信？"另一个小伙子说。"岁数了，不是说着玩的。"[8]

　　高个子微笑着，摇了摇头："也还不都在乎岁数，哥儿们！我告诉你一句真的，干咱们这行儿的，别成家，真的！"看大家都把耳朵递过来，他放小了点声儿："一成家，黑天白日全不闲着，玩完！瞧瞧我的腰，整的，没有一点活软气！还是别跑紧了，一咬牙就咳嗽，心口窝辣蒿蒿的！甭说了，干咱们这行儿的就得他妈的打一辈子光棍儿！连他妈的小家雀儿都一对一对儿的，不许咱们成家！还有一说，成家以后，一年一个孩子，我现在有五个了！全张着嘴等着吃！车份大，粮食贵，买卖苦，有什么法儿呢！不如打一辈子光棍，犯了劲上白房子，长上杨梅大疮，认命！一个人，死了就死了！

[8] 人力车夫的力气和生命终有磨损和消耗光的时候，这是他们的宿命。

① 撅：比输了，挫败了。

这玩艺一成家,连大带小,好几口儿,死了也不能闭眼!你说是不是?"他问祥子。

祥子点了点头,没说出话来。[9]

这阵儿,来了个座儿,那个矮子先讲的价钱,可是他让了,叫着高个子:"老大哥,你拉去吧!这玩艺家里还有五个孩子呢!"

高个子笑了:"得,我再奔一趟!按说可没有这么办的!得了,回头好多带回几个饼子去!回头见了,哥儿们!"

看着高个子走远了,矮子自言自语的说:"混他妈的一辈子,连个媳妇都摸不着!人家他妈的宅门里,一人搂着四五个娘们!"

"先甭提人家,"另个小伙子把话接过去。"你瞧干这个营生的,还真得留神,高个子没说错。你就这么说吧,成家为干吗?能摆着当玩艺儿看?不能!好,这就是娄子^①!成天啃窝窝头,两气夹攻,多么棒的小伙子也得趴下!"

听到这儿,祥子把车拉了起来,搭讪着说了句:"往南放放,这儿没买卖。"

"回见!"那两个年轻的一齐说。

祥子仿佛没有听见。一边走一边踢腿,胯骨轴的确还有点发酸!本想收车不拉了,可是简直没有回家的勇气。家里的不是个老婆,而是个吸人血的妖精![10]

天已慢慢长起来,他又转晃了两三趟,才刚到五点来钟。他交了车,在茶馆里又耗了会儿。喝了两壶茶,他觉出饿来,决定在外面吃饱再回家。吃了十二两肉饼,一碗红豆小米粥,一边打着响嗝一边慢慢往家走。准知道家里有个雷等着他呢,可是他很镇定;他下了决心:不跟她吵,不跟她闹,倒头就睡,明天照旧出来拉车,她爱怎样怎样!

一进屋门,虎妞在外间屋里坐着呢,看了他一眼,脸沉得要滴下水来。祥子打算和和稀泥,把长脸一拉,招呼她一声。可是他不惯作这种事,他低着头走进里屋去。[11]她一声没响,小屋里静得像个深山古洞似的。院中街坊的咳嗽,说话,小孩子哭,都听得极真,又像是极远,正似在山上听到远处的声音。[12]

---

① 娄子:乱子,毛病。

[9] 家庭的拖累加速了人力车夫从壮实到衰老的过程,高个子车夫的话全落到了祥子的心坎里。

[10] 虎妞的丑陋和霸道,让祥子感到厌恶和恐惧。

[11] 拉车与否,始终是祥子与虎妞新婚生活中的分歧。

[12] 运用了"以声衬静"的表现手法,作者用院中街坊的咳嗽、说话、孩子的哭泣来衬托祥子家中的寂静。

俩人谁也不肯先说话，闭着嘴先后躺下了，像一对永不出声的大龟似的。睡醒一觉，虎妞说了话，语音带出半恼半笑的意思："你干什么去了？整走了一天！"

"拉车去了！"他似睡似醒的说，嗓子里仿佛堵着点什么。

"呕！不出臭汗去，心里痒痒，你个贱骨头！我给你炒下的菜，你不回来吃，绕世界胡塞去舒服？你别把我招翻了，我爸爸是光棍出身，我什么事都作得出来！明天你敢再出去，我就上吊给你看看，我说得出来，就行得出来！"[13]

[13]虎妞的话简劲、粗野、泼辣，却又包含着亲昵，表现了她性格的两重性。

"我不能闲着！"

"你不会找老头子去？"

"不去！"

"真豪横！"

祥子真挂了火，他不能还不说出心中的话，不能再忍："拉车，买上自己的车，谁拦着我，我就走，永不回来了！"

"嗯——"她鼻中旋转着这个声儿，很长而曲折。在这个声音里，她表示出自傲与轻视祥子的意思来，可是心中也在那儿绕了个弯儿。她知道祥子是个——虽然很老实——硬汉。硬汉的话是向不说着玩的。好容易捉到他，不能随便的放手。他是理想的人：老实，勤俭，壮实；以她的模样年纪说，实在不易再得个这样的宝贝。能刚能柔才是本事，她得㳀㳀①他一把儿："我也知道你是要强啊，可是你也得知道我是真疼你。你要是不肯找老头子去呢，这么办：我去找。反正我是他的女儿，丢个脸也没什么的。"[14]

[14]虎妞对祥子软硬兼施：时而威胁"把我招翻了""我什么事都作得出来"，时而表白"我是真疼你"。这是个很有个性的女性形象。

"老头要咱们，我也还得去拉车！"祥子愿把话说到了家。

虎妞半天没言语。她没想到祥子会这么聪明。他的话虽然是这么简单，可是显然的说出来他不再上她的套儿，他并不是个蠢驴。因此，她才越觉得有点意思，她颇得用点心思才能拢得住这个急了也会尥蹶子②的大人，或是大东西。她不能太逼紧了，找这么个大东西不是件很容易的事。她得松一把，紧一把，教他老逃不出她的手心儿去。"好吧，你爱拉车，我也无法。你得起誓，不能去拉包车，天天得回来；你瞧，我要是一天看不见你，我心里就发慌！答

---

① 㳀㳀：用手轻微地抚摩，这里指怀柔笼络。
② 尥蹶子：不老实的骡马乱踢后腿的动作。

应我,你天天晚上准早早的回来!"[15]

祥子想起白天高个子的话!睁着眼看着黑暗,看见了一群拉车的,作小买卖的,卖苦力气的,腰背塌不下去,拉拉着腿。他将来也是那个样。可是他不便于再别扭她,只要能拉车去,他已经算得到一次胜利。"我老拉散座!"他答应下来。

虽然她那么说,她可是并不很热心找刘四爷去。父女俩在平日自然也常拌嘴,但是现在的情形不同了,不能那么三说两说就一天云雾散,因为她已经不算刘家的人。出了嫁的女人跟娘家父母总多少疏远一些。她不敢直入公堂的回去。万一老头子真翻脸不认人呢,她自管会闹,他要是死不放手财产,她一点法儿也没有。就是有人在一旁调解着,到了无可如何的时候,也只能劝她回来,她有了自己的家。

祥子照常去拉车,她独自在屋中走来走去,几次三番的要穿好衣服找爸爸去,心想到而手懒得动。她为了难。为自己的舒服快乐,非回去不可;为自己的体面,以不去为是。假若老头子消了气呢,她只要把祥子拉到人和厂去,自然会教他有事作,不必再拉车,而且稳稳当当的能把爸爸的事业拿过来。她心中一亮。假若老头子硬到底呢?她丢了脸,不,不但丢了脸,而且就得认头作个车夫的老婆了;她,哼!和杂院里那群妇女没有任何分别了。她心中忽然漆黑。她几乎后悔嫁了祥子,不管他多么要强,爸爸不点头,他一辈子是个拉车的。想到这里,她甚至想独自回娘家,跟祥子一刀两断,不能为他而失去自己的一切。继而一想,跟着祥子的快活,又不是言语所能形容的。她坐在炕头上,呆呆的,渺茫的,追想婚后的快乐;全身像一朵大的红花似的,香暖的在阳光下开开。不,舍不得祥子。任凭他去拉车,他去要饭,也得永远跟着他。看,看院里那些妇女,她们要是能受,她也就能受。散了,她不想到刘家去了。[16]

祥子,自从离开人和厂,不肯再走西安门大街。这两天拉车,他总是出门就奔东城,省得西城到处是人和厂的车,遇见怪不好意思的。这一天,可是,收车以后,他故意的由厂子门口过,不为别的,只想看一眼。虎妞的话还在他心中,仿佛他要试验试验有没有勇气回到厂中来,假若虎妞能跟老头子说好了的话;在

[15]这段话一方面反映了虎妞对祥子的依恋,另一方面也反映了虎妞心思缜密,对祥子的驾驭有术。

[16]虎妞两方面的心理斗争很激烈,虽然后悔跟了"拉车"的祥子,可最后,追求"快乐"的思想还是占了上风。

回到厂子以前,先试试敢走这条街不敢。把帽子往下拉了拉,他老远的就溜着厂子那边,唯恐被熟人看见。远远的看见了车厂的灯光,他心中不知怎的觉得非常的难过。想起自己初到这里来的光景,想起虎妞的诱惑,想起寿日晚间那一场。这些,都非常的清楚,像一些图画浮在眼前。在这些图画之间,还另外有一些,清楚而简短的夹在这几张中间:西山,骆驼,曹宅,侦探……都分明的,可怕的,连成一片。这些图画是那么清楚,他心中反倒觉得有些茫然,几乎像真是看着几张画儿,而忘了自己也在里边。及至想到自己与它们的关系,他的心乱起来,它们忽然上下左右的旋转,零乱而迷糊,他无从想起到底为什么自己应当受这些折磨委屈。这些场面所占的时间似乎是很长,又似乎是很短,他闹不清自己是该多大岁数了。他只觉得自己,比起初到人和厂的时候来,老了许多许多。那时候,他满心都是希望;现在,一肚子都是忧虑。不明白是为什么,可是这些图画决不会欺骗他。[17]

眼前就是人和厂了,他在街的那边立住,呆呆的看着那盏极明亮的电灯。看着看着,猛然心里一动。那灯下的四个金字——人和车厂——变了样儿!他不识字,他可是记得头一个字是什么样子:像两根棍儿联在一处,既不是个叉子,又没作成个三角,那么个简单而奇怪的字。由声音找字,那大概就是"人"。这个"人"改了样儿,变成了"仁"——比"人"更奇怪的一个字。他想不出什么道理来。再看东西间——他永远不能忘了的两间屋子——都没有灯亮。

立得他自己都不耐烦了,他才低着头往家走。一边走着一边寻思,莫非人和厂倒出去了?[18]他得慢慢的去打听,先不便对老婆说什么。回到家中,虎妞正在屋里嗑瓜子儿解闷呢。

"又这么晚!"她的脸上没有一点好气儿。"告诉你吧,这么着下去我受不了!你一出去就是一天,我连窝儿不敢动,一院子穷鬼,怕丢了东西。一天到晚连句话都没地方说去,不行,我不是木头人。你想主意得了,这么着不行!"

祥子一声没出。

"你说话呀!成心逗人家的火是怎么着?你有嘴没有?有嘴

[17] 这是祥子对来到北平后经历的迅速回顾,这些画面让他先觉得如梦似幻,后感到痛苦不堪。

[18] 招牌的改变预示着主人有可能变换,虎妞的计划恐怕要落空了。

没有?"她的话越说越快,越脆,像一挂小炮似的连连的响。

祥子还是没有话说。

"这么着得了,"她真急了,可是又有点无可如何他的样子,脸上既非哭,又非笑,那么十分焦躁而无法尽量的发作。"咱们买两辆车赁出去,你在家里吃车份儿行不行?行不行?"

"两辆车一天进上三毛钱,不够吃的!赁出一辆,我自己拉一辆,凑合了!"祥子说得很慢,可是很自然;听说买车,他把什么都忘了。

"那还不是一样?你还是不着家儿!"

"这么着也行,"祥子的主意似乎都跟着车的问题而来,"把一辆赁出去,进个整天的份儿。那一辆,我自己拉半天,再赁出半天去。我要是拉白天,一早儿出去,三点钟就回来;要拉晚儿呢,三点才出去,夜里回来。挺好!"

她点了点头。"等我想想吧,要是没有再好的主意,就这么办啦。"[19]

祥子心中很高兴。假若这个主意能实现,他算是又拉上了自己的车。虽然是老婆给买的,可是慢慢的攒钱,自己还能再买车。直到这个时候,他才觉出来虎妞也有点好处,他居然向她笑了笑,一个天真的,发自内心的笑,仿佛把以前的困苦全一笔勾销,而笑着换了个新的世界,像换一件衣服那么容易,痛快![20]

[19]在祥子的一再坚持下,虎妞最终做出了妥协。

[20]这是祥子唯一一次觉得虎妞好。他其实很容易满足,买车、拉车,就是他生命的全部追求和精神支柱。

1. 虎妞对待大杂院里邻居们的态度如何?
2. 祥子和虎妞为什么时常发生争执?
3. 车厂的变化,让祥子有了怎样的模糊意识?

十七

祥子慢慢的把人和厂的事打听明白:刘四爷把一部分车卖出去,剩下的全倒给了西城有名的一家车主。祥子能猜想得出,老头子的岁数到了,没有女儿帮他的忙,他弄不转这个营业,所以干脆把它收了,自己拿着钱去享福。他到哪里去了呢?祥子可是没有打听出来。

对这个消息,他说不上是应当喜欢,还是不喜欢。由自己的志向与豪横说,刘四爷既决心弃舍了女儿,虎妞的计划算是全盘落了空;他可以老老实实的去拉车挣饭吃,不依赖着任何人。由刘四爷那点财产说呢,又实在有点可惜;谁知道刘老头子怎么把钱攘出去呢,他和虎妞连一个铜子也没沾润着。

可是,事已至此,他倒没十分为它思索,更说不到动心。他是这么想,反正自己的力气是自己的,自己肯卖力挣钱,吃饭是不成问题的。他一点没带着感情,简单的告诉了虎妞。

她可动了心。听到这个,她马上看清楚了自己的将来——完了!什么全完了!自己只好作一辈子车夫的老婆了!她永远逃不出这个大杂院去!她想到爸爸会再娶上一个老婆,而决没想到会这么抖手一走。假若老头子真娶上个小老婆,虎妞会去争财产,说不定还许联络好了继母,而自己得点好处……主意有的是,只要老头子老开着车厂子。决没想到老头子会这么坚决,这么毒辣,把财产都变成现钱,偷偷的藏起去![1]原先跟他闹翻,她以为不过是一种手段,必会不久便言归于好,她晓得人和厂非有她不行;谁能想到老头子会撒手了车厂子呢?![2]

春已有了消息,树枝上的鳞苞已显着红肥。[3]但在这个大杂院里,春并不先到枝头上,这里没有一棵花木。在这里,春风先把院中那块冰吹得起了些小麻子坑儿,从秽土中吹出一些腥臊的气味,把鸡毛蒜皮与碎纸吹到墙角,打着小小的旋风。杂院里的人们,四时都有苦恼。那老人们现在才敢出来晒晒暖;年轻的姑娘们到现在才把鼻尖上的煤污减去一点,露出点红黄的皮肤来;那些妇女们才敢不甚惭愧的把孩子们赶到院中去玩玩;那些小孩子们才敢扯

---

[1] 和刘四爷比算计,虎妞差了一截,当然,这里并不仅仅是比心机,还有比谁更冷酷,更无情。

[2] 在和刘四爷的斗争中,虎妞彻底地失败了。

[3] 用"红肥"这个貌似很平常的形容词,简约含蓄地写出了春天的色彩斑斓、充满生机,和下文大杂院的脏乱、破败、饥饿和无奈形成了鲜明的对比。

着张破纸当风筝,随意的在院中跑,而不至把小黑手儿冻得裂开几道口子。[4]但是,粥厂停了锅,放赈的停了米,行善的停止了放钱;把苦人们仿佛都交给了春风与春光!正是春麦刚绿如小草,陈粮缺欠的时候,粮米照例的涨了价钱。天又加长,连老人们也不能老早的就躺下,去用梦欺骗着饥肠。春到了人间,在这大杂院里只增多了困难。长老了的虱子——特别的厉害——有时爬到老人或小儿的棉花疙瘩外,领略一点春光!

虎妞看着院中将化的冰,与那些破碎不堪的衣服,闻着那复杂而微有些热气的味道,听着老人们的哀叹与小儿哭叫,心中凉了半截。[5]在冬天,人都躲在屋里,脏东西都冻在冰上;现在,人也出来,东西也显了原形,连碎砖砌的墙都往下落土,似乎预备着到了雨天便塌倒。满院花花绿绿,开着穷恶的花,比冬天要更丑陋着好几倍。哼,单单是在这时候,她觉到她将永远住在此地;她那点钱有花完的时候,而祥子不过是个拉车的!

教祥子看家,她上南苑去找姑妈,打听老头子的消息。姑妈说四爷确是到她家来过一趟,大概是正月十二那天吧,一来是给她道谢,二来为告诉她,他打算上天津,或上海,玩玩去。他说:混了一辈子而没出过京门,到底算不了英雄,乘着还有口气儿,去到各处见识见识。再说,他自己也没脸再在城里混,因为自己的女儿给他丢了人。姑妈的报告只是这一点,她的评断就更简单:老头子也许真出了外,也许光这么说说,而在什么僻静地方藏着呢;谁知道!

回到家,她一头扎在炕上,闷闷的哭起来,一点虚伪狡诈也没有的哭了一大阵,把眼泡都哭肿。

哭完,她抹着泪对祥子说:"好,你豪横!都得随着你了!我这一宝押错了地方。嫁鸡随鸡,什么也甭说了。给你一百块钱,你买车拉吧!"[6]

在这里,她留了个心眼:原本想买两辆车,一辆让祥子自拉,一辆赁出去。现在她改了主意,只买一辆,教祥子去拉;其余的钱还是在自己手中拿着。钱在自己的手中,势力才也在自己身上,她不肯都掏出来;万一祥子——在把钱都买了车之后——变了心呢?这不能不防备!再说呢,刘老头子这样一走,使她感到什么也不可靠,明天的事谁也不能准知道,顶好是得乐且乐,手里得有俩钱,爱吃口什么就吃口,她一向是吃惯了零嘴的。[7]拿祥子挣来的——他

[4]小孩子们的"风筝"其实是破纸,真正的风筝是玩不起的。破纸和风筝的距离,就是生存和生活的差别。作者通过这个细节再次揭示了祥子的邻居们牛马不如的悲惨生活。

[5]虎妞"心中凉了半截"是因为:刘四爷转卖了车厂,虎妞连一个铜子也没得到,看到了大杂院中人们如此贫困的生活,她担心自己也会沦落到这样的境地。

[6]由于继承车厂的希望破灭,虎妞才被迫给祥子买车。

[7]由于感到前途渺茫,虎妞产生了及时行乐的思想。

[8]虎妞的人生悲剧由此拉开了序幕。

[9]祥子过去所受的辛苦,不就是为了买上车吗?

是头等的车夫——过日子,再有自己的那点钱垫补着自己零花,且先顾眼前欢吧。钱有花完的那一天,人可是也不会永远活着!嫁个拉车的——虽然是不得已——已经是委屈了自己,不能再天天手背朝下跟他要钱,而自己袋中没一个铜子。这个决定使她又快乐了点,虽然明知将来是不得了,可是目前总不会立刻就头朝了下;仿佛是走到日落的时候,远处已然暗淡,眼前可是还有些亮儿,就趁着亮儿多走几步吧。[8]

　　祥子没和她争辩,买一辆就好,只要是自己的车,一天好歹也能拉个六七毛钱,可以够嚼谷。不但没有争辩,他还觉得有些高兴。[9]过去所受的辛苦,无非为是买上车。现在能再买上,那还有什么可说呢?自然,一辆车而供给两个人儿吃,是不会剩下钱的;这辆车有拉旧了的时候,而没有再制买新车的预备,危险!可是,买车既是那么不易,现在能买上也就该满意了,何必想到那么远呢!

　　杂院里的二强子正要卖车。二强子在去年夏天把女儿小福子——十九岁——卖给了一个军人。卖了二百块钱。小福子走后,二强子颇阔气了一阵,把当都赎出来,还另外作了几件新衣,全家都穿得怪齐整的。二强嫂是全院里最矮最丑的妇人,囔脑门,大腮帮,头上没有什么头发,牙老露在外边,脸上被雀斑占满,看着令人恶心。她也红着眼皮,一边哭着女儿,一边穿上新蓝大衫。二强子的脾气一向就暴,卖了女儿之后,常喝几盅酒;酒后眼泪在眼圈里,就特别的好找毛病。二强嫂虽然穿上新大衫,也吃口饱饭,可是乐不抵苦,挨揍的次数比以前差不多增加了一倍。二强子四十多了,打算不再去拉车。于是买了副筐子,弄了个杂货挑子,瓜果梨桃,花生烟卷,货很齐全。作了两个月的买卖,粗粗的一摞账,不但是赔,而且赔得很多。拉惯了车,他不会对付买卖;拉车是一冲一撞的事,成就成,不成就拉倒;作小买卖得苦对付,他不会。拉车的人晓得怎么赊东西,所以他磨不开脸不许熟人们欠账;欠下,可就不容易再要回来。这样,好照顾主儿拉不上,而与他交易的都贪着赊了不给,他没法不赔钱。赔了钱,他难过;难过就更多喝酒。醉了,在外面时常和巡警们吵,在家里拿老婆孩子撒气。得罪了巡警,打了老婆,都因为酒。酒醒过来,他非常的后悔,苦痛。再一想,这点钱是用女儿换来的,白白的这样赔出去,而且还喝酒打人,他觉得自己不是人。在这种时候,他能懊睡一天,把苦恼交给了梦。

他决定放弃了买卖,还去拉车,不能把那点钱全白白的糟践了。他买上了车。在他醉了的时候,他一点情理不讲。在他清醒的时候,他顶爱体面。因为爱体面,他往往摆起穷架子,事事都有个谱儿。买了新车,身上也穿得很整齐,他觉得他是高等的车夫,他得喝好茶叶,拉体面的座儿。他能在车口上,亮着自己的车,和身上的白裤褂,和大家谈天,老不屑于张罗买卖。他一会儿啪啪的用新蓝布掸子抽抽车,一会儿跺跺自己的新白底双脸鞋,一会儿眼看着鼻尖,立在车旁微笑,等着别人来夸奖他的车,然后就引起话头,说上没完。他能这样白"泡"一两天。及至他拉上了个好座儿,他的腿不给他的车与衣服作劲,跑不动!这个,又使他非常的难过。一难过就想到女儿,只好去喝酒。[10]这么样,他的钱全白垫出去,只剩下那辆车。

在立冬前后吧,他又喝醉。一进屋门,两个儿子——一个十三,一个十一岁——就想往外躲。这个招翻了他,给他们一人一脚。二强嫂说了句什么,他奔了她去,一脚踹在小肚子上,她躺在地上半天没出声。两个孩子急了,一个拿起煤铲,一个抄起擀面杖,和爸爸拼了命。三个打在一团,七手八脚的又踩了二强嫂几下。街坊们过来,好容易把二强子按倒在炕上,两个孩子抱着妈妈哭起来。二强嫂醒了过来,可是始终不能再下地。到腊月初三,她的呼吸停止了,穿着卖女儿时候作的蓝大衫。[11]二强嫂的娘家不答应,非打官司不可。经朋友们死劝活劝,娘家的人们才让了步,二强子可也答应下好好的发送她,而且给她娘家人十五块钱。他把车押出去,押了六十块钱。转过年来,他想出手那辆车,他没有自己把它赎回来的希望。在喝醉的时候,他倒想卖个儿子,但是绝没人要。他也曾找过小福子的丈夫,人家根本不承认他这个老丈人,别的话自然不必再说。[12]

祥子晓得这辆车的历史,不很喜欢要它,车多了去啦,何必单买这一辆,这辆不吉祥的车,这辆以女儿换来,而因打死老婆才出手的车!虎妞不这么看,她想用八十出头买过来,便宜!车才拉过半年来的,连皮带的颜色还没怎么变,而且地道是西城的名厂德成家造的。买辆七成新的,还不得个五六十块吗?她舍不得这个便

[10]二强子只是一味地靠酒精来麻醉自己,忘掉现实的痛苦。

[11]二强子没人性地打死自己的老婆。病态的社会,就会出现这样病态的人。

[12]二强子是又一类车夫,是祥子形象的补充。二强子曾经买上车了,又怎样呢?现在祥子又有车了,命运能比二强子好吗?

骆驼祥子

宜。她也知道过了年不久，处处钱紧，二强子不会卖上大价儿，而又急等着用钱。她亲自去看了车，亲自和二强子讲了价，过了钱；祥子只好等着拉车，没说什么，也不便说什么，钱既不是他自己的。把车买好，他细细看了看，的确骨力硬棒。可是他总觉得有点别扭。最使他不高兴的是黑漆的车身，而配着一身白铜活，在二强子打这辆车的时候，原为黑白相映，显着漂亮；祥子老觉得这有点丧气，像穿孝似的。[13]他很想换一份套子，换上土黄或月白色儿的，或者足以减去一点素净劲儿。可是他没和虎妞商议，省得又招她一顿闲话。

拉出这辆车去，大家都特别注意，有人竟自管它叫作"小寡妇"。祥子心里不痛快。他变着法儿不去想它，可是车是一天到晚的跟着自己，他老毛毛咕咕的，似乎不知哪时就要出点岔儿。有时候忽然想起二强子，和二强子的遭遇，他仿佛不是拉着辆车，而是拉着口棺材似的。在这辆车上，他时时看见一些鬼影，仿佛是。[14]

可是，自从拉上这辆车，并没有出什么错儿，虽然他心中嘀嘀咕咕的不安。天是越来越暖和了，脱了棉的，几乎用不着夹衣，就可以穿单裤单褂了；北平没有多少春天。天长得几乎使人不耐烦了，人人觉得困倦。祥子一清早就出去，转转到四五点钟，已经觉得卖够了力气。太阳可是还老高呢。他不愿再跑，可又不肯收车，犹疑不定的打着长而懒的哈欠。

天是这么长，祥子若是觉得疲倦无聊，虎妞在家中就更寂寞。冬天，她可以在炉旁取暖，听着外边的风声，虽然苦闷，可是总还有点"不出去也好"的自慰。现在，火炉搬到檐下，在屋里简直无事可作。院里又是那么脏臭，连棵青草也没有。到街上去，又不放心街坊们，就是去买趟东西也得直去直来，不敢多散逛一会儿。她好像圈在屋里的一个蜜蜂，白白的看着外边的阳光而飞不出去，跟院里的妇女们，她谈不到一块儿。她们所说的是家长里短，而她是野调无腔的惯了，不爱说，也不爱听这些个。她们的委屈是由生活上的苦痛而来，每一件小事都可以引下泪来；她的委屈是一些对生活的不满意，她无泪可落，而是想骂谁一顿，出出闷气。她与她们不能彼此了解，所以顶好各干各的，不必过话①。[15]

[13]用"穿孝"来比喻"黑漆的车身，而配着一身白铜活"，只用"穿孝"这一短语，就把这辆车的大概状况、祥子对这辆车的不满情绪充分地表现了出来，起到了"状难写之景如在目前"的效果。

[14]这辆车的历史沾满了血和泪，如今到了祥子的手中，总让他有种不好的预感。

[15]虎妞的过去不能让其接触现在，也就阻碍了她的将来。

---

① 过话：交谈。

一直到了四月半,她才有了个伴儿。二强子的女儿小福子回来了。小福子的"人"①是个军官。他到处都安一份很简单的家,花个一百二百的弄个年轻的姑娘,再买份儿大号的铺板与两张椅子,便能快乐的过些日子。等军队调遣到别处,他撒手一走,连人带铺板放在原处。花这么一百二百的,过一年半载,并不吃亏,单说缝缝洗洗衣服,作饭,等等的小事,要是雇个仆人,连吃带挣的月间不也得花个十块八块的吗?这么娶个姑娘呢,既是仆人,又能陪着睡觉,而且准保干净没病。高兴呢,给她裁件花布大衫,块儿多钱的事。不高兴呢,教她光眼子在家里蹲着,她也没什么办法。等到他开了差呢,他一点也不可惜那份铺板与一两把椅子,因为欠下的两个月房租得由她想法子给上,把铺板什么折卖了还许不够还这笔账的呢。

小福子就是把铺板卖了,还上房租,只穿着件花洋布大衫,戴着一对银耳环,回到家中来的。

二强子在卖了车以后,除了还上押款与利钱,还剩下二十来块。有时候他觉得是中年丧妻,非常的可怜;别人既不怜惜他,他就自己喝盅酒,喝口好东西,自怜自慰。在这种时候,他仿佛跟钱有仇似的,拼命的乱花。有时候他又以为更应当努力去拉车,好好的把两个男孩拉扯大了,将来也好有点指望。在这么想到儿子的时候,他就嘎七马八的买回一大堆食物,给他们俩吃。[16] 看他俩狼吞虎咽的吃那些东西,他眼中含着泪,自言自语的说:"没娘的孩子!苦命的孩子!爸爸去苦奔,奔的是孩子!我不屈心,我吃饱吃不饱不算一回事,得先让孩子吃足!吃吧!你们长大成人别忘了我就得了!"在这种时候,他的钱也不少花。慢慢的二十来块钱就全垫出去了。

没了钱,再赶上他喝了酒,犯了脾气,他一两天不管孩子们吃了什么。孩子们无法,只好自己去想主意弄几个铜子,买点东西吃。[17] 他们会给办红白事的去打执事,会去跟着土车拾些碎铜烂纸,有时候能买上几个烧饼,有时候只能买一斤麦茬白薯,连皮带须子都吞了下去,有时候俩人才有一个大铜子,只好买了落花生或铁蚕豆,虽然不能挡饥,可是能多嚼一会儿。

[16] 二强子自怜自慰自私的心理在这里刻画得一览无余。

[17] 孩子们被生活所迫,是如此的早熟。

---

① 人:在这里是指男人。这种称呼,仅限用于非正式的男女关系上。

小福子回来了，他们见着了亲人，一人抱着她一条腿，没有话可说，只流着泪向她笑。妈妈没有了，姐姐就是妈妈！

二强子对女儿回来，没有什么表示。她回来，就多添了个吃饭的。可是，看着两个儿子那样的欢喜，他也不能不承认家中应当有个女的，给大家作作饭，洗洗衣裳。他不便于说什么，走到哪儿算哪儿吧。

小福子长得不难看。虽然原先很瘦小，可是自从跟了那个军官以后，很长了些肉，个子也高了些。圆脸，眉眼长得很匀调，没有什么特别出色的地方，可是结结实实的并不难看。上唇很短，无论是要生气，还是要笑，就先张了唇，露出些很白而齐整的牙来。那个军官就是特别爱她这些牙。露出这些牙，她显出一些呆傻没主意的样子，同时也仿佛有点娇憨。这点神气使她——正如一切贫而不难看的姑娘——像花草似的，只要稍微有点香气或颜色，就被人挑到市上去卖掉。[18]

虎妞，一向不搭理院中的人们，可是把小福子看成了朋友。小福子第一是长得有点模样，第二是还有件花洋布的长袍，第三是虎妞以为她既嫁过了军官，总得算见过了世面，所以肯和她来往。妇女们不容易交朋友，可是要交往就很快；没有几天，她俩已成了密友。虎妞爱吃零食，每逢弄点瓜子儿之类的东西，总把小福子喊过来，一边说笑，一边吃着。在说笑之中，小福子愚傻的露出白牙，告诉好多虎妞所没听过的事。随着军官，她并没享福，可是军官高了兴，也带她吃回饭馆，看看戏，所以她很有些事情说，说出来教虎妞羡慕。她还有许多说不出口的事：在她，这是蹂躏；在虎妞，这是些享受。[19]虎妞央告着她说，她不好意思讲，可是又不好意思拒绝。她看过春宫，虎妞就没看见过。诸如此类的事，虎妞听了一遍，还爱听第二遍。她把小福子看成个最可爱，最可羡慕，也值得嫉妒的人。听完那些，再看自己的模样，年岁，与丈夫，她觉得这一辈子太委屈。她没有过青春，而将来也没有什么希望，现在呢，祥子又是那么死砖头似的一块东西！越不满意祥子，她就越爱小福子，小福子虽然是那么穷，那么可怜，可是在她眼中是个享过福，见过阵式的，就是马上死了也不冤。在她看，小福子就足代表女人所应有的享受。

小福子的困苦，虎妞好像没有看见。小福子什么也没有带回

[18] 在黑暗社会，贫穷人家的姑娘命运贱如花草，只要稍有姿色，免不了就被卖掉，来缓解家中困窘的处境。

[19] 两人的想法如此尖锐地对立，说明虎妞的心理变态、人格扭曲。

来,她可是得——无论爸爸是怎样的不要强——顾着两个兄弟。她哪儿去弄钱给他俩预备饭呢?

二强子喝醉,有了主意:"你要真心疼你的兄弟,你就有法儿挣钱养活他们! 都指着我呀,我成天际去给人家当牲口,我得先吃饱;我能空着肚子跑吗? 教我一个跟头摔死,你看着可乐是怎着? 你闲着也是闲着,有现成的,不卖等什么?"

看看醉猫似的爸爸,看看自己,看看两个饿得像老鼠似的弟弟,小福子只剩了哭。[20]眼泪感动不了父亲,眼泪不能喂饱了弟弟,她得拿出更实在的来。为教弟弟们吃饱,她得卖了自己的肉。搂着小弟弟,她的泪落在他的头发上,他说:"姐姐,我饿!"姐姐! 姐姐是块肉,得给弟弟吃!

虎妞不但不安慰小福子,反倒愿意帮她的忙:虎妞愿意拿出点资本,教她打扮齐整,挣来钱再还给她。虎妞愿意借给她地方,因为她自己的屋子太脏,而虎妞的多少有个样子,况且是两间,大家都有个转身的地方。祥子白天既不会回来,虎妞乐得的帮忙朋友,而且可以多看些,多明白些,自己所缺乏的,想作也作不到的事。每次小福子用房间,虎妞提出个条件,须给她两毛钱。朋友是朋友,事情是事情,为小福子的事,她得把屋子收拾得好好的,既须劳作,也得多花些钱,难道置买笤帚簸箕什么的不得花钱么? 两毛钱绝不算多,因为彼此是朋友,所以才能这样见情面。[21]

小福子露出些牙来,泪落在肚子里。

祥子什么也不知道,可是他又睡不好觉了,虎妞"成全"了小福子,也要在祥子身上找到失去了的青春。

[20]用"醉猫"比喻"爸爸",准确地表现出二强子一味酗酒、精神不振、穷困潦倒的样子;用"老鼠"比喻"弟弟",准确表现出小福子的两个弟弟长期吃不上饱饭、营养不良的状况。

[21]用自己的东西须给钱,这在虎妞看来是极其自然的事,是虎妞从小在刘四爷那里受到的影响终生的教育。

1. 对于刘四爷处理人和车厂这件事,祥子和虎妞的反应有怎样的不同?
2. 你认为二强子是一个什么样的人?
3. 作者为什么说"姐姐是块肉,得给弟弟吃"?

十八

到了六月,大杂院里在白天简直没什么人声。孩子们抓早儿提着破筐去拾所能拾到的东西;到了九点,毒花花的太阳已要将他们的瘦脊背晒裂,只好拿回来所拾得的东西,吃些大人所能给他们的食物。[1]然后,大一点的要是能找到世界上最小的资本,便去连买带拾,凑些冰核去卖。若找不到这点资本,便结伴出城到护城河里去洗澡,顺手儿在车站上偷几块煤,或捉些蜻蜓与知了儿卖与那富贵人家的小儿。那小些的,不敢往远处跑,都到门外有树的地方,拾槐虫,挖"金钢"①什么的去玩。孩子都出去,男人也都出去,妇女们都赤了背在屋中,谁也不肯出来;不是怕难看,而是因为院中的地已经晒得烫脚。

直到太阳快落,男人与孩子们才陆续的回来,这时候院中有了墙影与一些凉风,而屋里圈着一天的热气,像些火笼;大家都在院中坐着,等着妇女们作饭。此刻,院中非常的热闹,好像是个没有货物的集市。大家都受了一天的热,红着眼珠,没有好脾气;肚子又饿,更个个急赤白脸。一句话不对路,有的便要打孩子,有的便要打老婆;即使打不起来,也骂个痛快。这样闹哄,一直到大家都吃过饭。小孩有的躺在院中便睡去,有的到街上去撒欢②。大人们吃饭之后,脾气和平了许多,爱说话的才三五成团,说起一天的辛苦。那吃不上饭的,当已无处去当,卖已无处去卖——即使有东西可当或卖——因为天色已黑上来。男的不管屋中怎样的热,一头扎在炕上,一声不出,也许大声的叫骂。女的含着泪向大家去通融,不定碰多少钉子,才借到一张二十枚的破纸票。攥着这张宝贝票子,她出去弄点杂合面来,勾一锅粥给大家吃。[2]

虎妞与小福子不在这个生活秩序中。虎妞有了孕,这回是真的。祥子清早就出去,她总得到八九点钟才起来;怀孕不宜多运动是传统的错谬信仰,虎妞既相信这个,而且要借此表示出一些身

[1]大杂院里的小孩子从小就要为填饱肚子而奔波。

[2]这些穷苦人只能在生存线上挣扎,一不留神就会被生活的狂澜吞没。

---

① 金钢:槐虫的蛹。
② 撒欢:本来是指动物的欢奔乱跑,也用来说小孩子这种动作。

份：大家都得早早的起来操作，唯有她可以安闲自在的爱躺到什么时候就躺到什么时候。到了晚上，她拿着个小板凳到街门外有风的地方去坐着，直到院中的人差不多都睡了才进来，她不屑于和大家闲谈。

小福子也起得晚，可是她另有理由。她怕院中那些男人们斜着眼看她，所以等他们都走净，才敢出屋门。白天，她不是找虎妞来，便是出去走走，因为她的广告便是她自己。晚上，为躲着院中人的注目，她又出去在街上转，约摸着大家都躺下，她才偷偷的溜进来。

在男人里，祥子与二强子是例外。祥子怕进这个大院，更怕往屋里走。院里众人的穷说，使他心里闹得慌，他愿意找个清静的地方独自坐着。屋里呢，他越来越觉得虎妞像个母老虎。小屋里是那么热，憋气，再添上那个老虎，他一进去就仿佛要出不来气。前些日子，他没法不早回来，为是省得虎妞吵嚷着跟他闹。近来，有小福子作伴儿，她不甚管束他了，他就晚回来一些。

二强子呢，近来几乎不大回家来了。他晓得女儿的营业，没脸进那个街门。但是他没法拦阻她，他知道自己没力量养活着儿女们。他只好不再回来，作为眼不见心不烦。有时候他恨女儿，假若小福子是个男的，管保不用这样出丑；既是个女胎，干吗投到他这里来！有时候他可怜女儿，女儿是卖身养着两个弟弟！恨吧疼吧，他没办法。赶到他喝了酒，而手里没了钱，他不恨了，也不可怜了，他回来跟她要钱。在这种时候，他看女儿是个会挣钱的东西，他是作爸爸的，跟她要钱是名正言顺。这时候他也想起体面来：大家不是轻看小福子吗，她的爸爸也没饶了她呀，他逼着她拿钱，而且骂骂咧咧，似乎是骂给大家听——二强子没有错儿，小福子天生的不要脸。

他吵，小福子连大气也不出。倒是虎妞一半骂一半劝，把他对付走，自然他手里得多少拿去点钱。这种钱只许他再去喝酒，因为他要是清醒着看见它们，他就会去跳河或上吊。[3]

六月十五那天，天热得发了狂。太阳刚一出来，地上已像下了火。一些似云非云，似雾非雾的灰气低低的浮在空中，使人觉得憋气。一点风也没有。祥子在院中看了看那灰红的天，打算去拉晚儿——过下午四点再出去；假若挣不上钱的话，他可以一直拉到天

[3] 不同的生活秩序表现了人们不同的生活、性格和心理。

亮:夜间无论怎样也比白天好受一些。

虎妞催着他出去,怕他在家里碍事,万一小福子拉来个客人呢。"你当在家里就好受哪?屋子里一到晌午连墙都是烫的!"

他一声没出,喝了瓢凉水,走了出去。

街上的柳树,像病了似的,叶子挂着层灰土在枝上打着卷;枝条一动也懒得动的,无精打采的低垂着。马路上一个水点也没有,干巴巴的发着些白光。便道上尘土飞起多高,与天上的灰气连接起来,结成一片毒恶的灰沙阵,烫着行人的脸。处处干燥,处处烫手,处处憋闷,整个的老城像烧透的砖窑,使人喘不出气。[4]狗趴在地上吐出红舌头,骡马的鼻孔张得特别的大,小贩们不敢吆喝,柏油路化开;甚至于铺户门前的铜牌也好像要被晒化。街上异常的清静,只有铜铁铺里发出使人焦躁的一些单调的叮叮当当。拉车的人们,明知不活动便没有饭吃,也懒得去张罗买卖:有的把车放在有些阴凉的地方,支起车棚,坐在车上打盹;有的钻进小茶馆去喝茶;有的根本没拉出车来,而来到街上看看,看看有没有出车的可能。那些拉着买卖的,即使是最漂亮的小伙子,也居然甘于丢脸,不敢再跑,只低着头慢慢的走。每一个井台都成了他们的救星,不管刚拉了几步,见井就奔过去;赶不上新汲的水,便和驴马们同在水槽里灌一大气。[5]还有的,因为中了暑,或是发痧,走着走着,一头栽在地上,永不起来。

连祥子都有些胆怯了![6]拉着空车走了几步,他觉出由脸到脚都被热气围着,连手背上都流了汗。可是,见了座儿,他还想拉,以为跑起来也许倒能有点风。他拉上了个买卖,把车拉起来,他才晓得天气的厉害已经到了不允许任何人工作的程度。一跑,便喘不过气来,而且嘴唇发焦,明知心里不渴,也见水就想喝。不跑呢,那毒花花的太阳把手和脊背都要晒裂。好歹的拉到了地方,他的裤褂全裹在了身上。拿起芭蕉扇扇扇,没用,风是热的。他已经不知喝了几气凉水,可是又跑到茶馆去。两壶热茶喝下去,他心里安静了些。茶由口中进去,汗马上由身上出来,好像身上已是空膛的,不会再藏储一点水分。他不敢再动了。

坐了好久,他心中腻烦了。既不敢出去,又没事可作,他觉得天气仿佛成心跟他过不去。不,他不能服软。他拉车不止一天了,夏天这也不是头一遭,他不能就这么白白的"泡"一天。想出去,可

[4]运用了排比、反复和比喻的修辞手法,有力地表现了天气的热和闷。

[5]用"奔"不用"走",用"灌"不用"喝",可见车夫们干渴之甚,思水之切,衬托出天气的酷热难耐。

[6]祥子"胆怯",这得是多么难的情形啊!

是腿真懒得动，身上非常的软，好像洗澡没洗痛快那样，汗虽出了不少，而心里还不畅快。又坐了会儿，他再也坐不住了，反正坐着也是出汗，不如爽性出去试试。[7]

一出来，才晓得自己的错误。天上那层灰气已散，不甚憋闷了，可是阳光也更厉害了许多：没人敢抬头看太阳在哪里，只觉得到处都闪眼，空中，屋顶上，墙壁上，地上，都白亮亮的，白里透着点红；由上至下整个的像一面极大的火镜，每一条光都像火镜的焦点，晒得东西要发火。在这个白光里，每一个颜色都刺目，每一个声响都难听，每一种气味都混含着由地上蒸发出来的腥臭。[8]街上仿佛已没了人，道路好像忽然加宽了许多，空旷而没有一点凉气，白花花的令人害怕。祥子不知怎么是好了，低着头，拉着车，极慢的往前走，没有主意，没有目的，昏昏沉沉的，身上挂着一层粘汗，发着馊臭的味儿。走了会儿，脚心和鞋袜粘在一块，好像踩着块湿泥，非常的难过。本来不想再喝水，可是见了井不由的又过去灌了一气，不为解渴，似乎专为享受井水那点凉气，由口腔到胃中，忽然凉了一下，身上的毛孔猛的一收缩，打个冷战，非常舒服。喝完，他连连的打嗝，水要往上漾！

走一会儿，坐一会儿，他始终懒得张罗买卖。一直到了正午，他还觉不出饿来。想去照例的吃点什么，看见食物就要恶心。胃里差不多装满了各样的水，有时候里面会轻轻的响，像骡马似的喝完水肚子里咣咣咣的响动。[9]

拿冬与夏相比，祥子总以为冬天更可怕。他没想到过夏天这么难受。在城里过了不止一夏了，他不记得这么热过。是天气比往年热呢，还是自己的身体虚呢？这么一想，他忽然的不那么昏昏沉沉的了，心中仿佛凉了一下。自己的身体，是的，自己的身体不行了！他害了怕，可是没办法。他没法赶走虎妞，他将要变成二强子，变成那回遇见的那个高个子，变成小马儿的祖父。祥子完了！[10]

正在午后一点的时候，他又拉上个买卖。这是一天里最热的时候，又赶上这一夏里最热的一天，可是他决定去跑一趟。他不管太阳下是怎样的热了：假若拉完一趟而并不怎样呢，那就证明自己的身子并没坏；设若拉不下来这个买卖呢，那还有什么可说的，一个跟头栽死在那发着火的地上也好！[11]

[7] 倔强，与天气抗争！

[8] 通过视觉、听觉、嗅觉等多方面的感受，渲染出烈日之猛、酷热之甚，使人仿佛亲历一般。

[9] 与上文跟驴马同槽喝水相照应，突出人力车夫可悲的骡马般的生活。

[10] 祥子失去了身体强壮的自信。

[11] 祥子不仅是在与恶劣的天气搏斗，更是在与自己的身体进行搏击。

骆驼祥子

[12]用"跑""找""跳""嚷"这一连串的动词状写出人们对凉风的渴求。言辞简约朴实，表现力却很强。

[13]以"风"为线索，通过景物的急剧变化和人们的惊慌表现，真实地写出了天气骤变的过程。

[14]暴雨之大，之急，之壮观，令人惊叹。

刚走了几步，他觉到一点凉风，就像在极热的屋里由门缝进来一点凉气似的。他不敢相信自己；看看路旁的柳枝，的确是微微的动了两下。街上突然加多了人，铺户中的人争着往外跑，都攥着把蒲扇遮着头，四下里找："有了凉风！有了凉风！凉风下来了！"大家几乎要跳起来嚷着。[12]路旁的柳树忽然变成了天使似的，传达着上天的消息："柳条儿动了！老天爷，多赏点凉风吧！"

还是热，心里可镇定多了。凉风，即使是一点点，给了人们许多希望。几阵凉风过去，阳光不那么强了，一阵亮，一阵稍暗，仿佛有片飞沙在上面浮动似的。风忽然大起来，那半天没有动作的柳条像猛的得到什么可喜的事，飘洒的摇摆，枝条都像长出一截儿来。一阵风过去，天暗起来，灰尘全飞到半空。尘土落下一些，北面的天边见了墨似的乌云。祥子身上没了汗，向北边看了一眼，把车停住，上了雨布，他晓得夏天的雨是说来就来，不容工夫的。

刚上好了雨布，又是一阵风，黑云滚似的已遮黑半边天。地上的热气与凉风掺合起来，夹杂着腥臊的干土，似凉又热；南边的半个天响晴白日，北边的半个天乌云如墨，仿佛有什么大难来临，一切都惊慌失措。车夫急着上雨布，铺户忙着收幌子，小贩们慌手忙脚的收拾摊子，行路的加紧往前奔。又一阵风。风过去，街上的幌子，小摊，与行人，仿佛都被风卷了走，全不见了，只剩下柳枝随着风狂舞。[13]

云还没铺满了天，地上已经很黑，极亮极热的晴午忽然变成黑夜了似的。风带着雨星，像在地上寻找什么似的，东一头西一头的乱撞。北边远处一个红闪，像把黑云掀开一块，露出一大片血似的。风小了，可是利飕有劲，使人颤抖。一阵这样的风过去，一切都不知怎好似的，连柳树都惊疑不定的等着点什么。又一个闪，正在头上，白亮亮的雨点紧跟着落下来，极硬的砸起许多尘土，土里微带着雨气。大雨点砸在祥子的背上几个，他哆嗦了两下。雨点停了，黑云铺匀了满天。又一阵风，比以前的更厉害，柳枝横着飞，尘土往四下里走，雨道往下落；风，土，雨，混在一处，连成一片，横着竖着都灰茫茫、冷飕飕，一切的东西都被裹在里面，辨不清哪是树，哪是地，哪是云，四面八方全乱，全响，全迷糊。风过去了，只剩下直的雨道，扯天扯地的垂落，看不清一条条的，只是那么一片，一阵，地上射起了无数的箭头，房屋上落下万千条瀑布。[14]几分钟，

128

十八

天地已分不开，空中的河往下落，地上的河横流，成了一个灰暗昏黄，有时又白亮亮的，一个水世界。

祥子的衣服早已湿透，全身没有一点干松地方；隔着草帽，他的头发已经全湿。地上的水过了脚面，已经很难迈步；上面的雨直砸着他的头与背，横扫着他的脸，裹着他的裆。[15] 他不能抬头，不能睁眼，不能呼吸，不能迈步。他像要立定在水中，不知道哪是路，不晓得前后左右都有什么，只觉得透骨凉的水往身上各处浇。他什么也不知道了，只心中茫茫的有点热气，耳旁有一片雨声。他要把车放下，但是不知放在哪里好。想跑，水裹住他的腿。他就那么半死半活的，低着头一步一步的往前曳。坐车的仿佛死在了车上，一声不出的任着车夫在水里挣命。

雨小了些，祥子微微直了直脊背，吐出一口气："先生，避避再走吧！"

"快走！你把我扔在这儿算怎回事？"坐车的跺着脚喊。[16]

祥子真想硬把车放下，去找个地方避一避。可是，看看身上，已经全往下流水，他知道一站住就会哆嗦成一团。他咬上了牙，蹚着水不管高低深浅的跑起来。刚跑出不远，天黑了一阵，紧跟着一亮，雨又迷住他的眼。

拉到了，坐车的连一个铜板也没多给。祥子没说什么，他已顾不过命来。

雨住一会儿，又下一阵儿，比以前小了许多。祥子一气跑回了家。抱着火，烤了一阵，他哆嗦得像风雨中的树叶。[17] 虎妞给他冲了碗姜糖水，他傻子似的抱着碗一气喝完。喝完，他钻了被窝，什么也不知道了，似睡非睡的，耳中刷刷的一片雨声。

到四点多钟，黑云开始显出疲乏来，绵软无力的打着不甚红的闪。一会儿，西边的云裂开，黑的云峰镶上金黄的边，一些白气在云下奔走；闪都到南边去，曳着几声不甚响亮的雷。又待了一会儿，西边的云缝露出来阳光，把带着雨水的树叶照成一片金绿。东边天上挂着一双七色的虹，两头插在黑云里，桥背顶着一块青天。虹不久消散了，天上已没有一块黑云，洗过了的蓝空与洗过了的一切，像由黑暗里刚生出一个新的，清凉的，美丽的世界。[18] 连大杂院里的水坑上也来了几个各色的蜻蜓。

可是，除了孩子们赤着脚追逐那些蜻蜓，杂院里的人们并顾不

[15] "过""砸""扫""裹"，一连串的动词准确地描写出暴雨对祥子的无情袭击和折磨，衬托出祥子拉车的极其艰难。

[16] 除了恶劣的自然环境，祥子的悲惨遭遇还来自坐车人的冷酷和贱视，来自人压迫人的社会环境和伦理。

[17] 写出卑微的底层劳动者生存的艰辛、命运的痛苦。

[18] 雨过天晴，景色美丽，色彩丰富而鲜艳。这里作者是以乐景写哀事，反衬下文贫民雨后的苦痛生活。

129

骆驼祥子

得欣赏这雨后的晴天。小福子屋的后檐墙塌了一块,姐儿三个忙着把炕席揭起来,堵住窟窿。院墙塌了好几处,大家没工夫去管,只顾了收拾自己的屋里:有的台阶太矮,水已灌到屋中,大家七手八脚的拿着簸箕破碗往外淘水。有的倒了山墙,设法去填堵。有的屋顶漏得像个喷壶,把东西全淋湿,忙着往外搬运,放在炉旁去烤,或搁在窗台上去晒。在正下雨的时候,大家躲在那随时可以塌倒而把他们活埋了的屋中,把命交给了老天;雨后,他们算计着,收拾着,那些损失;虽然大雨过去,一斤粮食也许落一半个铜子,可是他们的损失不是这个所能偿补的。[19] 他们花着房钱,可是永远没人来修补房子;除非塌得无法再住人,才来一两个泥水匠,用些素泥碎砖稀松的堵砌上——预备着再塌。房钱交不上,全家便被撵出去,而且扣了东西。房子破,房子可以砸死人,没人管。他们那点钱,只能租这样的屋子;破,危险,都活该!

[19] 雨下到穷人的世界中便是灾难。

最大的损失是被雨水激病。他们连孩子带大人都一天到晚在街上找生意,而夏天的暴雨随时能浇在他们的头上。他们都是卖力气挣钱,老是一身热汗,而北方的暴雨是那么急,那么凉,有时夹着核桃大的冰雹;冰凉的雨点,打在那开张着的汗毛眼上,至少教他们躺在炕上,发一两天烧。孩子病了,没钱买药;一场雨,催高了田中的老玉米与高粱,可是也能浇死不少城里的贫苦儿女。大人们病了,就更了不得;雨后,诗人们吟咏着荷珠与双虹;穷人家,大人病了,便全家挨了饿。[20] 一场雨,也许多添几个妓女或小贼,多有些人下到监狱去;大人病了,儿女们作贼作娼也比饿着强!雨下给富人,也下给穷人;下给义人,也下给不义的人。其实,雨并不公道,因为下落在一个没有公道的世界上。[21]

[20] 诗人的诗意盎然和贫民的等米下锅,同时存在于暴风雨后的现实之中,被作者用鲜明的对比手法予以凸显。

[21] 这一句话表现了老舍的创作追求:呼唤改天换地,创造出一个公道的人间世界。

祥子病了。大杂院里的病人并不止于他一个。

1. 虎妞总是要显示自己"有身份",她认为自己是什么身份?
2. 祥子在恶劣的天气条件下是如何苦苦挣扎的?
3. 老舍为什么说"雨并不公道,因为下落在一个没有公道的世界上"?

十九

　　祥子昏昏沉沉的睡了两昼夜,虎妞着了慌。到娘娘庙,她求了个神方:一点香灰之外,还有两三味草药。[1]给他灌下去,他的确睁开眼看了看,可是待了一会儿又睡着了,嘴里唧唧咕咕的不晓得说了些什么。虎妞这才想起去请大夫。扎了两针,服了剂药,他清醒过来,一睁眼便问:"还下雨吗?"[2]

　　第二剂药煎好,他不肯吃。既心疼钱,又恨自己这样的不济,居然会被一场雨给激病,他不肯喝那碗苦汁子。为证明他用不着吃药,他想马上穿起衣裳就下地。可是刚一坐起来,他的头像有块大石头赘着,脖子一软,眼前冒了金花,他又倒下了。什么也无须说了,他接过碗来,把药吞下去。

　　他躺了十天。越躺着越起急,有时候他趴在枕头上,有泪无声的哭。他知道自己不能去挣钱,那么一切花费就都得由虎妞往外垫;多咱把她的钱垫完,多咱便全仗着他的一辆车子;凭虎妞的爱花爱吃,他供给不起,况且她还有了孕呢!越起不来越爱胡思乱想,越想越愁得慌,病也就越不容易好。

　　刚顾过命来,他就问虎妞:"车呢?"[3]

　　"放心吧,赁给丁四拉着呢!"

　　"啊!"他不放心他的车,唯恐被丁四,或任何人,给拉坏。可是自己既不能下地,当然得赁出去,还能闲着吗?他心里计算:自己拉,每天好歹一背拉①总有五六毛钱的进项。房钱,煤米柴炭,灯油茶水,还先别算添衣服,也就将够两个人用的,还得处处抠搜②,不能像虎妞那么满不在乎。现在,每天只进一毛多钱的车租,得干赔上四五毛,还不算吃药。假若病老不好,该怎办呢?是的,不怪二强子喝酒,不怪那些苦朋友们胡作非为,拉车这条路是死路!不管你怎样卖力气,要强,你可就别成家,别生病,别出一点岔儿。哼!

----
　　① 背拉:平均。
　　② 抠搜:俭省。

[1]表现虎妞的迷信、愚昧,为下文她难产时请来巫婆埋下了伏笔。

[2]这句话显示了暴雨的淫威,暴雨对祥子的打击是摧毁性的。

[3]家庭的开支离不开他的拉车,关心车就是关心这个家。

骆驼祥子

他想起来,自己的头一辆车,自己攒下的那点钱,又招谁惹谁了?不因生病,也不是为成家,就那么无情无理的丢了!好也不行,歹也不行,这条路上只有死亡,而且说不定哪时就来到,自己一点也不晓得。想到这里,由忧愁改为颓废,嘻,干它的去,起不来就躺着,反正是那么回事!他什么也不想了,静静的躺着。不久他又忍不下去了,想马上起来,还得去苦奔;道路是死的,人心是活的,在入棺材以前总是不断的希望着。可是,他立不起来。只好无聊的,乞怜的,要向虎妞说几句话:

"我说那辆车不吉祥,真不吉祥!"[4]

"养你的病吧!老说车,车迷!"

他没再说什么。对了,自己是车迷!自从一拉车,便相信车是一切,敢情……

病刚轻了些,他下了地。对着镜子看了看,他不认得镜中的人了:满脸胡子拉碴,太阳穴与腮都瘪进去,眼是两个深坑,那块疤上有好多皱纹![5] 屋里非常的热闷,他不敢到院中去,一来是腿软得像没了骨头,二来是怕被人家看见他。不但在这个院里,就是东西城各车口上,谁不知道祥子是头顶头的①棒小伙子。祥子不能就是这个样的病鬼!他不肯出去。在屋里,又憋闷得慌。他恨不能一口吃壮起来,好出去拉车。

可是,病是毁人的,它的来去全由着它自己。

歇了有一个月,他不管病完全好了没有,就拉上车。把帽子戴得极低,为是教人认不出来他,好可以缓着劲儿跑。"祥子"与"快"是分不开的,他不能大模大样的慢慢蹭,教人家看不起。

身子本来没好利落,又贪着多拉几号,好补上病中的亏空,拉了几天,病又回来了。这回添上了痢疾。他急得抽自己的嘴巴,没用,肚皮似乎已挨着了腰,还泻。好容易痢疾止住了,他的腿连蹲下再起来都费劲,不用说想去跑一阵了。他又歇了一个月!他晓得虎妞手中的钱大概快垫完了!

到八月十五,他决定出车,这回要是再病了,他起了誓,他就去跳河!

[4] 除了车,祥子就没话可说了,显示了他与虎妞在精神上的隔绝。

[5] 肖像描写,形象地反映了疾病对祥子造成的伤害。

① 头顶头的:第一等的。

132

★ 十九 ★

在他第一次病中，小福子时常过来看看。祥子的嘴一向干不过虎妞，而心中又是那么憋闷，所以有时候就和小福子说几句。这个，招翻了虎妞。祥子不在家，小福子是好朋友；祥子在家，小福子是，按照虎妞的想法，"来吊棒①！好不要脸！"她力逼着小福子还上欠着她的钱，"从此以后，不准再进来！"[6]

小福子失去了招待客人的地方，而自己的屋里又是那么破烂——炕席堵着后檐墙，她无可如何，只得到"转运公司"②去报名。可是，"转运公司"并不需要她这样的货。人家是介绍"女学生"与"大家闺秀"的，门路高，用钱大，不要她这样的平凡人物。她没了办法。想去下窑子，既然没有本钱，不能混自家的买卖，当然得押给班儿里。但是，这样办就完全失去自由，谁照应着两个弟弟呢？死是最简单容易的事，活着已经是在地狱里。她不怕死，可也不想死，因为她要作些比死更勇敢更伟大的事。她要看着两个弟弟都能挣上钱，再死也就放心了。自己早晚是一死，但须死一个而救活了俩！想来想去，她只有一条路可走：贱卖。肯进她那间小屋的当然不肯出大价钱，好吧，谁来也好吧，给个钱就行。这样，倒省了衣裳与脂粉；来找她的并不敢希望她打扮得怎么够格局，他们是按钱数取乐的；她年纪很轻，已经是个便宜了。

虎妞的身子已不大方便，连上街买趟东西都怕有些失闪，而祥子一走就是一天，小福子又不肯过来，她寂寞得像个被拴在屋里的狗。越寂寞越恨，她以为小福子的减价出售是故意的气她。她才不能吃这个瘪子③：坐在外间屋，敞开门，她等着。有人往小福子屋走，她便扯着嗓子说闲话，教他们难堪，也教小福子吃不住。小福子的客人少了，她高了兴。[7]

小福子晓得这么下去，全院的人慢慢就会都响应虎妞，而把自己撵出去。她只是害怕，不敢生气，落到她这步田地的人晓得把事实放在气和泪的前边。她带着小弟弟过来，给虎妞下了一跪。什么也没说，可是神色也带出来：这一跪要还不行的话，她自己不怕

[6]这是虎妞性格中残忍、不讲道理的一面。

[7]肆无忌惮地欺侮人，虎妞的女混混面目由此可见一斑。

① 吊棒：下流话，即调情。
② "转运公司"：给暗娼介绍生意的地方。
③ 吃瘪子：受窘，作难。

133

骆驼祥子

[8] 兔子逼急了也咬人，小福子柔弱中亦有刚强。

死，谁可也别想活着！最伟大的牺牲是忍辱，最伟大的忍辱是预备反抗。[8]

虎妞倒没了主意。怎想怎不是味儿，可是带着那么个大肚子，她不敢去打架。武的既拿不出来，只好给自己个台阶：她是逗着小福子玩呢，谁想弄假成真，小福子的心眼太死。这样解释开，她们又成了好友，她照旧给小福子维持一切。

自从中秋出车，祥子处处加了谨慎，两场病教他明白了自己并不是铁打的。多挣钱的雄心并没完全忘掉，可是屡次的打击使他认清楚了个人的力量是多么微弱；好汉到时候非咬牙不可，但咬上牙也会吐了血！痢疾虽然已好，他的肚子可时时的还疼一阵。有时候腿脚正好蹓开了，想试着步儿加点速度，肚子里绳绞似的一拧，他缓了步，甚至于忽然收住脚，低着头，缩着肚子，强忍一会儿。独自拉着座儿还好办，赶上拉帮儿车的时候，他猛孤仃的收住步，使大家莫名其妙，而他自己非常的难堪。自己才二十多岁，已经这么闹笑话，赶到三四十岁的时候，应当怎样呢？这么一想，他轰的一下冒了汗！[9]

[9] 生动形象地写出了祥子预想到自己未来时的恐惧心理。

为自己的身体，他很愿再去拉包车。到底是一工儿活有个缓气的时候；跑的时候要快，可是休息的工夫也长，总比拉散座儿轻闲。他可也准知道，虎妞绝对不会放手他，成了家便没了自由，而虎妞又是特别的厉害。他认了背运。

半年来的，由秋而冬，他就那么一半对付，一半挣扎，不敢大意，也不敢偷懒，心中憋憋闷闷的，低着头苦奔。低着头，他不敢再像原先那么愣葱似的，什么也不在乎了。至于挣钱，他还是比一般的车夫多挣着些。除非他的肚子正绞着疼，也总不肯空放走一个买卖，该拉就拉，他始终没染上恶习。什么故意的绷大价，什么中途倒车，什么死等好座儿，他都没学会。这样，他多受了累，可是天天准进钱。他不取巧，所以也就没有危险。

可是，钱进得太少，并不能剩下。左手进来，右手出去，一天一个干净。他连攒钱都想也不敢想了。他知道怎样省着，虎妞可会花呢。虎妞的"月子"①是转过年二月初的。自从一入冬，她的怀已

---

① "月子"：妇女生产，习惯上须休息一个月，俗称"坐月子"。

134

显了形,而且爱故意的往外腆着,好显出自己的重要。看着自己的
肚子,她简直连炕也懒得下。[10] 作菜作饭全托付给了小福子,自然
那些剩汤腊水的就得教小福子拿去给弟弟们吃。这个,就费了许
多。饭菜而外,她还得吃零食,肚子越显形,她就觉得越须多吃好
东西;不能亏着嘴。[11] 她不但随时的买零七八碎的,而且嘱咐祥子
每天给她带回点儿来。祥子挣多少,她花多少,她的要求随着他的
钱涨落。祥子不能说什么。他病着的时候,花了她的钱,那么一还
一报,他当然也得给她花。祥子稍微紧一紧手,她马上会生病,"怀
孕就是害九个多月的病,你懂得什么?"她说的也是真话。

到过新年的时候,她的主意就更多了。她自己动不了窝,便派
小福子一趟八趟的去买东西。她恨自己出不去,又疼爱自己而不
肯出去,不出去又憋闷的慌,所以只好多买些东西来看着还舒服
些。她口口声声不是为她自己买而是心疼祥子:"你苦奔了一年,
还不吃一口哪? 自从病后,你就没十分足壮起来;到年底下还不
吃,等饿得像个瘟臭虫哪?"祥子不便辩驳,也不会辩驳;及至把东
西作好,她一吃便是两三大碗。吃完,又没有运动,她撑得慌,抱着
肚子一定说是犯了胎气!

过了年,她无论如何也不准祥子在晚间出去,她不定哪时就生
养,她害怕。这时候,她才想起自己的实在岁数来,虽然还不肯明
说,可是再也不对他讲,"我只比你大'一点'了"。[12] 她这么闹哄,
祥子迷了头。生命的延续不过是生儿养女,祥子心里不由的有点
喜欢,即使一点也不需要一个小孩,可是那个将来到自己身上,最
简单而最玄妙的"爸"字,使铁心的人也得要闭上眼想一想,无论怎
么想,这个字总是动心的。祥子,笨手笨脚的,想不到自己有什么
好处和可自傲的地方;一想到这个奇妙的字,他忽然觉出自己的尊
贵,仿佛没有什么也没关系,只要有了小孩,生命便不会是个空
的。[13] 同时,他想对虎妞尽自己所能的去供给,去伺候,她现在已
不是"一"个人;即使她很讨厌,可是在这件事上她有一百成的功
劳。不过,无论她有多么大的功劳,她的闹腾劲儿可也真没法受。
她一会儿一个主意,见神见鬼的乱哄,而祥子必须出去挣钱,需要
休息,即使钱可以乱花,他总得安安顿顿的睡一夜,好到明天再去

[10] 虎妞难产的原因
之一:孕期缺少运动。

[11] 虎妞难产的原因
之二:孕期过于贪嘴。

[12] 虎妞难产的原因
之三:属于高龄产妇。

[13] 能有一个自己的
孩子,让祥子又看到
了人生的希望。

骆驼祥子

苦曳。她不准他晚上出去,也不准他好好的睡觉,他一点主意也没有,成天际晕晕乎乎的,不知怎样才好。有时候欣喜,有时候着急,有时候烦闷,有时候为欣喜而又要惭愧,有时候为着急而又要自慰,有时候为烦闷而又要欣喜,感情在他心中绕着圆圈,把个最简单的人闹得不知道了东西南北。[14]有一回,他竟自把座儿拉过了地方,忘了人家雇到哪里!

[14]一连串的排比,把祥子"不知道了东西南北"的状况描绘得出神入化。

灯节左右,虎妞决定教祥子去请收生婆,她已支持不住。收生婆来到,告诉她还不到时候,并且说了些要临盆时的征象。她忍了两天,就又闹腾起来。把收生婆又请了来,还是不到时候。她哭着喊着要去寻死,不能再受这个折磨。祥子一点办法没有,为表明自己尽心,只好依了她的要求,暂不去拉车。

一直闹到月底,连祥子也看出来,这是真到了时候,她已经不像人样了。收生婆又来到,给祥子一点暗示,恐怕要难产。虎妞的岁数,这又是头胎,平日缺乏运动,而胎又很大,因为孕期里贪吃油腻;这几项合起来,打算顺顺当当的生产是希望不到的。况且一向没经过医生检查过,胎的部位并没有矫正过;收生婆没有这份手术,可是会说:就怕是横生逆产呀!

在这杂院里,小孩的生与母亲的死已被大家习惯的并为一谈。可是虎妞比别人都更多着些危险,别个妇人都是一直到临盆那一天还操作活动,而且吃得不足,胎不会很大,所以倒能容易生产。她们的危险是在产后的失调,而虎妞却与她们正相反。她的优越正是她的祸患。[15]

[15]"祸兮福之所倚,福兮祸之所伏。"虎妞的优越正是她的祸患,就是这个道理。

祥子,小福子,收生婆,连着守了她三天三夜。她把一切的神佛都喊到了,并且许下多少誓愿,都没有用。最后,她嗓子已哑,只低唤着"妈哟!妈哟!"收生婆没办法,大家都没办法,还是她自己出的主意,教祥子到德胜门外去请陈二奶奶——顶着一位虾蟆大仙。陈二奶奶非五块钱不来,虎妞拿出最后的七八块钱来:"好祥子,快快去吧!花钱不要紧!等我好了,我乖乖的跟你过日子!快去吧!"[16]

[16]虎妞是一个活生生和真实的女人,虽然不美好,但也不是恶魔。

陈二奶奶带着"童儿"——四十来岁的一位黄脸大汉——快到掌灯的时候才来到。她有五十来岁,穿着蓝绸子袄,头上戴着红石

136

榴花,和全份的镀金首饰。眼睛直勾勾的,进门先净了手,而后上了香;她自己先磕了头,然后坐在香案后面,呆呆的看着香苗。忽然连身子都一摇动,打了个极大的冷战,垂下头,闭上眼,半天没动静。屋中连落个针都可以听到,虎妞也咬上牙不敢出声。慢慢的,陈二奶奶抬起头来,点着头看了看大家;"童儿"扯了扯祥子,教他赶紧磕头。祥子不知道自己信神不信,只觉得磕头总不会出错儿。迷迷糊糊的,他不晓得磕了几个头。立起来,他看着那对直勾勾的"神"眼,和那烧透了的红亮香苗,闻着香烟的味道,心中渺茫的希望着这个阵式里会有些好处,呆呆的,他手心上出着凉汗。

虾蟆大仙说话老声老气的,而且有些结巴:"不,不,不要紧!画道催,催,催生符!"

"童儿"急忙递过黄绵纸,大仙在香苗上抓了几抓,而后沾着唾沫在纸上画。

画完符,她又结结巴巴的说了几句:大概的意思是虎妞前世里欠这孩子的债,所以得受些折磨。祥子晕头打脑的没甚听明白,可是有些害怕。

陈二奶奶打了个长大的哈欠,闭目愣了会儿,仿佛是大梦初醒的样子睁开了眼。"童儿"赶紧报告大仙的言语。她似乎很喜欢:"今天大仙高兴,爱说话!"[17]然后她指导着祥子怎样教虎妞喝下那道神符,并且给她一丸药,和神符一同服下去。

陈二奶奶热心的等着看看神符的效验,所以祥子得给她预备点饭。祥子把这个托付给小福子去办。小福子给买来热芝麻酱烧饼和酱肘子;陈二奶奶还嫌没有盅酒吃。[18]

虎妞服下去神符,陈二奶奶与"童儿"吃过了东西,虎妞还是翻滚的闹。直闹了一点多钟,她的眼珠已慢慢往上翻。陈二奶奶还有主意,不慌不忙的教祥子跪一股高香。[19]祥子对陈二奶奶的信心已经剩不多了。但是既花了五块钱,爽性就把她的方法都试验试验吧;既不肯打她一顿,那么就依着她的主意办好了,万一有些灵验呢!

直挺挺的跪在高香前面,他不晓得求的是什么神,可是他心中想要虔诚。看着香火的跳动,他假装在火苗上看见了一些什么形

[17]"似乎"表明"很喜欢"是装扮出来的,因为所谓虾蟆大仙的话语本来就是陈二奶奶的自说自话。

[18]陈二奶奶不仅骗钱,还要骗吃骗喝。

[19]"不慌不忙",表现了陈二奶奶不把别人的性命当回事,突出了她视人命如草菅的残忍。

骆驼祥子

影,心中便祷告着。香越烧越矮,火苗当中露出些黑道来,他把头低下去,手扶在地上,迷迷糊糊的有些发困,他已两三天没得好好的睡了。脖子忽然一软,他唬了一跳,再看,香已烧得剩了不多。他没管到了该立起来的时候没有,拄着地就慢慢立起来,腿已有些发木。

[20]因为愚蠢而相信所谓的"虾蟆大仙"。

陈二奶奶和"童儿"已经偷偷的溜了。[20]

祥子没顾得恨她,而急忙过去看虎妞,他知道事情到了极不好办的时候。虎妞只剩了大口的咽气,已经不会出声。收生婆告诉他,想法子到医院去吧,她的方法已经用尽。

祥子心中仿佛忽然的裂了,张着大嘴哭起来。小福子也落着泪,可是处在帮忙的地位,她到底心里还清楚一点。"祥哥!先别哭!我去上医院问问吧?"

没管祥子听见了没有,她抹着泪跑出去。

[21]细节描写,表现了小福子的淳朴、善良。

她去了有一点钟。跑回来,她已喘得说不上来话。[21]扶着桌子,她干嗽了半天才说出来:医生来一趟是十块钱,只是看看,并不管接生。接生是二十块。要是难产的话,得到医院去,那就得几十块了。"祥哥!你看怎办呢?!"

[22]因为贫困而不能送虎妞进医院。

祥子没办法,只好等着该死的就死吧![22]

愚蠢与残忍是这里的一些现象;所以愚蠢,所以残忍,却另有原因。

[23]虎妞死了,她的悲剧强化了祥子的悲剧。

虎妞在夜里十二点,带着个死孩子,断了气。[23]

且读且思

1. 病中的祥子,心理起了怎样的变化?
2. 面对小福子姐弟的下跪,虎妞是如何反应的?
3. 作者说"所以愚蠢,所以残忍,却另有原因"是指什么?

二十

祥子的车卖了!

钱就和流水似的,他的手已拦不住;死人总得抬出去,连开张殃榜也得花钱。

祥子像傻了一般,看着大家忙乱,他只管往外掏钱。[1]他的眼红得可怕,眼角堆着一团黄白的眵目糊;耳朵发聋,愣愣磕磕的随着大家乱转,可不知道自己作的是什么。

跟着虎妞的棺材往城外走,他这才清楚了一些,可是心里还顾不得思索任何事情。没有人送殡,除了祥子,就是小福子的两个弟弟,一人手中拿着薄薄的一打儿纸钱,沿路撒给那拦路鬼。

愣愣磕磕的,祥子看着杠夫把棺材埋好,他没有哭。他的脑中像烧着一把烈火,把泪已烧干,想哭也哭不出。[2]呆呆的看着,他几乎不知那是干什么呢。直到"头儿"过来交待,他才想起回家。

屋里已被小福子给收拾好。回来,他一头倒在炕上,已经累得不能再动。眼睛干巴巴的闭不上,他呆呆的看着那有些雨漏痕迹的顶棚。既不能睡去,他坐了起来。看了屋中一眼,他不敢再看。心中不知怎样好。他出去买了包"黄狮子"烟来。坐在炕沿上,点着了一支烟;并不爱吸。呆呆的看着烟头上那点蓝烟,忽然泪一串串的流下来,不但想起虎妞,也想起一切。到城里来了几年,这是他努力的结果,就是这样,就是这样!他连哭都哭不出声来!车,车,车是自己的饭碗。买,丢了;再买,卖出去;三起三落,像个鬼影,永远抓不牢,而空受那些辛苦与委屈。没了,什么都没了,连个老婆也没了![3]虎妞虽然厉害,但是没了她怎能成个家呢?看着屋中的东西,都是她的,她本人可是埋在了城外!越想越恨,泪被怒火截住,他狠狠的吸那支烟,越不爱吸越偏要吸。把烟吸完,手捧着头,口中与心中都发辣,要狂喊一阵,把心中的血都喷出来才痛快。

不知道什么工夫,小福子进来了,立在外间屋的菜案前,呆呆的看着他。

他猛一抬头,看见了她,泪极快的又流下来。此时,就是他看见只狗,他也会流泪;满心的委屈,遇见个活的东西才想发泄;他想跟她说说,想得到一些同情。可是,话太多,他的嘴反倒张不开了。

"祥哥!"她往前凑了凑,"我把东西都收拾好了。"

[1]接二连三的打击让祥子身心憔悴,他已经麻木了。

[2]祥子对于虎妞的死伤心至极,极度的悲伤形成了暂时的无泪。

[3]老婆死了,孩子没了,家没了,自己的希望也没了!祥子又一次受到灭顶的打击。

骆驼祥子

他点了点头，顾不及谢谢她；悲哀中的礼貌是虚伪。

"你打算怎办呢？"

"啊？"他好像没听明白，但紧跟着他明白过来，摇了摇头——他顾不得想办法。

她又往前走了两步，脸上忽然红起来，露出几个白牙，可是话没能说出。[4]她的生活使她不能不忘掉羞耻，可是遇到正经事，她还是个有真心的女人：女子的心在羞耻上运用着一大半。"我想……"她只说出这么点来。她心中的话很多；脸一红，它们全忽然的跑散，再也想不起来。

[4]小福子是真心喜欢祥子，她是能够助祥子向上的最后一线生机。

人间的真话本来不多，一个女子的脸红胜过一大片话；连祥子也明白了她的意思。在他的眼里，她是个最美的女子，美在骨头里，就是她满身都长了疮，把皮肉都烂掉，在他心中她依然很美。她美，她年轻，她要强，她勤俭。假若祥子想再娶，她是个理想的人。他并不想马上就续娶，他顾不得想任何的事。可是她既然愿意，而且是因为生活的压迫不能不马上提出来，他似乎没有法子拒绝。她本人是那么好，而且帮了他这么多的忙，他只能点头，他真想过去抱住她，痛痛快快地哭一场，把委屈都哭净，而后与她努力同心的再往下苦奔。在她身上，他看见了一个男人从女子所能得的与所应得的安慰。他的口不大爱说话，见了她，他愿意随便的说；有她听着，他的话才不至于白说；她的一点头，或一笑，都是最美满的回答，使他觉得真是成了"家"。[5]

[5]饱受生活摧残、蹂躏的小福子，在性格上仍是如此的含蓄、娴静。

正在这个时候，小福子的二弟弟进来了："姐姐！爸爸来了！"

她皱了皱眉。她刚推开门，二强子已走到院中。

"你上祥子屋里干什么去了？"二强子的眼睛瞪圆，两脚拌着蒜，东一晃西一晃的扑过来："你卖还卖不够，还得白教祥子玩？你个不要脸的东西！"[6]

[6]"扑"字形象地描画出了一个醉鬼走路摇晃、踉跄的样子。

祥子，听到自己的名字，赶了出来，立在小福子的身后。

"我说祥子，"二强子歪歪拧拧的想挺起胸脯，可是连立也立不稳："我说祥子，你还算人吗？你占谁的便宜也罢，单占她的便宜？什么玩意？"

祥子不肯欺负个醉鬼，可是心中的积郁使他没法管束住自己的怒气。他赶上一步去。四只红眼睛对了光，好像要在空气中激触，发出火花。祥子一把扯住二强子的肩，就像提拉着个孩子似的，掷出老远。[7]

[7]"扯""掷"写出了祥子愤怒至极。

良心的谴责，借着点酒，变成狂暴：二强子的醉本来多少有些

140

假装。经这一摔，他醒过来一半。他想反攻，可是明知不是祥子的对手。就这么老老实实的出去，又十分的不是味儿。他坐在地上，不肯往起立，又不便老这么坐着。心中十分的乱，嘴里只好随便的说了："我管教儿女，与你什么相干？揍我？你姥姥！你也得配！"

祥子不愿还口，只静静的等着他反攻。

小福子含着泪，不知怎样好。劝父亲是没用的，看着祥子打他也于心不安。她将全身都摸索到了，凑出十几个铜子儿来，交给了弟弟。弟弟平日绝不敢挨近爸爸的身，今天看爸爸是被揍在地上，胆子大了些。"给你，走吧！"

二强子棱棱着眼把钱接过去，一边往起立，一边叨唠："放着你们这群丫头养的！招翻了太爷，妈的弄刀全宰了你们！"快走到街门了，他喊了声："祥子！搁着这个碴儿^①，咱们外头见！"

二强子走后，祥子和小福子一同进到屋中。

"我没法子！"她自言自语的说了这么句，这一句总结了她一切的困难，并且含着无限的希望——假如祥子愿意娶她，她便有了办法。[8]

祥子，经过这一场，在她的身上看出许多黑影来。他还喜欢她，可是负不起养着她两个弟弟和一个醉爸爸的责任！他不敢想虎妞一死，他便有了自由；虎妞也有虎妞的好处，至少是在经济上帮了他许多。他不敢想小福子要是死吃他一口，可是她这一家人都不会挣饭吃也千真万确。爱与不爱，穷人得在金钱上决定，"情种"只生在大富之家。[9]

他开始收拾东西。

"你要搬走吧？"小福子连嘴唇全白了。[10]

"搬走！"他狠了心，在没有公道的世界里，穷人仗着狠心维持个人的自由，那很小很小的一点自由。

看了他一眼，她低着头走出去。她不恨，也不恼，只是绝望。

虎妞的首饰与好一点的衣服，都带到棺材里去。剩下的只是一些破旧的衣裳，几件木器，和些盆碗锅勺什么的。祥子由那些衣服中拣出几件较好的来，放在一边；其余的连衣报带器具全卖。他叫来个"打鼓儿的"^②，一口价卖了十几块钱。他急于搬走，急于打发了这些东西，所以没心思去多找几个人来慢慢的绷着价儿^③。

---

① 搁着这个碴儿：暂不了结，以后再说。

② 打鼓儿的：北京收旧货的小贩。

③ 绷着价儿：等着高价。

[8] 有别于虎妞形象的复杂，小福子完全是一个被侮辱与被损害者。

[9] 在穷困面前，情感失去了力量，祥子不愿意背负小福子身上的包袱，狠心地拒绝了小福子。

[10] 表现了小福子内心的紧张与无奈。

"打鼓儿的"把东西收拾了走,屋中只剩下他的一份铺盖和那几件挑出来的衣服,在没有席的炕上放着。屋中全空,他觉得痛快了些,仿佛摆脱开了许多缠绕,而他从此可以远走高飞了似的。可是,不大一会儿,他又想起那些东西。桌子已被搬走,桌腿儿可还留下一些痕迹——一堆堆的细土,贴着墙根形成几个小四方块。看着这些印迹,他想起东西,想起人,梦似的都不见了。不管东西好坏,不管人好坏,没了它们,心便没有地方安放。他坐在了炕沿上,又掏出支"黄狮子"来。

随着烟卷,他带出一张破毛票儿来。有意无意的他把钱全掏了出来;这两天了,他始终没顾到算一算账。掏出一堆来,洋钱,毛票,铜子票,铜子,什么也有。堆儿不小,数了数,还不到二十块。凑上卖东西的十几块,他的财产全部只是三十多块钱。

把钱放在炕砖上,他瞪着它们,不知是哭好,还是笑好。屋里没有人,没有东西,只剩下他自己与这一堆破旧霉污的钱。这是干什么呢?

长叹了一声,无可如何的把钱揣在怀里,然后他把铺盖和那几件衣服抱起来,去找小福子。

"这几件衣裳,你留着穿吧!把铺盖存在这一会儿,我先去找好车厂子,再来取。"不敢看小福子,他低着头一气说完这些。

她什么也没说,只答应了两声。

祥子找好车厂,回来取铺盖,看见她的眼已哭肿。[11]他不会说什么,可是设尽方法想出这么两句:"等着吧!等我混好了,我来!一定来!"

她点了点头,没说什么。

[11] 对于祥子的离去,小福子只能流泪。"眼已哭肿"充分刻画出小福子内心的无助。

祥子只休息了一天,便照旧去拉车。他不像先前那样火着心拉买卖了,可也不故意的偷懒,就那么淡而不厌的一天天的混。这样混过了一个来月,他心中觉得很平静。[12]他的脸腮满起来一些,可是不像原先那么红扑扑的了;脸色发黄,不显着足壮,也并不透出瘦弱。眼睛很明,可没有什么表情,老是那么亮亮的似乎挺有精神,又似乎什么也没看见。他的神气很像风暴后的树,静静的立在阳光里,一点不敢再动。原先他就不喜欢说话,现在更不爱开口了。天已很暖,柳枝上已挂满嫩叶,他有时候向阳放着车,低着头自言自语的嘴微动着,有时候仰面承受着阳光,打个小盹;除了必须开口,他简直的不大和人家过话。

烟卷可是已吸上了瘾。一坐在车上,他的大手便向脚垫下面

[12] 祥子继续拉车,但是他没有了往日的激情,没有了梦想。他开始颓废,只是苟且地活着。

摸去。点着了支烟,他极缓慢的吸吐,眼随着烟圈儿向上看,呆呆的看着,然后点点头,仿佛看出点意思来似的。

拉起车来,他还比一般的车夫跑得麻利,可是他不再拼命的跑。在拐弯抹角和上下坡儿的时候,他特别的小心。几乎是过度的小心。有人要跟他赛车,不论是怎样的逗弄激发,他低着头一声也不出,依旧不快不慢的跑着。他似乎看透了拉车是怎回事,不再想从这里得到任何的光荣与称赞。[13]

在厂子里,他可是交了朋友;虽然不大爱说话,但是不出声的雁也喜欢群飞。再不交朋友,他的寂寞恐怕就不是他所能忍受的了。他的烟卷盒儿,只要一掏出来,便绕着圈儿递给大家。有时候人家看他的盒里只剩下一支,不好意思伸手,他才简洁的说:"再买!"赶上大家赌钱,他不像从前那样躲在一边,也过来看看,并且有时候押上一注,输赢都不在乎的,似乎只为向大家表示他很合群,很明白大家奔忙了几天之后应当快乐一下。他们喝酒,他也陪着;不多喝,可是自己出钱买些酒菜让大家吃。以前他所看不上眼的事,现在他都觉得有些意思——自己的路既走不通,便没法不承认别人作得对。[14]朋友之中若有了红白事,原先他不懂得行人情,现在他也出上四十铜子的份子,或随个"公议儿"①。不但是出了钱,他还亲自去吊祭或庆贺,因为他明白了这些事并非是只为糟蹋钱,而是有些必须尽到的人情。在这里人们是真哭或真笑,并不是瞎起哄。

那三十多块钱,他可不敢动。弄了块白布,他自己笨手笨脚的拿个大针把钱缝在里面,永远放在贴着肉的地方。不想花,也不想再买车,只是带在身旁,作为一种预备——谁知道将来有什么灾患呢!病,意外的祸害,都能随时的来到自己身上,总得有个预备。人并不是铁打的,他明白过来。

快到立秋,他又拉上了包月。这回,比以前所混过的宅门里的事都轻闲;要不是这样,他就不会应下这个事来。他现在懂得选择事情了,有合适的包月才干;不然,拉散座也无所不可,不像原先那样火着心往宅门里去了。他晓得了自己的身体是应该保重的,一个车夫而想拼命——像他原先那样——只有丧了命而得不到任何好处。经验使人知道怎样应当油滑一些,因为命只有一条啊!

这回他上工的地方是在雍和宫附近。主人姓夏,五十多岁,知

① 公议儿:共同商定的礼物。

[13]以前对拉车的热爱现在全然消失,祥子有的只是对生命的小心。

[14]祥子已经完全混同于一般的车夫,否定了自己过去的体面、要强,走上了过去不愿走的路。

骆驼祥子

[15]夏先生其实是一个道德败坏的人，作者说他"知书明礼"乃是讽刺，褒词贬用。

[16]"鞠躬尽瘁"，继续褒词贬用，把夏先生好色的本性描写得淋漓尽致。

[17]夏先生"知书明礼"，"礼"全表现在对姨太太的尽心殷勤和对妻儿的薄情寡义。

[18]形象地揭示了夏先生的伪善、自负。

书明礼；家里有太太和十二个儿女。最近娶了个姨太太，不敢让家中知道，所以特意的挑个僻静地方另组织了个小家庭。[15]在雍和宫附近的这个小家庭，只有夏先生和新娶的姨太太；此外还有一个女仆，一个车夫——就是祥子。

祥子很喜欢这个事。先说院子吧，院中一共才有六间房，夏先生住三间，厨房占一间，其余的两间作为下房。院子很小，靠着南墙根有棵半大的小枣树，树尖上挂着十几个半红的枣儿。祥子扫院子的时候，几乎两三笤帚就由这头扫到那头，非常的省事。没有花草可浇灌，他很想整理一下那棵枣树，可是他晓得枣树是多么任性，歪歪拧拧的不受调理，所以也就不便动手。

别的工作也不多。夏先生早晨到衙门去办公，下午五点才回来，祥子只须一送一接；回到家，夏先生就不再出去，好像避难似的。夏太太倒常出去，可是总在四点左右就回来，好让祥子去接夏先生——接回他来，祥子一天的工作就算交待了。再说，夏太太所去的地方不过是东安市场与中山公园什么的，拉到之后，还有很大的休息时间。这点事儿，祥子闹着玩似的就都作了。

夏先生的手很紧，一个小钱也不肯轻易撒手；出来进去，他目不旁视，仿佛街上没有人，也没有东西。太太可手松，三天两头的出去买东西；若是吃的，不好吃便给了仆人；若是用品，等到要再去买新的时候，便先把旧的给了仆人，好跟夏先生交涉要钱。夏先生一生的使命似乎就是鞠躬尽瘁的把所有的精力与金钱全敬献给姨太太；此外，他没有任何生活与享受。[16]他的钱必须借着姨太太的手才会出去，他自己不会花，更说不到给人——据说，他的原配夫人与十二个儿女住在保定，有时候连着四五个月得不到他的一个小钱。[17]

祥子讨厌这位夏先生：成天际弯弯着腰，缩缩着脖，贼似的出入，眼看着脚尖，永远不出声，不花钱，不笑，连坐在车上都像个瘦猴；可是偶尔说一两句话，他会说得极不得人心，仿佛谁都是混账，只有他自己是知书明礼的君子人。[18]祥子不喜欢这样的人。可是他把"事"看成了"事"，只要月间进钱，管别的干什么呢?! 况且太太还很开通，吃的用的都常得到一些；算了吧，直当是拉着个不通人情的猴子吧。

对于那个太太，祥子只把她当作个会给点零钱的女人，并不十分喜爱她。她比小福子美多了，而且香粉香水的沤着，绫罗绸缎的包着，更不是小福子所能比上的。不过，她虽然长得美，打扮得漂

144

亮,可是他不知为何一看见她便想起虎妞来;她的身上老有些地方像虎妞,不是那些衣服,也不是她的模样,而是一点什么态度或神味,祥子找不到适当的字来形容。只觉得她与虎妞是——用他所能想出的字——一道货。[19]她很年轻,至多也就是二十二三岁,可是她的气派很老到,绝不像个新出嫁的女子,正像虎妞那样永远没有过少女的腼腆与温柔。她烫着头,穿着高跟鞋,衣服裁得正好能帮忙她扭得有棱有角的。连祥子也看得出,她虽然打扮得这样入时,可是她没有一般的太太们所有的气度。但是她又不像是由妓女出身。祥子摸不清她是怎回事。他只觉得她有些可怕,像虎妞那样可怕。不过,虎妞没有她这么年轻,没有她这么美好;所以祥子就更怕她,仿佛她身上带着他所尝受过的一切女性的厉害与毒恶。他简直不敢正眼看她。

[19]虎妞虽然死了,但她的阴影还笼罩着祥子。

在这儿过了些日子,他越发的怕她了。拉着夏先生出去,祥子没见过他花什么钱;可是,夏先生也有时候去买东西——到大药房去买药。祥子不晓得他买的是什么药;不过,每逢买了药来,他们夫妇就似乎特别的喜欢,连大气不出的夏先生也显着特别的精神。精神了两三天,夏先生又不大出气了,而且腰弯得更深了些,很像由街上买来的活鱼,乍放在水中欢炽一会儿,不久便又老实了。[20]一看到夏先生坐在车上像个死鬼似的,祥子便知道又到了上药房的时候。他不喜欢夏先生,可是每逢到药房去,他不由的替这个老瘦猴难过。赶到夏先生拿着药包回到家中,祥子便想起虎妞,心中说不清的怎么难受。他不愿意怀恨着死鬼,可是看看自己,看看夏先生,他没法不怨恨她了;无论怎说,他的身体是不像从前那么结实了,虎妞应负着大部分的责任。

[20]生动地刻画出夏先生的荒淫、腐朽。

他很想辞工不干了。可是,为这点不靠边的事而辞工,又仿佛不像话;吸着"黄狮子",他自言自语的说,"管别人的闲事干吗?!"

1. 拒绝小福子表明祥子身上存在哪种人格缺陷?
2. 重新回到车厂里的祥子最看重的是什么?
3. 为什么祥子一看到夏太太便想起虎妞?

二十一

菊花下市的时候,夏太太因为买了四盆花,而被女仆杨妈摔了一盆,就和杨妈吵闹起来。杨妈来自乡间,根本以为花草算不了什么重要的东西;不过,既是打了人家的物件,不管怎么不重要,总是自己粗心大意,所以就一声没敢出。及至夏太太闹上没完,村的野的一劲儿叫骂,杨妈的火儿再也按不住,可就还了口。[1]乡下人急了,不会拿着尺寸说话,她抖着底儿把最粗野的骂出来。夏太太跳着脚儿骂了一阵,教杨妈马上卷铺盖滚蛋。

祥子始终没过来劝解,他的嘴不会劝架,更不会劝解两个妇人的架。及至他听到杨妈骂夏太太是暗门子,千人骑万人摸的臭×,他知道杨妈的事必定吹了。同时也看出来,杨妈要是吹了,他自己也得跟着吹;夏太太大概不会留着个知道她的历史的仆人。杨妈走后,他等着被辞;算计着,大概新女仆来到就是他该卷铺盖的时候了。他可是没为这个发愁,经验使他冷静的上工辞工,犯不着用什么感情。

可是,杨妈走后,夏太太对祥子反倒非常的客气。没了女仆,她得自己去下厨房做饭。她给祥子钱,教他出去买菜。买回来,她嘱咐他把什么该剥了皮,把什么该洗一洗。他剥皮洗菜,她就切肉煮饭,一边作事,一边找着话跟他说。她穿着件粉红的卫生衣,下面衬着条青裤子,脚上趿拉着双白缎子绣花的拖鞋。祥子低着头笨手笨脚的工作,不敢看她,可是又想看她,她的香水味儿时时强烈的流入他的鼻中,似乎是告诉他非看看她不可,像香花那样引逗蜂蝶。[2]

祥子晓得妇女的厉害,也晓得妇女的好处;一个虎妞已足使任何人怕女子,又舍不得女子。何况,夏太太又远非虎妞所能比得上的呢。祥子不由的看了她两眼,假若她和虎妞一样的可怕,她可是有比虎妞强着许多倍使人爱慕的地方。

这要搁在二年前,祥子决不敢看她这么两眼。现在,他不大管这个了:一来是经过妇女引诱过的,没法再管束自己。二来是他已经渐渐入了"车夫"的辙:一般车夫所认为对的,他现在也看着对;自己的努力与克己既然失败,大家的行为一定是有道理的,他非作

---

[1]女仆摔了一盆花,夏太太就闹个没完没了,可见上文她的"手松"只是跟夏先生交涉要钱的手段,并非诚心对仆人好。

[2]辞退了杨妈之后,夏太太便有了和祥子独处的机会,她似有若无地勾引着祥子。

个"车夫"不可,不管自己愿意不愿意;与众不同是行不开的。那么,拾个便宜是一般的苦人认为正当的,祥子干吗见便宜不捡着呢?[3]他看了这个娘们两眼,是的,她只是个娘们!假如她愿意呢,祥子没法拒绝。他不敢相信她就能这么下贱,可是万一呢?她不动,祥子当然不动;她要是先露出点意思,他没主意。她已经露出点意思来了吧?要不然,干吗散了杨妈而不马上去雇人,单教祥子帮忙做饭呢?干吗下厨房还擦那么多香水呢?祥子不敢决定什么,不敢希望什么,可是心里又微微的要决定点什么,要有点什么希望。他好像是作着个不实在的好梦,知道是梦,又愿意继续往下作。生命有种热力逼着他承认自己没出息,而在这没出息的事里藏着最大的快乐——也许是最大的苦恼,谁管它!

一点希冀,鼓起些勇气;一些勇气激起很大的热力;他心中烧起火来。这里没有一点下贱,他与她都不下贱,欲火是平等的!

一点恐惧,唤醒了理智;一点理智浇灭了心火;他几乎想马上逃走。这里只有苦恼,上这条路的必闹出笑话!

忽然希冀,忽然惧怕,他心中像发了疟疾。这比遇上虎妞的时候更加难过;那时候,他什么也不知道,像个初次出来的小蜂落在蛛网上;现在,他知道应当怎样的小心,也知道怎样的大胆,他莫明其妙的要往下淌,又清清楚楚的怕掉下去!

他不轻看这位姨太太,这位暗娼,这位美人,她是一切,又什么也不是。假若他也有些可以自解的地方,他想,倒是那个老瘦猴似的夏先生可恶,应当得些恶报。有他那样的丈夫,她作什么也没过错。有他那样的主人,他——祥子——作什么也没关系。[4]他胆子大起来。

可是,她并没理会他看了她没有。作得了饭,她独自在厨房里吃;吃完,她喊了声祥子:"你吃吧。吃完可得把家伙刷出来。下半天你接先生去的时候,就手儿买来晚上的菜,省得再出去了。明天是星期,先生在家,我出去找老妈子去。你有熟人没有,给荐一个?老妈子真难找!好吧,先吃去吧,别凉了!"

她说得非常的大方,自然。那件粉红的卫生衣忽然——在祥子眼中——仿佛素净了许多。他反倒有些失望,由失望而感到惭愧,自己看明白自己已不是要强的人,不仅是不要强的人,而且是坏人!糊糊涂涂的扒搂了两碗饭,他觉得非常的无聊。洗了家伙,到自己屋中坐下,一气不知道吸了多少根"黄狮子"!

到下午去接夏先生的时候,他不知为什么非常的恨这个老瘦

[3]祥子的悲剧主要是黑暗社会造成的,但跟他个人也有关系,他这种爱占便宜的想法,最终害了他。

[4]这是祥子在为自己的堕落寻找借口,为背叛自己当初的理想寻找依据。

骆驼祥子

猴。他真想拉得欢欢的，一撒手，把这老家伙摔个半死。他这才明白过来，先前在一个宅门里拉车，老爷的三姨太太和大少爷不甚清楚，经老爷发觉了以后，大少爷怎么几乎把老爷给毒死；他先前以为大少爷太年轻不懂事，现在他才明白过来那个老爷怎么该死。可是，他并不想杀人，他只觉得夏先生讨厌，可恶，而没有法子惩治他。他故意的上下颠动车把，摇这个老猴子几下。[5]老猴子并没说什么，祥子反倒有点不得劲儿。他永远没作过这样的事，偶尔有理由的作出来也不能原谅自己。后悔使他对一切都冷淡了些，干吗故意找不自在呢？无论怎说，自己是个车夫，给人家好好作事就结了，想别的有什么用？

[5]这个举动展现出了祥子内心的阴暗面。

他心中平静了，把这场无结果的事忘掉；偶尔又想起来，他反觉有点可笑。

第二天，夏太太出去找女仆。出去一会儿就带回来个试工的。祥子死了心，可是心中怎想怎不是味儿。[6]

[6]祥子起起落落的心理，表明了在与夏太太苟合这件事情上，他自身也有着不可推卸的责任。

星期一午饭后，夏太太把试工的老妈子打发了，嫌她太不干净。然后，她叫祥子去买一斤栗子来。

买了斤熟栗子回来，祥子在屋门外叫了声。

"拿进来吧，"她在屋中说。

祥子进去，她正对着镜子擦粉呢，还穿着那件粉红的卫生衣，可是换了一条淡绿的下衣。由镜子中看到祥子进来，她很快的转过身来，向他一笑。祥子忽然在这个笑容中看见了虎妞，一个年轻而美艳的虎妞。他木在了那里。他的胆气，希望，恐惧，小心，都没有了，只剩下可以大可以小的一口热气，撑着他的全体。这口气使他进就进，退便退，他已没有主张。

次日晚上，他拉着自己的铺盖，回到厂子去。

平日最怕最可耻的一件事，现在他打着哈哈似的泄露给大家——他撒不出尿来了！

大家争着告诉他去买什么药，或去找哪个医生。谁也不觉得这可耻，都同情的给他出主意，并且红着点脸而得意的述说自己这种的经验。[7]好几位年轻的曾经用钱买来过这种病，好几位中年的曾经白拾过这个症候，好几位拉过包月的都有一些分量不同而性质一样的经验，好几位拉过包月的没有亲自经验过这个，而另有些关于主人们的故事，颇值得述说。祥子这点病使他们都打开了心，和他说些知己的话。他自己忘掉羞耻，可也不以这为荣，就那么心平气和的忍受着这点病，和受了点凉或中了些暑并没有多大分别。

[7]祥子干了可耻的事，反而获得大家的认同，可见他生活在怎样的环境里，这样的环境只能促使他更加堕落。

148

到疼痛的时候，他稍微有点后悔；舒服一会儿，又想起那点甜美。无论怎样呢，他不着急；生活的经验教他看轻了生命，着急有什么用呢。

这么点药，那么个偏方，揉出他十几块钱去；病并没有除了根。马马虎虎的，他以为是好了便停止住吃药。赶到阴天或换节气的时候，他的骨节儿犯疼，再临时服些药，或硬挺过去，全不拿它当作一回事。命既苦到底儿，身体算什么呢？把这个想开了，连个苍蝇还会在粪坑上取乐呢，何况这么大的一个活人。[8]

病过去之后，他几乎变成另一个人。身量还是那么高，可是那股正气没有了，肩头故意的往前松着些，耷拉着嘴，唇间叼着支烟卷。[9]有时候也把半截烟放在耳朵上夹着，不为那个地方方便，而专为耍个飘儿①。他还是不大爱说话，可是要张口的时候也勉强的耍点俏皮，即使说得不圆满利落，好歹是那么股子劲儿。心里松懈，身态与神气便吊儿郎当。

不过，比起一般的车夫来，他还不能算是很坏。当他独自坐定的时候，想起以前的自己，他还想要强，不甘心就这么溜下去。虽然要强并没有用处，可是毁掉自己也不见得高明。在这种时候，他又想起买车。自己的三十多块钱，为治病已花去十多块，花得冤枉！但是有二十来块打底儿，他到底比别人的完全扎空枪更有希望。这么一想，他很想把未吸完的半盒"黄狮子"扔掉，从此烟酒不动，咬上牙攒钱。由攒钱想到买车，由买车便想到小福子。[10]他觉得有点对不起她，自从由大杂院出来，始终没去看看她，而自己不但没往好了混，反倒弄了一身脏病！

及至见了朋友们，他照旧吸着烟，有机会也喝点酒，把小福子忘得一干二净。[11]和朋友们在一块，他并不挑着头儿去干什么，不过别人要作点什么，他不能不陪着。一天的辛苦与一肚子的委屈，只有和他们说说玩玩，才能暂时忘掉。眼前的舒服驱逐走了高尚的志愿，他愿意快乐一会儿，而后混天地黑的睡个大觉；谁不喜欢这样呢，生活既是那么无聊，痛苦，无望！生活的毒疮只能借着烟酒、妇人的毒药麻木一会儿，以毒攻毒，毒气有朝一日必会归了心，谁不知道这个呢，可又谁能有更好的主意代替这个呢?！

越不肯努力便越自怜。以前他什么也不怕，现在他会找安闲自在：刮风下雨，他都不出车；身上有点酸痛，也一歇就是两三天。

---

① 耍个飘儿：耍俏。

[8]祥子在精神上没有了进取心，在身体上也开始不顾惜自己了。

[9]人一旦失掉尊严和荣誉，干出肮脏的勾当，身上的正气自然会消失。

[10]祥子善良的本性还没有完全丧失，他不甘心这么堕落下去，还想要强，还想买车，这为下文找曹先生，企图再起埋下伏笔。

[11]在向车夫群体看齐中，祥子不仅没有克服原有的个人私心，走向更高道德境界的集体主义，而是迅速下坠到丧失人生追求的精神麻木状态。

骆驼祥子

自怜便自私,他那点钱不肯借给别人一块,专为留着风天雨天自己垫着用。烟酒可以让人,钱不能借出去,自己比一切人都娇贵可怜。越闲越懒,无事可作又闷得慌,所以时时需要些娱乐,或吃口好东西。及至想到不该这样浪费光阴与金钱,他的心里永远有句现成的话,由多少经验给他铸成的一句话:"当初咱倒要强过呢,有一丁点好处没有?"[12]这句话没人能够驳倒,没人能把它解释开;那么,谁能拦着祥子不往低处去呢?!

[12] 因为这个黑暗的社会它不让好人有出路,所以祥子从开始的要强、奋斗发展到现在的绝望、堕落。

懒,能使人脾气大。祥子现在知道怎样对人瞪眼。对车座儿,对巡警,对任何人,他决定不再老老实实的敷衍。当他勤苦卖力的时候,他没得到过公道。现在,他知道自己的汗是怎样的宝贵,能少出一滴便少出一滴;有人要占他的便宜,休想。随便的把车放下,他懒得再动,不管那是该放车的地方不是。巡警过来干涉,他动嘴不动身子,能延宕一会儿便多停一会儿。赶到看见非把车挪开不可了,他的嘴更不能闲着,他会骂。巡警要是不肯挨骂,那么,打一场也没什么,好在祥子知道自己的力气大,先把巡警揍了,再去坐狱也不吃亏。在打架的时候,他又觉出自己的力气与本事,把力气都砸在别人的肉上,他见了光明,太阳好像特别的亮起来。攒着自己的力气好预备打架,他以前连想也没想到过,现在居然成为事实了,而且是件可以使他心中痛快一会儿的事;想起来,多么好笑呢![13]

[13] 暴力是原始和愚昧的象征,将打架施暴看作一件痛快的事情,可见祥子离文明越来越远。

不要说是个赤手空拳的巡警,就是那满街横行的汽车,他也不怕。汽车迎头来了,卷起地上所有的灰土,祥子不躲,不论汽车的喇叭怎样的响,不管坐车的怎样着急。汽车也没了法,只好放慢了速度。它慢了,祥子也躲开了,少吃许多尘土。汽车要是由后边来,他也用这一招。他算清楚了,反正汽车不敢伤人,那么为什么老早的躲开,好教它把尘土都带起来呢?巡警是专为给汽车开道的,唯恐它跑得不快与带起来的尘土不多,祥子不是巡警,就不许汽车横行。在巡警眼中,祥子是头等的"刺儿头",可是他们也不敢惹"刺儿头"。苦人的懒是努力而落了空的自然结果,苦人的耍刺儿含着一些公理。[14]

[14] 梦幻的多次幻灭导致了祥子的堕落与毁灭。祥子找不到其他出路。

对于车座儿,他绝对不客气。讲到哪里拉到哪里,一步也不多走。讲到胡同口"上",而教他拉到胡同口"里",没那个事!座儿瞪眼,祥子的眼瞪得更大。他晓得那些穿洋服的先生们是多么怕脏了衣裳,也知道穿洋服的先生们——多数的——是多么强横而吝啬。好,他早预备好了;说翻了,过去就是一把,抓住他们五六十块

150

钱一身的洋服的袖子，至少给他们印个大黑手印！赠给他们这么个手印儿，还得照样的给钱，他们晓得那只大手有多么大的力气，那一把已将他们的小细胳臂攥得生疼。

他跑得还不慢，可是不能白白的特别加快。座儿一催，他的大脚便蹭了地："快呀，加多少钱？"没有客气，他卖的是血汗。他不再希望随他们的善心多赏几个了，一分钱一分货，得先讲清楚了再拿出力气来。

对于车，他不再那么爱惜了。买车的心既已冷淡，对别人家的车就漠不关心。车只是辆车，拉着它呢，可以挣出嚼谷与车份便算完结了一切；不拉着它呢，便不用交车份，那么只要手里有够吃一天的钱，就无须往外拉它。人与车的关系不过如此。自然，他还不肯故意的损伤了人家的车，可是也不便分外用心的给保护着。有时候无心中的被别个车夫给碰伤了一块，他决不急里蹦跳的和人家吵闹，而极冷静的拉回厂子去，该赔五毛的，他拿出两毛来，完事。厂主不答应呢，那好办，最后的解决总出不去起打；假如厂主愿意打呢，祥子陪着！

经验是生活的肥料，有什么样的经验便变成什么样的人，在沙漠里养不出牡丹来。[15]祥子完全入了辙，他不比别的车夫好，也不比他们坏，就是那么个车夫样的车夫。这么着，他自己觉得倒比以前舒服，别人也看他顺眼；老鸦是一边黑的，他不希望独自成为白毛儿的。[16]

冬天又来到，从沙漠吹来的黄风一夜的工夫能冻死许多人。听着风声，祥子把头往被子里埋，不敢再起来。直到风停止住那狼嗥鬼叫的响声，他才无可如何的起来，打不定主意是出去好呢，还是歇一天。他懒得去拿那冰凉的车把，怕那噎得使人恶心的风。狂风怕日落，直到四点多钟，风才完全静止，昏黄的天上透出些夕照的微红。他强打精神，把车拉出来。揣着手，用胸部顶着车把的头，无精打采的慢慢的晃，嘴中叼着半根烟卷。一会儿，天便黑了，他想快拉上俩买卖，好早些收车。懒得去点灯，直到沿路的巡警催了他四五次，才把它们点上。[17]

在鼓楼前，他在灯下抢着个座儿，往东城拉。连大棉袍也没脱，就那么稀里糊涂的小跑着。他知道这不像样儿，可是，不像样就不像样吧；像样儿谁又多给几个子儿呢？这不是拉车，是混；头上见了汗，他还不肯脱长衣裳，能凑合就凑合[18]。进了小胡同，一条狗大概看穿长衣拉车的不甚顺眼，跟着他咬。他停住了车，倒攥

[15]从字面意义看，这句话是说沙漠的环境不适合牡丹生长；实际上这里的"沙漠"和"牡丹"都各有所指，"沙漠"象征祥子所生活的社会环境，"牡丹"是指人身上优良的品行。这样看来，这句话就既准确又形象地诠释了祥子堕落的原因是他所处的社会环境。

[16]群体的联合可能产生强大的自我解放力量，群体之间的认同也可能加强人拒绝进行精神超越的惰性。

[17]祥子现在的精神状态是萎靡不振，祥子现在的性格是懒惰自私、自甘堕落。

[18]一旦将拉车作为混饭吃的手段，祥子就失去了往日拉车时的帅气和精神。

着布掸子,拼命的追着狗打。一直把狗赶没了影,他还又等了会儿,看它敢回来不敢。狗没敢回来,祥子痛快了些:"妈妈的! 当我怕你呢!"

"你这算哪道拉车的呀? 听我问你!"车上的人没有好气儿的问。

祥子的心一动,这个语声听着耳熟。胡同里很黑,车灯虽亮,可是光都在下边,他看不清车上的是谁。车上的人戴着大风帽,连嘴带鼻子都围在大围脖之内,只露着两个眼。祥子正在猜想。车上的人又说了话:

"你不是祥子吗?"

祥子明白了,车上的是刘四爷! 他轰的一下,全身热辣辣的,不知怎样才好。

"我的女儿呢?"

"死了!"祥子呆呆的在那里立着,不晓得是自己,还是另一个人说了这两个字。

"什么? 死了?"

"死了!"

"落在他妈的你手里,还有个不死?!"

祥子忽然找到了自己:"你下来! 下来! 你太老了,禁不住我揍;下来!"

刘四爷的手颤着走下来。"埋在了哪儿? 我问你!"

"管不着!"祥子拉起车来就走。[19]

他走出老远,回头看了看,老头子——一个大黑影似的——还在那儿站着呢。[20]

[19]祥子认为是刘四爷的不近人情害死了虎妞,出于怨恨的心理,就没告诉他虎妞的葬身之地。

[20]刘四爷的"手颤""还在那儿站着"刻画出一个不论曾经怎样恨过、终究还是爱女儿的父亲的形象,但是,此时的爱中却只有深深的悔恨。他既是那个时代的迫害者,同时又是受害者。

1. "美艳的虎妞"——夏太太给祥子带来了怎样的命运?

2. 祥子在混沌的生存状态中过得心安理得吗?

3. 怎样理解祥子和刘四爷的关系?

二十二

　　祥子忘了是往哪里走呢。他昂着头,双手紧紧握住车把,眼放着光,迈着大步往前走;只顾得走,不管方向与目的地。他心中痛快,身上轻松,仿佛把自从娶了虎妞之后所有的倒霉一股拢总都喷在刘四爷身上。忘了冷,忘了张罗买卖,他只想往前走,仿佛走到什么地方他必能找回原来的自己,那个无牵无挂,纯洁,要强,处处努力的祥子。想起胡同中立着的那块黑影,那个老人,似乎什么也不必再说了,战胜了刘四便是战胜了一切。[1] 虽然没打这个老家伙一拳,没踹他一脚,可是老头子失去唯一的亲人,而祥子反倒逍遥自在;谁说这不是报应呢! 老头子气不死,也得离死差不远! 刘老头子有一切,祥子什么也没有;而今,祥子还可以高高兴兴的拉车,而老头子连女儿的坟也找不到![2] 好吧,随你老头子有成堆的洋钱,与天大的脾气,你治不服这个一天现混两个饱的穷光蛋!

　　越想他越高兴,他真想高声的唱几句什么,教世人都听到这凯歌——祥子又活了,祥子胜利了![3] 晚间的冷气削着他的脸,他不觉得冷,反倒痛快。街灯发着寒光,祥子心中觉得舒畅的发热,处处是光,照亮了自己的将来。半天没吸烟了,不想再吸,从此烟酒不动,祥子要重打鼓另开张,照旧去努力自强,今天战胜了刘四,永远战胜刘四;刘四的诅咒适足以教祥子更成功,更有希望。一口恶气吐出,祥子从此永远吸着新鲜的空气。看看自己的手脚,祥子不还是很年轻么? 祥子将要永远年轻,教虎妞死,刘四死,而祥子活着,快活的,要强的,活着——恶人都会遭报,都会死,那抢他车的大兵,不给仆人饭吃的杨太太,欺骗他压迫他的虎妞,轻看他的刘四,诈他钱的孙侦探,愚弄他的陈二奶奶,诱惑他的夏太太……都会死,只有忠诚的祥子活着,永远活着![4]

　　"可是,祥子你得从此好好的干哪!"他嘱咐着自己。"干吗不好好的干呢? 我有志气,有力量,年纪轻!"他替自己答辩:"心中一痛快,谁能拦得住祥子成家立业呢? 把前些日子的事搁在谁身上,谁能高兴,谁能不往下溜? 那全过去了,明天你们会看见一个新的祥子,比以前的还要好,好的多!"[5]

　　嘴里咕哝着,脚底下便更加了劲,好像是为自己的话作见

---

[1] 对于祥子的悲剧,刘四爷固然要负很大的责任,但并不完全取决于他。

[2] 刘四爷独吞了钱,但失去了女儿,连女儿的坟在哪里也不知道,最终也是个悲剧人物。

[3] 祥子的胜利,只能说是阿Q式的精神胜利。

[4] 祥子在向过去告别,希求未来的新生与幸福。

[5] 内心独白性质的心理描写,充分展示了又一次有了前进动力的祥子此时愉快而又充满希望的心态。

骆驼祥子

证——不是瞎说，我确是有个身子骨儿。虽然闹过病，犯过见不起人的症候，有什么关系呢。心一变，马上身子也强起来，不成问题！出了一身的汗，口中觉得渴，想喝口水，他这才觉出已到了后门。顾不得到茶馆去，他把车放在城门西的"停车处"，叫过提着大瓦壶，拿着黄砂碗的卖茶的小孩来，喝了两碗刷锅水似的茶；非常的难喝，可是他告诉自己，以后就得老喝这个，不能再都把钱花在好茶好饭上。这么决定好，爽性再吃点东西——不好往下咽的东西——就作为勤苦耐劳的新生活的开始。他买了十个煎包儿，里边全是白菜帮子，外边又"皮"①又牙碜②。不管怎样难吃，也都把它们吞下去。吃完，用手背抹了抹嘴。上哪儿去呢？

可以投奔的，可依靠的，人，在他心中，只有两个。打算努力自强，他得去找这两个——小福子与曹先生。曹先生是"圣人"，必能原谅他，帮助他，给他出个好主意。顺着曹先生的主意去作事，而后再有小福子的帮助；他打外，她打内，必能成功，必能成功，这是无可疑的！

谁知道曹先生回来没有呢？不要紧，明天到北长街去打听；那里打听不着，他会上左宅去问，只要找着曹先生，什么便都好办了。好吧，今天先去拉一晚上，明天去找曹先生；找到了他，再去看小福子，告诉她这个好消息：祥子并没混好，可是决定往好里混，咱们一同齐心努力的往前奔吧！

这样计划好，他的眼亮得像个老鹰的眼，发着光向四外扫射，看见个座儿，他飞也似跑过去，还没讲好价钱便脱了大棉袄。跑起来，腿确是不似先前了，可是一股热气支撑着全身，他拼了命！祥子到底是祥子，祥子拼命跑，还是没有别人的份儿。见一辆，他开一辆，好像发了狂。汗痛快的往外流。跑完一趟，他觉得身上轻了许多，腿又有了那种弹力，还想再跑，像名马没有跑足，立定之后还踢腾着蹄儿那样。[6]他一直跑到夜里一点才收车。回到厂中，除了车份，他还落下九毛多钱。

一觉，他睡到了天亮；翻了个身，再睁开眼，太阳已上来老高。疲乏后的安息是最甜美的享受，起来伸了个懒腰，骨节都清脆的响，胃口像完全空了，极想吃点什么。

吃了点东西，他笑着告诉厂主："歇一天，有事。"心中计算好：

[6] 刚买新车的祥子拉车，感觉"如同骑着名马"；重新振作的祥子拉车，感觉"像名马没有跑足"。前后照应，浑然一体。

① 皮：不焦。
② 牙碜：坏面不纯净，吃时像咬着沙土那种感觉。

154

歇一天,把事情都办好,明天开始新的生活。

一直的他奔了北长街去,试试看,万一曹先生已经回来了呢。一边走,一边心里祷告着:曹先生可千万回来了,别教我扑个空!头一样儿不顺当,样样儿就都不顺当!祥子改了,难道老天爷还不保佑么?

到了曹宅门外,他的手哆嗦着去按铃。[7]等着人来开门,他的心要跳出来。对这个熟识的门,他并没顾得想过去的一切,只希望门一开,看见个熟识的脸。他等着,他怀疑院里也许没有人,要不然为什么这样的安静呢,安静得几乎可怕。忽然门里有点响动,他反倒吓了一跳。门开了,门的响声里夹着一声最可宝贵,最亲热可爱的"哟!"高妈!

"祥子?可真少见哪!你怎么瘦了?"高妈可是胖了一些。

"先生在家?"祥子顾不得说别的。

"在家呢。你可倒好,就知道有先生,仿佛咱们就谁也不认识谁!连个好儿也不问!你真成,永远是'客(怯)木匠——一锯(句)'!进来吧!你混得倒好哇?"她一边往里走,一边问。

"哼!不好!"祥子笑了笑。

"那什么,先生,"高妈在书房外面叫,"祥子来了!"

曹先生正在屋里赶着阳光移动水仙呢:"进来!"

"唉,你进去吧,回头咱们再说话儿;我去告诉太太一声;我们全时常念叨你!傻人有个傻人缘,你倒别瞧!"高妈叨唠着走进去。

祥子进了书房:"先生,我来了!"想要问句好,没说出来。

"啊,祥子!"曹先生在书房里立着,穿着短衣,脸上怪善净的微笑。"坐下!那——"他想了会儿:"我们早就回来了,听老程说,你在——对,人和厂。高妈还去找了你一趟,没找到。坐下!你怎样?事情好不好?"

祥子的泪要落下来。他不会和别人谈心,因为他的话都是血作的,窝在心的深处。镇静了半天,他想要把那片血变成的简单的字,流泻出来。一切都在记忆中,一想便全想起来,他得慢慢的把它们排列好,整理好。他是要说出一部活的历史,虽然不晓得其中的意义,可是那一串委屈是真切的,清楚的。

曹先生看出他正在思索,轻轻的坐下,等着他说。

祥子低着头愣了好大半天,忽然抬头看看曹先生,仿佛若是找不到个人听他说,就不说也好似的。

"说吧!"曹先生点了点头。

[7]找到曹先生是否有望,全在那按铃的一瞬间,所以祥子非常紧张,以至于手都"哆嗦"了。

骆驼祥子

祥子开始说过去的事,从怎么由乡间到城里说起。本来不想说这些没用的事,可是不说这些,心中不能痛快,事情也显着不齐全。他的记忆是血汗与苦痛砌成的,不能随便说着玩,一说起来也不愿掐头去尾。每一滴汗,每一滴血,都是由生命中流出去的,所以每一件事都有值得说的价值。

[8]因为在祥子心目中,曹先生不仅是位开明的主人,更是能"给他出个好主意"的"圣人"。

进城来,他怎样作苦工,然后怎样改行去拉车。怎样攒钱买上车,怎样丢了……一直说到他现在的情形。连他自己也觉着奇怪,为什么他能说得这么长,而且说得这么畅快。[8]事情,一件挨着一件,全想由心中跳出来。事情自己似乎会找到相当的字眼,一句挨着一句,每一句都是实在的,可爱的,可悲的。他的心不能禁止那些事往外走,他的话也就没法停住。没有一点迟疑,混乱,他好像要一口气把整个的心都拿出来。越说越痛快,忘了自己,因为自己已包在那些话中,每句话中都有他,那要强的,委屈的,辛苦的,堕落的,他。说完,他头上见了汗,心中空了,空得舒服,像晕倒过去而出了凉汗那么空虚舒服。[9]

[9]平时不善言辞的祥子,终于有了一吐胸中块垒的机会,这样的诉说给他带来了身心的愉悦和满足。

"现在教我给你出主意?"曹先生问。

祥子点了点头;话已说完,他似乎不愿再张口了。

"还得拉车?"

祥子又点了点头。他不会干别的。

"既是还得去拉车,"曹先生慢慢的说,"那就出不去两条路。一条呢是凑钱买上车,一条呢是暂且赁车拉着,是不是?你手中既没有积蓄,借钱买车,得出利息,还不是一样?莫如就先赁车拉着。还是拉包月好,事情整重,吃住又都靠盘儿。我看你就还上我这儿来好啦;我的车卖给了左先生,你要来的话,得赁一辆来;好不好?"

"那敢情好!"祥子立了起来。"先生不记着那回事了?"

"哪回事?"

"那回,先生和太太都跑到左宅去!"

"呕!"曹先生笑起来。"谁记得那个!那回,我有点太慌。和太太到上海住了几个月,其实满可以不必,左先生早给说好了,那个阮明现在也作了官,对我还不错。[10]那,大概你不知道这点儿;算了吧,我一点也没记着它。还说咱们的吧:你刚才说的那个小福子,她怎么办呢?"

[10]曹先生说阮明对他"还不错",再次表现他的"社会主义"太不彻底。

"我没主意!"

"我给你想想看:你要是娶了她,在外面租间房,还是不上算;房租,煤灯炭火都是钱,不够。她跟着你去作工,哪能又那么凑巧,

156

你拉车,她作女仆,不易找到!这倒不好办!"曹先生摇了摇头。"你可别多心,她到底可靠不可靠呢?"

祥子的脸红起来,哽吃了半天才说出来:"她没法子才作那个事,我敢下脑袋,她很好!她……"他心中乱开了:许多不同的感情凝成了一团,又忽然要裂开,都要往外跑;他没了话。

"要是这么着呀,"曹先生迟疑不决的说,"除非我这儿可以将就你们。你一个人占一间房,你们俩也占一间房;住的地方可以不发生问题。不知道她会洗洗作作的不会,假若她能作些事呢,就让她帮助高妈;太太不久就要生小孩,高妈一个人也太忙点。她呢,白吃我的饭,我可就也不给她工钱,你看怎样?"

"那敢情好!"祥子天真的笑了。

"不过,这我可不能完全作主,得跟太太商议商议!"

"没错!太太要不放心,我把她带来,教太太看看!"

"那也好,"曹先生也笑了,没想到祥子还能有这么个心眼。"这么着吧,我先和太太提一声,改天你把她带来;太太点了头,咱们就算成功!"[11]

"那么先生,我走吧?"祥子急于去找小福子,报告这个连希望都没敢希望过的好消息。

祥子出了曹宅,大概有十一点左右吧,正是冬季一天里最可爱的时候。这一天特别的晴美,蓝天上没有一点云,日光从干凉的空气中射下,使人感到一些爽快的暖气。鸡鸣犬吠,和小贩们的吆喝声,都能传达到很远,隔着街能听到些响亮清脆的声儿,像从天上落下的鹤唳。洋车都打开了布棚,车上的铜活闪着黄光。便道上骆驼缓慢稳当的走着,街心中汽车电车疾驰,地上来往着人马,天上飞着白鸽,整个的老城处处动中有静,乱得痛快,静得痛快,一片声音,万种生活,都覆在晴爽的蓝天下面,到处静静的立着树木。[12]

祥子的心要跳出来,一直飞到空中去,与白鸽们一同去盘旋!什么都有了:事情,工钱,小福子,在几句话里美满的解决了一切,想也没想到呀!看这个天,多么晴爽干燥,正像北方人那样爽直痛快。人遇到喜事,连天气也好了,他似乎没见过这样可爱的冬晴。[13]为更实际的表示自己的快乐,他买了个冻结实了的柿子,一口下去,满嘴都是冰凌!扎牙根的凉,从口中慢慢凉到胸部,使他全身一颤。几口把它吃完,舌头有些麻木,心中舒服。他扯开大步,去找小福子。心中已看见了那个杂院,那间小屋,与他心爱的

[11]曹先生这个形象的意义,在于说明祥子的悲剧不是任何个人的善良和关切所能改变得了的。

[12]此处的景物描写,色调明快,很好地烘托出了祥子的愉快心情。

[13]一方面,天气好与祥子遇到喜事只是巧合;另一方面,祥子遇到喜事心情好,天气在他眼中更加美好。

骆驼祥子

人;只差着一对翅膀把他一下送到那里。只要见了她,以前的一切可以一笔勾销,从此另辟一个天地。此刻的急切又超过了去见曹先生的时候,曹先生与他的关系是朋友,主仆,彼此以好换好。她不仅是朋友,她将把她的一生交给他,两个地狱中的人将要抹去泪珠而含着笑携手前进。曹先生的话能感动他,小福子不用说话就能感动他。他对曹先生说了真实的话,他将要对小福子说些更知心的话,跟谁也不能说的话都可以对她说。她,现在,就是他的命,没有她便什么也算不了一回事。[14] 他不能仅为自己的吃喝努力,他必须把她从那间小屋救拔出来,而后与他一同住在一间干净暖和的屋里,像一对小鸟似的那么快活,体面,亲热! 她可以不管二强子,也可以不管两个弟弟,她必须来帮助祥子。二强子本来可以自己挣饭吃,那两个弟弟也可以对付着去俩人拉一辆车,或作些别的事了;祥子,没她可不行。他的身体,精神,事情,没有一处不需要她的。她也正需要他这么个男人。

[14] 祥子对小福子的期望值越高,下文找不到小福子对祥子的打击就越大。

越想他越急切,越高兴;天下的女人多了,没有一个像小福子这么好,这么合适的! [15] 他已娶过,偷过;已接触过美的和丑的,年老的和年轻的;但是她们都不能挂在他的心上,她们只是妇女,不是伴侣。不错,她不是他心目中所有的那个一清二白的姑娘,可是正因为这个,她才更可怜,更能帮助他。那傻子似的乡下姑娘也许非常的清白,可是绝不会有小福子的本事与心路。况且,他自己呢? 心中也有许多黑点呀! 那么,他与她正好是一对儿,谁也不高,谁也不低,像一对都有破纹,而都能盛水的罐子,正好摆在一处。[16]

[15] 小福子是祥子真正喜爱的姑娘,她是祥子重生的希望。

无论怎想,这是件最合适的事。想过这些,他开始想些实际的:先和曹先生支一月的工钱,给她买件棉袍,齐理齐理鞋脚,然后再带她去见曹太太。穿上新的,素净的长棉袍,头上脚下都干干净净的,就凭她的模样,年岁,气派,一定能拿得出手去,一定能讨曹太太的喜欢。没错儿!

[16] "有破纹",是因为祥子和小福子都有不光彩的污点;"能盛水",是说他们都要强、勤劳、能干。

走到了地方,他满身是汗。见了那个破大门,好像见了多年未曾回来过的老家:破门,破墙,门楼上的几棵干黄的草,都非常可爱。他进了大门,一直奔了小福子的屋子去。顾不得敲门,顾不得叫一声,他一把拉开了门。一拉开门,他本能的退了回来。炕上坐着个中年的妇人,因屋中没有火,她围着条极破的被子。祥子愣在门外,屋里出了声:"怎么啦! 报丧哪? 怎么不言语一声愣往人家屋里走啊?! 你找谁?"

158

祥子不想说话。他身上的汗全忽然落下去,手扶着那扇破门,他又不敢把希望全都扔弃了:"我找小福子!"

"不知道!赶明儿你找人的时候,先问一声再拉门!什么小福子大福子的!"[17]

坐在大门口,他愣了好大半天,心中空了,忘了他是干什么呢。慢慢的他想起一点来,这一点只有小福子那么大小,小福子在他心中走过来,又走过去,像走马灯上的纸人,老那么来回的走,没有一点作用,他似乎忘了他与她的关系。慢慢的,小福子的形影缩小了些,他的心多了一些活动。这才知道了难过。

在不准知道事情的吉凶的时候,人总先往好里想。祥子猜想着,也许小福子搬了家,并没有什么更大的变动。自己不好,为什么不常来看看她呢?惭愧令人动作,好补补自己的过错。最好是先去打听吧。他又进了大院,找住个老邻居探问了一下。没得到什么正确的消息。还不敢失望,连饭也不顾得吃,他想去找二强子;找到那两个弟弟也行。这三个男人总在街面上,不至于难找。

见人就问,车口上,茶馆中,杂院里,尽着他的腿的力量走了一天,问了一天,没有消息。[18]

晚上,他回到车厂,身上已必疲乏,但是还不肯忘了这件事。一天的失望,他不敢再盼望什么了。苦人是容易死的,苦人死了是容易被忘掉的。莫非小福子已经不在了么?退一步想,即使她没死,二强子又把她卖掉,卖到极远的地方去,是可能的;这比死更坏![19]

烟酒又成了他的朋友。不吸烟怎能思索呢?不喝醉怎能停止住思索呢?[20]

[17]造成小福子消失的原因是什么?是二强子的颓废,两个弟弟的拖累,还是祥子当初的自私?最终还是应该归咎于当时社会的黑暗与残酷。

[18]前面的美好憧憬与现实的杳无消息,形成了鲜明的反差。

[19]细思极恐,不祥之兆笼罩了祥子的内心。

[20]祥子只能借烟酒消愁,表现了他希望落空时的悲伤、失落和痛苦。

1. 曹先生这个人物形象的意义是什么?
2. 离开曹宅后,祥子的心情是如何变化的?
3. 找不到小福子,祥子能拯救自己吗?

二十三

祥子在街上丧胆游魂的走,遇见了小马儿的祖父。老头子已不拉车,身上的衣裳比以前更薄更破,扛着根柳木棍子,前头挂着个大瓦壶,后面悬着个破元宝筐子,筐子里有些烧饼油鬼和一大块砖头。[1] 他还认识祥子。

[1] 对老马的外貌描写,表现出他的生活状况比以前更加困难。

说起话来,祥子才知道小马儿已死了半年多,老人把那辆破车卖掉,天天就弄壶茶和些烧饼果子在车口儿上卖。老人还是那么和气可爱,可是腰弯了许多,眼睛迎风流泪,老红着眼皮像刚哭完似的。

祥子喝了他一碗茶,把心中的委屈也对他略略说了几句。

"你想独自混好?"老人评断着祥子的话:"谁不是那么想呢?可是谁又混好了呢?[2] 当初,我的身子骨儿好,心眼好,一直混到如今了,我落到现在的样儿!身子好?铁打的人也逃不出去咱们这个天罗地网。心眼好?有什么用呢!善有善报,恶有恶报,并没有这么八宗事!我当年轻的时候,真叫作热心肠儿,拿别人的事当自己的作。有用没有?没有!我还救过人命呢,跳河的,上吊的,我都救过,有报应没有?没有!告诉你,我不定哪天就冻死,我算是明白了,干苦活儿的打算独自一个人混好,比登天还难。一个人能有什么蹦儿①?看见过蚂蚱吧?独自一个儿也蹦得怪远的,可是教个小孩子逮住,用线儿拴上,连飞也飞不起来。赶到成了群,打成阵,哼,一阵就把整顷的庄稼吃净,谁也没法儿治它们![3] 你说是不是?我的心眼倒好呢,连个小孙子都守不住。他病了,我没钱给他买好药,眼看着他死在我的怀里!甭说了,什么也甭说了!——茶来!谁喝碗热的?"

[2] 在黑暗的社会,靠个人奋斗,必然是死路一条。祥子岂能例外?

[3] 这里作者通过老马的嘴,对群体共同抗争进行了深切的呼唤。

祥子真明白了:刘四,杨太太,孙侦探——并不能因为他的咒骂就得了恶报;他自己,也不能因为要强就得了好处。自己,专仗着自己,真像老人所说的,就是被小孩子用线拴上的蚂蚱,有翅膀又怎样呢?

他根本不想上曹宅去了。一上曹宅,他就得要强,要强有什么用呢?就这么大咧咧的瞎混吧:没饭吃呢,就把车拉出去;够吃一

---

① 蹦儿:本领,前途的意思。

天的呢,就歇一天,明天再说明天的。这不但是个办法,而且是唯一的办法。攒钱,买车,都给别人预备着来抢,何苦呢?何不得乐且乐呢?

再说,设若找到了小福子,他也还应当去努力,不为自己,还不为她吗?既然找不到她,正像这老人死了孙子,为谁混呢?[4]他把小福子的事也告诉了老人,他把老人当作了真的朋友。

"谁喝碗热的?"老人先吆喝了声,而后替祥子来想:"大概据我这么猜呀,出不去两条道儿:不是教二强子卖给人家当小啊,就是押在了白房子。哼,多半是下了白房子!怎么说呢?小福子既是,像你刚才告诉我的,嫁过人,就不容易再有人要;人家买姨太太的要整货。那么,大概有八成,她是下了白房子。我快六十岁了,见过的事多了去啦:拉车的壮实小伙子要是有个一两天不到街口上来,你去找吧,不是拉上包月,准在白房子趴着呢;咱们拉车人的姑娘媳妇要是忽然不见了,总有七八成也是上那儿去了。咱们卖汗,咱们的女人卖肉,我明白,我知道![5]你去上那里找找看吧,不盼着她真在那里,不过,——茶来!谁喝碗热的?!"

祥子一气跑到西直门外。

一出了关厢,马上觉出空旷,树木削瘦的立在路旁,枝上连只鸟也没有。灰色的树木,灰色的土地,灰色的房屋,都静静的立在灰黄色的天下;从这一片灰色望过去,看见那荒寒的西山。[6]铁道北,一片树林,林外几间矮屋,祥子算计着,这大概就是白房子了。看看树林,没有一点动静;再往北看,可以望到万牲园外的一些水地,高低不平的只剩下几棵残蒲败苇。小屋子外没有一个人,没动静。远近都这么安静,他怀疑这是否是那个出名的白房子了。他大着胆往屋子那边走,屋门上都挂着草帘子,新挂上的,都黄黄的有些光泽。他听人讲究过,这里的妇人,在夏天,都赤着背,在屋外坐着,招呼着行人。那来照顾她们的,还老远的要唱着窑调①,显出自己并不是外行。为什么现在这么安静呢?难道冬天此地都不作买卖了么?

他正在这么猜疑,靠边的那一间的草帘子动了一下,露出个女人头来。祥子吓了一跳,那个人头,猛一看,非常像虎妞的。他心里说:"来找小福子,要是找到了虎妞,才真算见鬼!"[7]

"进来吧,傻乖乖!"那个人头说了话,语音可不像虎妞的;嗓子哑着,很像他常在天桥听见的那个卖野药的老头子,哑而显着

——————
① 窑调:在妓院里流行的小调。

[4]如果不是为了亲近的人,自己都不知道为什么活着。这两个反问句,写出了祥子精神上的迷茫。

[5]这是"劳苦社会"里人力车夫家庭令人不寒而栗、痛彻骨髓的生命真实!

[6]这里景物的色彩都是灰暗的,既是实景,又是祥子心情的写照。

[7]再次写虎妞给祥子留下的心理阴影,这是祥子婚姻的余波。

骆驼祥子

急切。

屋子里什么也没有,只有那个女人和一铺小炕,炕上没有席,可是炕里烧着点火,臭气烘烘的非常的难闻。炕上放着条旧被子,被子边儿和炕上的砖一样,都油亮油亮的。妇人有四十来岁,蓬着头,还没洗脸。她下边穿着条夹裤,上面穿着件青布小棉袄,没系纽扣。祥子大低头才对付着走进去,一进门就被她搂住了。小棉袄本没扣着,胸前露出一对极长极大的奶来。

祥子坐在了炕沿上,因为立着便不能伸直了脖子。他心中很喜欢遇上了她,常听人说,白房子有个"白面口袋",这必定是她。"白面口袋"这个外号来自她那两个大奶。祥子开门见山的问她看见个小福子没有,她不晓得。祥子把小福子的模样形容了一番,她想起来了:

"有,有这么个人!年纪不大,好露出几个白牙,对,我们都管她叫小嫩肉。"

[8]"杀气",表现出祥子得知小福子确实在白房子之后,对逼迫她来这里的人,对逼迫她来这里的世道的愤恨。

"她在哪屋里呢?"祥子的眼忽然睁得带着杀气。[8]

"她?早完了!""白面口袋"向外一指,"吊死在树林里了!"[9]

"怎么?"

[9]小福子因不堪非人的生活而自杀,这是她对现实卑微而自重的抗争。

"小嫩肉到这儿以后,人缘很好。她可是有点受不了,身子挺单薄。有一天,掌灯的时候,我还记得真真的,因为我同着两三个娘们正在门口坐着呢。唉,就是这么个时候,来了个逛的,一直奔了她屋里去;她不爱同我们坐在门口,刚一来的时候还为这个挨过打,后来她有了名,大伙儿也就让她独自个儿在屋里,好在来逛她的决不去找别人。待到有一顿饭的工夫吧,客人走了,一直就奔了那个树林去。我们什么也没看出来,也没人到屋里去看她。赶到老叉杆①跟她去收账的时候,才看见屋里躺着个男人,赤身露体,睡得才香呢。他原来是喝醉了。小嫩肉把客人的衣裳剥下来,自己穿上,逃了。她真有心眼。要不是天黑了,要命她也逃不出去。天黑,她又女扮男装,把大伙儿都给蒙了。马上老叉杆派人四处去找,哼,一进树林,她就在那儿挂着呢。摘下来,她已断了气,可是舌头并没吐出多少,脸上也不难看,到死的时候她还讨人喜欢呢![10]这么几个月了,树林里到晚上一点事儿也没有,她不出来唬吓人,多么仁义!……"

[10]"人缘很好""讨人喜欢",更加重加深了小福子的悲剧色彩。

祥子没等她说完,就晃晃悠悠的走出来。走到一块坟地,四四方方的种着些松树,树当中有十几个坟头。阳光本来很微弱,松林

① 叉杆:娼主。

162

中就更暗淡。他坐在地上，地上有些干草与松花。什么声音也没有，只有树上的几个山喜鹊扯着长声悲叫。这绝不会是小福子的坟，他知道，可是他的泪一串一串的往下落。什么也没有了，连小福子也入了土！[11] 他是要强的，小福子是要强的，他只剩下些没有作用的泪，她已作了吊死鬼！一领席，埋在乱死岗子，这就是努力一世的下场头！

回到车厂，他懊睡了两天。决不想上曹宅去了，连个信儿也不必送，曹先生救不了祥子的命。睡了两天，他把车拉出去，心中完全是块空白，不再想什么，不再希望什么，只为肚子才出来受罪，肚子饱了就去睡，还用想什么呢，还用希望什么呢？看着一条瘦得出了棱的狗在白薯挑子旁边等着吃点皮和须子，他明白了他自己就跟这条狗一样，一天的动作只为捡些白薯皮和须子吃。将就着活下去是一切，什么也无须乎想了。

人把自己从野兽中提拔出，可是到现在人还把自己的同类驱逐到野兽里去。[12] 祥子还在那文化之城，可是变成了走兽。一点也不是他自己的过错。他停止住思想，所以就是杀了人，他也不负什么责任。他不再有希望，就那么迷迷糊糊的往下坠，坠入那无底的深坑。他吃，他喝，他嫖，他赌，他懒，他狡猾，因为他没了心，他的心被人家摘了去。他只剩下那个高大的肉架子，等着溃烂，预备着到乱死岗子去。

冬天过去了，春天的阳光是自然给一切人的衣服，他把棉衣卷巴卷巴全卖了。他要吃口好的，喝口好的，不必存着冬衣，更根本不预备着再看见冬天；今天快活一天吧，明天就死！管什么冬天不冬天呢！不幸，到了冬天，自己还活着，那就再说吧。原先，他一思索，便想到一辈子的事；现在，他只顾眼前，经验告诉了他，明天只是今天的继续，明天承继着今天的委屈。[13] 卖了棉衣，他觉得非常的痛快，拿着现钱作什么不好呢，何必留着等那个一阵风便噎死人的冬天呢？

慢慢的，不但是衣服，什么他也想卖，凡是暂时不用的东西都马上出手。他喜欢看自己的东西变成钱，被自己花了；自己花用了，就落不到别人手中，这最保险。把东西卖掉，到用的时候再去买；假若没钱买呢，就干脆不用。脸不洗，牙不刷，原来都没大关系，不但省钱，而且省事。体面给谁看呢？穿着破衣，而把烙饼卷酱肉吃在肚中，这是真的！肚子里有好东西，就是死了也有些油水，不至于像个饿死的老鼠。[14]

祥子，多么体面的祥子，变成个又瘦又脏的低等车夫。脸，身

[11] 小福子的自杀惨死，使祥子心中最后的一点希望也破灭了。

[12] 这是作者对黑暗社会的控诉，对不公平世道的抨击。

[13] 将活着看成是不幸，将明天看作是今天委屈的继续，这分明是祥子对黑暗社会血泪斑斑的控诉。

[14] "哀莫大于心死"，祥子被剥夺的不仅是车子和积蓄，还有奋发向上的生活意志和人生目标。

体，衣服，他都不洗，头发有时候一个多月不剃一回。他的车也不讲究了，什么新车旧车的，只要车份儿小就好。拉上买卖，稍微有点甜头，他就中途倒出去。坐车的不答应，他会瞪眼，打起架来，到警区去住两天才不算一回事！独自拉着车，他走得很慢，他心疼自己的汗。及至走上帮儿车，要是高兴的话，他还肯跑一气，专为把别人落在后边。在这种时候，他也很会掏坏，什么横切别的车，什么故意拐硬弯，什么别扭着后面的车，什么抽冷子揉前面的车一把，他都会。原先他以为拉车是拉着条人命，一不小心便有摔死人的危险。现在，他故意的耍坏；摔死谁也没大关系，人都该死！[15]

[15] 自己被这个社会所毁灭，而他却要去报复、毁灭其他的人，祥子的这种报复具有极大的盲目性与落后性。

他又恢复了他的静默寡言。一声不出的，他吃，他喝，他掏坏。言语是人类彼此交换意见与传达感情的，他没了意见，没了希望，说话干吗呢？除了讲价儿，他一天到晚老闭着口；口似乎专为吃饭喝茶与吸烟预备的。连喝醉了他都不出声，他会坐在僻静的地方去哭。几乎每次喝醉他必到小福子吊死的树林里去落泪；哭完，他就在白房子里住下。酒醒过来，钱净了手，身上中了病。他并不后悔；假若他也有后悔的时候，他是后悔当初他干吗那么要强，那么谨慎，那么老实。[16] 该后悔的全过去了，现在没有了可悔的事。

[16] 要强、谨慎和老实本身并没有错，无法认清造成自己悲惨命运的真正原因是祥子最大的人生悲剧。

现在，怎能占点便宜，他就怎办。多吸人家一支烟卷，买东西使出个假铜子去，喝豆汁多吃几块咸菜，拉车少卖点力气而多挣一两个铜子，都使他觉到满意。他占了便宜，别人就吃了亏，对，这是一种报复！慢慢的再把这个扩大一点，他也学会跟朋友们借钱，借了还是不想还；逼急了他可以耍无赖。初一上来，大家一点也不怀疑他，都知道他是好体面讲信用的人，所以他一张嘴，就把钱借到。他利用着这点人格的残余到处去借，借着如白捡，借到手便顺手儿花去。人家要债，他会作出极可怜的样子去央求宽限；这样还不成，他会去再借二毛钱，而还上一毛五的债，剩下五分先喝了酒再说。一来二去，他连一个铜子也借不出了，他开始去骗钱花。凡是以前他所混过的宅门，他都去拜访，主人也好，仆人也好，见面他会编一套谎，骗几个钱；没有钱，他央求赏给点破衣服，衣服到手马上也变了钱，钱马上变了烟酒。他低着头思索，想坏主意，想好一个主意就能进比拉一天车还多的钱；省了力气，而且进钱，他觉得非常的上算。[17] 他甚至于去找曹宅的高妈。远远的等着高妈出来买东西，看见她出来，他几乎是一步便赶过去，极动人的叫她一声高大嫂。

[17] 不惜牺牲自己的人格去借、去骗，祥子在堕落的路上越滑越远。

[18] 高妈的惊愕，侧面表现了祥子的变化之大。

"哟！吓死我了！我当是谁呢？祥子啊！你怎这么样了？"高妈把眼都睁得圆了，像看见一个怪物。[18]

"甭提了！"祥子低下头去。[19]

"你不是跟先生都说好了吗？怎么一去不回头了？我还和老程打听你呢，他说没看见你，你到底上哪儿啦？先生和太太都直不放心！"

"病了一大场，差点死了！你和先生说说，帮我一步，等我好利落了再来上工！"祥子把早已编好的话，简单的，动人的，说出。

"先生没在家，你进来见见太太好不好？"

"甭啦！我这个样儿！你给说说吧！"

高妈给他拿出两块钱来："太太给你的，嘱咐你快吃点药！"

"是了！谢谢太太！"祥子接过钱来，心里盘算着上哪儿开发了它。高妈刚一转脸，他奔了天桥，足玩了一天。

慢慢的把宅门都串净，他又串了个第二回，这次可就已经不很灵验了。他看出来，这条路子不能靠长，得另想主意，得想比拉车容易挣钱的主意。在先前，他唯一的指望便是拉车；现在，他讨厌拉车。自然他一时不能完全和车断绝关系，可是只要有法子能暂时对付三餐，他便不肯去摸车把。他的身子懒，而耳朵很尖，有个消息，他就跑到前面去。什么公民团咧，什么请愿团咧，凡是有人出钱的事，他全干。三毛也好，两毛也好，他乐意去打一天旗子，随着人群乱走。他觉得这无论怎样也比拉车强，挣钱不多，可是不用卖力气呢。打着面小旗，他低着头，嘴里叼着烟卷，似笑非笑的随着大家走，一声也不出。到非喊叫几声不可的时候，他会张开大嘴，而完全没声，他爱惜自己的嗓子。对什么事他也不想用力，因为以前卖过力气而并没有分毫的好处。在这种打旗呐喊的时候，设若遇见点什么危险，他头一个先跑开，而且跑得很快。他的命可以毁在自己手里，再也不为任何人牺牲什么。[20]为个人努力的也知道怎样毁灭个人，这是个人主义的两端。

[19] 为什么要"低下头去"呢？是不愿意让高妈看到他的落魄模样，还是因为欺骗对他最友善的曹宅心有惶恐？咱们不妨细加揣摩。

[20] "哀其不幸，怒其不争"，鲁迅对孔乙己的态度如此，老舍对祥子的态度亦是如此。

1. 老马为什么不再拉车了？
2. 祥子作为"人"与作为"兽"的分界点是什么？
3. 作者对祥子的爱憎是如何交织的？

二十四

又到了朝顶进香的时节，天气暴热起来。

卖纸扇的好像都由什么地方忽然一齐钻出来，跨着箱子，箱上的串铃哗啷哗啷的引人注意。道旁，青杏已论堆儿叫卖，樱桃照眼的发红，玫瑰枣儿盆上落着成群的金蜂，玻璃粉在大瓷盆内放着层乳光，扒糕与凉粉的挑子收拾得非常的利落，摆着各样颜色的作料，人们也换上浅淡而花哨的单衣，街上突然增加了许多颜色，像多少道长虹散落在人间。清道夫们加紧的工作，不住的往道路上泼洒清水，可是轻尘依旧往起飞扬，令人烦躁。轻尘中却又有那长长的柳枝，与轻巧好动的燕子，使人又不得不觉到爽快。一种使人不知怎样好的天气，大家打着懒长的哈欠，疲倦而又痛快。[1]

秧歌，狮子，开路，五虎棍，和其他各样的会，都陆续的往山上去。敲着锣鼓，挑着箱笼，打着杏黄旗，一当儿跟着一当儿，给全城一些异常的激动，给人们一些渺茫而又亲切的感触，给空气中留下些声响与埃尘。赴会的，看会的，都感到一些热情，虔诚，与兴奋。乱世的热闹来自迷信，愚人的安慰只有自欺。这些色彩，这些声音，满天的晴云，一街的尘土，教人们有了精神，有了事作：上山的上山，逛庙的逛庙，看花的看花……至不济的还可以在街旁看看热闹，念两声佛。[2]

天这么一热，似乎把故都的春梦唤醒，到处可以游玩，人人想起点事作，温度催着花草果木与人间享乐一齐往上增长。

南北海里的绿柳新蒲，招引来吹着口琴的少年，男男女女把小船放到柳荫下，或荡在嫩荷间，口里吹着情歌，眉眼也会接吻。公园里的牡丹芍药，邀来骚人雅士，缓步徘徊，摇着名贵的纸扇；走乏了，便在红墙前，绿松下，饮几杯足以引起闲愁的清茶，偷眼看着来往的大家闺秀与南北名花。就是那向来冷静的地方，也被和风晴日送来游人，正如送来蝴蝶。崇效寺的牡丹，陶然亭的绿苇，天然博物院的桑林与水稻，都引来人声伞影；甚至于天坛，孔庙，与雍和宫，也在严肃中微微有些热闹。好远行的与学生们，到西山去，到温泉去，到颐和园去，去旅行，去乱跑，去采集，去在山石上乱画些

[1] 在老舍眼中，北平有着独一无二的魅力，这种魅力在景色描写中表露无遗。

[2] 有声有色的北平夏初民间风俗图，让读者眼花缭乱。

字迹。寒苦的人们也有地方去,护国寺,隆福寺,白塔寺,土地庙,花儿市,都比往日热闹:各种的草花都鲜艳的摆在路旁,一两个铜板就可以把"美"带到家中去。豆汁摊上,咸菜鲜丽得像朵大花,尖端上摆着焦红的辣椒。鸡子儿正便宜,炸蛋角焦黄稀嫩的惹人咽着唾液。天桥就更火炽,新席造起的茶棚,一座挨着一座,洁白的桌布,与妖艳的歌女,遥对着天坛墙头上的老松。锣鼓的声音延长到七八小时,天气的爽燥使锣鼓特别的清脆,击乱了人心。妓女们容易打扮了,一件花洋布单衣便可以漂亮的摆出去,而且显明的露出身上的曲线。好清静的人们也有了去处,积水滩前,万寿寺外,东郊的窑坑,西郊的白石桥,都可以垂钓,小鱼时时碰得嫩苇微微的动。钓完鱼,野茶馆里的猪头肉,卤煮豆腐,白干酒与盐水豆儿,也能使人醉饱;然后提着钓竿与小鱼,沿着柳岸,踏着夕阳,从容的进入那古老的城门。[3]

到处好玩,到处热闹,到处有声有色。夏初的一阵暴热像一道神符,使这老城处处带着魔力。它不管死亡,不管祸患,不管困苦,到时候它就施展出它的力量,把百万的人心都催眠过去,作梦似的唱着它的赞美诗。它污浊,它美丽,它衰老,它活泼,它杂乱,它安闲,它可爱,它是伟大的夏初的北平。[4]

正是在这个时节,人们才盼着有些足以解闷的新闻,足以念两三遍而不厌烦的新闻,足以读完报而可以亲身去看到的新闻,天是这么长而晴爽啊![5]

这样的新闻来了!电车刚由厂里开出来,卖报的小儿已扯开尖嗓四下里追着人喊:"枪毙阮明的新闻,九点钟游街的新闻!"一个铜板,一个铜板,又一个铜板,都被小黑手接了去。电车上,铺户中,行人的手里,一张一张的全说的是阮明:阮明的相片,阮明的历史,阮明的访问记,大字小字,插图说明,整页的都是阮明。阮明在电车上,在行人的眼里,在交谈者的口中,老城里似乎已没有了别人,只有阮明;阮明今天游街,今日被枪毙!有价值的新闻,理想的新闻,不但口中说着阮明,待一会儿还可看见他。妇女们赶着打扮;老人们早早的就出去,唯恐腿脚慢,落在后边;连上学的小孩们也想逃半天学,去见识见识。[6]到八点半钟,街上已满了人,兴奋,希冀,拥挤,喧嚣,等着看这活的新闻。车夫们忘了张罗买卖,铺子里乱了规矩,小贩们懒得吆喝,都期待着囚车与阮明。历史中曾有过黄巢,张献忠,太平天国的民族,会挨杀,也爱看杀人。枪毙似乎

[3] 热闹好玩的北平夏初名胜游人图,令读者目不暇接。

[4] 作者对名胜古迹有发自心底的赞美,对麻木不仁的游人却似有贬义。

[5] 排比,写出了人们无所事事、无聊至极的生活状态,为下文描写人们围观阮明被杀做铺垫。

[6] 不论贫富,不分妇孺,全民出动,可见人们观看游街枪毙人的热情。

167

骆驼祥子

太简单,他们爱听凌迟、砍头、剥皮、活埋,听着像吃了冰激凌似的,痛快得微微的哆嗦。可是这一回,枪毙之外,还绕着一段游街,他们几乎要感谢那出这样主意的人,使他们会看到一个半死的人捆在车上,热闹他们的眼睛;即使自己不是监斩官,可也差不多了。[7]这些人的心中没有好歹,不懂得善恶,辨不清是非,他们死攥着一些礼教,愿被称为文明人;他们却爱看千刀万剐他们的同类,像小儿割宰一只小狗那么残忍与痛快。一朝权到手,他们之中的任何人也会去屠城,把妇人的乳与脚割下堆成小山,这是他们的快举。他们没得到这个威权,就不妨先多看些杀猪宰羊与杀人,过一点瘾。连这个要是也摸不着看,他们会对个孩子也骂千刀杀,万刀杀,解解心中的恶气。

[7]这种残忍的、毫无同情心的、令人毛骨悚然的心理描绘,集中展示了国民的劣根性。

响晴的蓝天,东边高高的一轮红日,几阵小东风,路旁的柳条微微摆动。东便道上有一大块阴影,挤满了人:老幼男女,丑俊胖瘦,有的打扮得漂亮近时,有的只穿着小褂,都谈笑着,盼望着,时时向南或向北探探头。一人探头,大家便跟着,心中一齐跳得快了些。这样,越来越往前拥,人群渐渐挤到马路边上,成了一座肉壁,只有高低不齐的人头乱动。巡警成队的出来维持秩序,他们拦阻,他们叱呼,他们有时也抓出个泥块似的孩子砸巴两拳,招得大家哈哈的欢笑。等着,耐心的等着,腿已立酸,还不肯空空回去;前头的不肯走,后面新来的便往前拥,起了争执,手脚不动,专凭嘴战,彼此诟骂,大家喊好。孩子不耐烦了,被大人打了耳光;扒手们得了手,失了东西的破口大骂。喧嚣,叫闹,吵成一片,谁也不肯动,人越增多,越不肯动,表示一致的喜欢看那半死的囚徒。[8]

[8]看客们丑态毕现,庸俗、混沌、麻木的灵魂展露无遗。

忽然,大家安静了,远远的来了一队武装的警察。"来了!"有人喊了声。紧跟着人声嘈乱起来,整群的人像机器似的一齐向前拥了一寸,又一寸,来了!来了!眼睛全发了光,嘴里都说着些什么,一片人声,整街的汗臭,礼教之邦的人民热烈的爱看杀人呀。

阮明是个小矮个儿,倒捆着手,在车上坐着,像个害病的小猴子;低着头,背后插着二尺多长的白招子。人声就像海潮般的前浪催着后浪,大家都撇着点嘴批评,都有些失望:就是这么个小猴子呀!就么稀松没劲呀!低着头,脸煞白,就这么一声不响呀!有的人想起主意,要逗他一逗:"哥儿们,给他喊个好儿呀!"紧跟着,四面八方全喊了"好!"像给戏台上的坤伶喝彩似的,轻蔑的,恶意的,讨人嫌的,喊着。阮明还是不出声,连头也没抬一抬。有的人

168

真急了,真看不上这样软的囚犯,挤到马路边上呸呸的啐了他几口。阮明还是不动,没有任何的表现。大家越看越没劲,也越舍不得走开;万一他忽然说出句:"再过二十年又是一条好汉"呢? 万一他要向酒店索要两壶白干,一碟酱肉呢? 谁也不肯动,看他到底怎样。车过去了,还得跟着,他现在没什么表现,焉知道他到单牌楼不缓过气来而高唱几句《四郎探母》呢? 跟着! 有的一直跟到天桥;虽然他始终没作出使人佩服与满意的事,可是人们眼瞧着他吃了枪弹,到底可以算不虚此行。[9]

在这么热闹的时节,祥子独自低着头在德胜门城根慢慢的走。走到积水滩,他四下看了看。没有人,他慢慢的,轻手蹑脚的往湖边上去。走到湖边,找了棵老树,背倚着树干,站了一会儿。听着四外并没有人声,他轻轻的坐下。苇叶微动,或一只小鸟忽然叫了一声,使他急忙立起来,头上见了汗。[10]他听,他看,四下里并没有动静,他又慢慢的坐下。这么好几次,他开始看惯了苇叶的微动,听惯了鸟鸣,决定不再惊慌。呆呆的看着湖外的水沟里,一些小鱼,眼睛亮得像些小珠,忽聚忽散,忽来忽去;有时候头顶着一片嫩萍,有时候口中吐出一些泡沫。靠沟边,一些已长出腿的蝌蚪,直着身儿,摆动那黑而大的头。水忽然流得快一些,把小鱼与蝌蚪都冲走,尾巴歪歪着顺流而下,可是随着水也又来了一群,挣扎着想要停住。一个水蝎极快的跑过去。水流渐渐的稳定,小鱼又结成了队,张开小口去唼一个浮着的绿叶,或一段小草。稍大些的鱼藏在深处,偶尔一露背儿,忙着转身下去,给水面留下个旋涡与一些碎纹。翠鸟像箭似的由水面上擦过去,小鱼大鱼都不见了,水上只剩下浮萍。祥子呆呆的看着这些,似乎看见,又似乎没看见,无心的拾起块小石,投在水里,溅起些水花,击散了许多浮萍,他猛的一惊,吓得又要立起来。[11]

坐了许久,他偷偷的用那只大的黑手向腰间摸了摸。点点头,手停在那里;待了会,手中拿出一沓儿钞票,数了数,又极慎重的藏回原处。

他的心完全为那点钱而活动着:怎样花费了它,怎样不教别人知道,怎样既能享受而又安全。他已不是为自己思索,他已成为钱的附属物,一切要听它的支配。[12]

这点钱的来头已经决定了它的去路。这样的钱不能光明正大的花出去。这点钱,与拿着它们的人,都不敢见阳光。人们都在街

[9]庸众热衷于观看杀人,类似场景在鲁迅的《阿Q正传》《药》等经典作品中也多次出现,可联系阅读。

[10]苇叶的微动、小鸟的鸣叫就能惊着祥子,这是因为他心虚,对自己的恶行后果感到惧怕。

[11]居然被自己弄出的小声响惊吓到,再次表现了祥子的心虚和惧怕。

[12]祥子已经完全沦为金钱的奴仆,他成了地道的无赖。

骆驼祥子

上看阮明，祥子藏在那清静的城根，设法要到更清静更黑暗的地方去。他不敢再在街市上走，因为他卖了阮明。就是独自对着静静的流水，背靠着无人迹的城根，他也不敢抬头，仿佛有个鬼影老追随着他。在天桥倒在血迹中的阮明，在祥子心中活着，在他腰间的一些钞票中活着。他并不后悔，只是怕，怕那个无处无时不紧跟着他的鬼。

阮明作了官以后，颇享受了一些他以前看作应该打倒的事。钱会把人引进恶劣的社会中去，把高尚的理想撇开，而甘心走入地狱中去。他穿上华美的洋服，去嫖，去赌，甚至于吸上口鸦片。当良心发现的时候，他以为这是万恶的社会陷害他，而不完全是自己的过错；他承认他的行为不对，可是归罪于社会的引诱力太大，他没法抵抗。一来二去，他的钱不够用了，他又想起那些激烈的思想，但是不为执行这些思想而振作；他想利用思想换点钱来。^[13]把思想变成金钱，正如同在读书的时候想拿对教员的交往白白的得到及格的分数。懒人的思想不能和人格并立，一切可以换作金钱的都早晚必被卖出去。他受了津贴。急于宣传革命的机关，不能极谨慎的选择战士，愿意投来的都是同志。但是，受津贴的人多少得有些成绩，不管用什么手段作出的成绩；机关里要的是报告。阮明不能只拿钱不作些事。他参加了组织洋车夫的工作。祥子呢，已是作摇旗呐喊的老行家；因此，阮明认识了祥子。

阮明为钱，出卖思想；祥子为钱，接受思想。阮明知道，遇必要的时候，可以牺牲了祥子。祥子并没作过这样的打算，可是到时候就这么作了——出卖了阮明。为金钱而工作的，怕遇到更多的金钱；忠诚不立在金钱上。阮明相信自己的思想，以思想的激烈原谅自己一切的恶劣行为。祥子听着阮明所说的，十分有理，可是看阮明的享受也十分可羡慕——"我要有更多的钱，我也会快乐几天！跟姓阮的一样！"金钱减低了阮明的人格，金钱闪花了祥子的眼睛。^[14]他把阮明卖了六十块钱。阮明要的是群众的力量，祥子要的是更多的——像阮明那样的——享受。阮明的血洒在津贴上，祥子把钞票塞在了腰间。

一直坐到太阳平西，湖上的蒲苇与柳树都挂上些金红的光闪，祥子才立起来，顺着城根往西走。骗钱，他已作惯；出卖人命，这是头一遭。何况他听阮明所说的还十分有理呢！城根的空旷，与城墙的高峻，教他越走越怕。偶尔看见垃圾堆上有几个老鸦，他都想

[13] 无可置疑，阮明是个投机分子，他用革命换享受，用思想换金钱。他的毁灭是必然的，即使祥子不出卖他，他也会走向灭亡。

[14] 阮明为钱出卖思想，祥子为钱出卖阮明，这是两种殊途同归的堕落——他们为了金钱出卖灵魂，最终毁灭了自己。

绕着走开，恐怕惊起它们，给他几声不祥的啼叫。走到了西城根，他加紧了脚步，一条偷吃了东西的狗似的，他溜出了西直门。[15] 晚上能有人陪伴着他，使他麻醉，使他不怕，是理想的去处；白房子是这样的理想地方。

[15] 祥子鬼鬼祟祟的动作折射出他内心的阴暗，他对自己的作孽感到极度恐惧。

入了秋，祥子的病已不允许他再拉车，祥子的信用已丧失得赁不出车来。他作了小店的照顾主儿。夜间，有两个铜板，便可以在店中躺下。白天，他去作些只能使他喝碗粥的劳作。他不能在街上去乞讨，那么大的个子，没有人肯对他发善心。他不会在身上作些彩，去到庙会上乞钱，因为没受过传授，不晓得怎么把他身上的疮化装成动人的不幸。作贼，他也没那套本事，贼人也有团体与门路啊。只有他自己会给自己挣饭吃，没有任何别的依赖与援助。他为自己努力，也为自己完成了死亡。他等着吸那最后的一口气，他是个还有口气的死鬼，个人主义是他的灵魂。这个灵魂将随着他的身体一齐烂化在泥土中。[16]

[16] 祥子的结局到此已经一目了然，他的沉沦，是他个人的悲剧，也是社会的悲剧。

北平自从被封为故都，它的排场，手艺，吃食，言语，巡警……已慢慢的向四外流动，去找那与天子有同样威严的人和财力的地方去助威。那洋化的青岛也有了北平的涮羊肉；那热闹的天津在半夜里也可以听到低悲的"硬面——饽饽"；在上海，在汉口，在南京，也都有了说京话的巡警与差役，吃着芝麻酱烧饼；香片茶会由南而北，在北平经过双熏再往南方去；连抬杠的杠夫也有时坐上火车到天津或南京去抬那高官贵人的棺材。

北平本身可是渐渐的失去原有的排场，点心铺中过了九月九还可以买到花糕，卖元宵的也许在秋天就下了市，那二三百年的老铺户也忽然想起作周年纪念，借此好散出大减价的传单……经济的压迫使排场去另找去路，体面当不了饭吃。

不过，红白事情在大体上还保存着旧有的仪式与气派，婚丧嫁娶仿佛到底值得注意，而多少要些排场。婚丧事的执事，响器，喜轿与官罩，到底还不是任何都市所能赶上的。出殡用的松鹤松狮，纸扎的人物轿马，娶亲用的全份执事，与二十四个响器，依旧在街市上显出官派大样，使人想到那太平年代的繁华与气度。

祥子的生活多半仗着这种残存的仪式与规矩。[17] 有结婚的，他替人家打着旗伞；有出殡的，他替人家举着花圈挽联；他不喜，也不哭，他只为那十几个铜子，陪着人家游街。穿上杠房或喜轿铺所预备的绿衣或蓝袍，戴上那不合适的黑帽，他暂时能把一身的破布

[17] 祥子现在是"无常业"。

骆驼祥子

遮住,稍微体面一些。遇上那大户人家办事,教一干人等都剃头穿靴子,他便有了机会使头上脚下都干净利落一回。脏病使他迈不开步,正好举着面旗,或两条挽联,在马路边上缓缓的蹭。

可是,连作这点事,他也不算个好手。他的黄金时代已经过去了,既没从洋车上成家立业,什么事都随着他的希望变成了"那么回事"。他那么大的个子,偏争着去打一面飞虎旗,或一对短窄的挽联;那较重的红伞与肃静牌等,他都不肯去动。和个老人,小孩,甚至于妇女,他也会去争竞。他不肯吃一点亏。[18]

[18] 祥子现在是"无操守"。

打着那么个小东西,他低着头,弯着背,口中叼着个由路上拾来的烟卷头儿,有气无力的慢慢的蹭。大家立定,他也许还走;大家海走,他也许多站一会儿;他似乎听不见那施号发令的锣声。他更永远不看前后的距离停匀不停匀,左右的队列整齐不整齐,他走他的,低着头像作着个梦,又像思索着点高深的道理。[19] 那穿红衣的锣夫,与拿着绸旗的催押执事,几乎把所有的村话都向他骂去:"孙子!我说你呢,骆驼!你他妈的看齐!"他似乎还没有听见。打锣的过去给了他一锣锤,他翻了翻眼,朦胧的向四外看一下。没管打锣的说了什么,他留神的在地上找,看有没有值得拾起来的烟头儿。[20]

[19] 祥子现在是"无规则"。

[20] 祥子彻底堕落为城市的垃圾,变成一具行尸走肉。

体面的,要强的,好梦想的,利己的,个人的,健壮的,伟大的,祥子,不知陪着人家送了多少回殡;不知道何时何地会埋起他自己来,埋起这堕落的,自私的,不幸的,社会病胎里的产儿,个人主义的末路鬼![21]

[21] 在这鲜明的前后对比中,作者强烈地控诉了把人逼成兽的黑暗社会,同时激起读者的共鸣。

1. 详写北平夏初的美景有什么作用?
2. 如何理解"礼教之邦的人民热烈的爱看杀人呀"?
3. 怎样看待小说的悲剧式结局?